여행길에
만난
국립
박물관

여행길에 만난 국립 박물관

**가족과 함께 떠나는
국립 박물관 12**

초판 인쇄 2012년 8월 22일 ㅣ 초판 발행 2012년 8월 29일
지은이 윤민용 ㅣ 펴낸이 홍석 ㅣ 기획위원 채희석 ㅣ 편집부장 이정은
책임편집 신관식 ㅣ 디자인 캠프커뮤니케이션즈 ㅣ 마케팅 홍성우 · 김정혜 · 김화영

펴낸곳 도서출판 풀빛 ㅣ 등록 1979년 3월 6일 제8-24호
주소 120-818 서울시 서대문구 북아현 3동 177-5
전화 02-363-5995(영업) 02-362-8900(편집) 02-393-3858(팩스)
홈페이지 www.pulbit.co.kr ㅣ 전자우편 pulbitco@hanmail.net

ISBN 978-89-7474-455-7 13900

책값은 뒤표지에 있습니다.

이 도서의 국립중앙도서관 출판시도서목록(CIP)은 e-CIP 홈페이지(http://www.nl.go.kr)와
국가자료공동목록시스템(http://www.nl.go.kr/kolisnet)에서 이용할 수 있습니다. (CIP제어번호: CIP2012003773)

여행길에 만난 국립박물관

가족과 함께 떠나는 국립박물관 12

윤민용 지음

고향의 푸근함과 같은 친절한 로드 맵
잠시 쉬어 아름다움으로 힘을 얻는 유쾌한 장소

박물관, 편하고 안락한 곳

2012년 여름, 보름이나 지속된 열대야는 한반도가 드디어 아열대로 진입했음을 절감하게 한다. 우리 강토의 중심이자 중앙인 서울에서 이와 다른 열기를 뿜는 장소가 있다. 대한민국 정부 수립 이후 덕수궁과 경복궁 그리고 조선 총독부 건물 등을 전전하다가 용산 가족 공원 옆 10만 평 부지에 웅장한 건물을 신축해 2005년 10월 28일 그 안에 똬리를 튼 국립 중앙 박물관이 바로 그곳이다. 2012년 8월 7일, 이곳에서 문을 연 이후 2천만 번째 관람객을 맞은 축하식도 거행되었다.

    냉방이 잘 되는 곳으로 알려져서인지 남녀노소 구별 없이 글자 그대로 인산인해를 이루니 주말의 관람객은 2만 명을 웃돈다. 2011년에 이곳 박물관을 찾은 관람객은 320만 명을 넘겼다. 이 숫자는 세계 9위이며 아시아에선 1위로, 하루에 평균 1만 명 이상이 찾아온 셈이다. 특히 프랑스 군에 의해 무단 반출된 기록 문화재의 귀향에 따른 작년 여름 연 '145년 만의 귀환, 외규장각 의궤' 특별전 기간2011. 7. 19.~9. 18.의 주말의 관람객 수는 3만 5천 명을 넘기기도 했다.

　박물관은 결코 문턱이 높은 곳은 아니다. 마냥 어질고 착하며 익살이 어우러진 우리 선조들을 낙천적인 삶을 가시적인 조형 미술을 통해 만나는 장소다. 민족의 숨결과 체취를 느끼고 체득하여 자신의 정체성을 확인하는 곳이기도 하다. 민족의 위대성이나 자존의 고취만을 위해 마련된 공간은 결코 아니다. 강요나 주입이 아닌 스스로 발견하고 느끼는 장소다. 역사의 소리에 귀 기우리고 자신을 추스르며 과거를 통해 오늘과 내일을 헤아릴 수 있기에 조금은 조용함이 요구되는 곳이기는 하다.

우리 국립 박물관 백 년의 궤적

우리나라에 국공립과 사립 박물관을 통틀어 그 수가 1천 개에 이르는 날을 바로 눈앞에 두고 있다. 현재 국립 중앙 박물관과 지방 국립 박물관 11곳이 있으며, 2013년에 나주 국립 박물관이 문을 열면 국립 박물관은 모두 13곳에 이른다. 1908년 대한 제국 시절에 제실 박물관이 세워졌고, 바로 그 이듬해 순종 황제가 여민해락與民偕樂을 기치로 일반인에게 전격 공개했다. 일부 특권층만이 아닌 국민에 공개한 점에서 짧은 기간에 근대 박물관으로 발 빠르게 선뜻 진입한 것이다.

　1910년 국권을 상실하자 제실 박물관은 이왕가 박물관으로 명칭이 바뀌었고, 1915년 조선 총독부 박물관이 세워지고서는 더 폄하되어 이왕가 미술관으로 이름이 변경되었다. 1945년 국권이 회복된 후 국립 박물관으로 개관했으며, 일제강점기에 세워진 경주, 부여, 공주의 박물관은 1972년까지 국립 박물관의 분관으로 존재했다.

남북 화해 무드에 힘입어 상호 교류가 추진되던 1972년, 현재 경복궁 내 국립 민속 박물관 자리에 신축된 국립 박물관은 국립 중앙 박물관으로, 신라와 백제 고도에 위치한 세 곳의 분관은 국립 경주 박물관, 국립 부여 박물관, 국립 공주 박물관으로 명칭이 바뀌었다. 대한민국 정부 수립 30주년인 1978년에 이르러서야 비로소 다섯 번째 국립 박물관이 고도가 아닌 호남의 광주에 세워졌다. 이를 필두로 각 도에 하나 이상의 국립 박물관이 건립되어 진주1984, 청주1987, 전주1990, 대구1994, 김해1998, 제주2001, 춘천2002 순으로 개관했다. 가야를 전문으로 다루는 국립 김해 박물관이 개관하면서 임진왜란 전문 박물관으로 탈바꿈한 진주를 시작으로, 전주는 조선 왕실, 청주는 고려 금속 공예를 전문으로 다루었다. 다른 박물관도 광주는 농경 문화, 대구는 섬유 문화, 제주는 해양 문화, 춘천은 산간 문화와 같은 각 지역 고유의 문화유산에 특화해 아우르면서 저마다 새로운 변모를 시도했다.

확장되는 기능과 높은 기대치

영어의 Museum처럼 박물관과 미술관을 구분하지 않고 쓰는 서구와 달리, 박물관이라는 말은 미술관이란 용어보다 좀 더 무거운 느낌으로 우리들에게 다가온다. 미술이란 단어가 박물보다는 가볍기는 하나, 그 앞에 '현대'가 붙으면 어려워지고 이해하기 힘든 점은 매한가지다. 여기에 박물관이건 미술관이건 '국립'이라는 두 자가 함께 따라오면 무게는 더욱 가중된다.

　서구의 대형 박물관은 자국뿐만 아닌 세계 문화유산을 두루 망라해 전시한다. 소장품은 대부분 걸작들로 수량과 질적인 면에서 우수성이 돋보인다. 하지만 얼마 전 우리에게 돌아온 외규장각 의궤儀軌의 사례에서 보듯, 이들 대부분은 지난 제국주의의 산물인 강탈 문화재로 윤리적 측면에서 결코 자유로울 수 없음은 부인할 수 없다. 이와 달리 피해의 당사자인 아시아나 남미 등 제3세계는 민족이나 국가 등 전근대적인 느낌을 피하기 힘든 단어들이 자주 쓰인다. 현대를 살기에 같은 하늘 아래서 숨 쉬는 우리들이나 박물관에 대한 느낌이 모두 동일하지는 않다. 그러나 '전통 문화의 보고寶庫'나 '국가 정통성의 상징' 등 존재 의미가 주는 인상은 우리들 모두에게 쉽게 접근이 힘든 무겁다는 점이 공통분모로 다가온다.

오늘날 박물관의 기능은 문화재의 보전, 발굴과 조사를 통한 연구, 전시 등 고전적 기능 외에 교육 측면의 비중이 커졌다. 그래서 '공부하러 박물관 간다'는 명제는 타당성과 합리성을 얻는다. 그러나 좀 더 넓은 의미의 교육 목표는 '인간다운 삶이 무엇인가'와 '아름다운 인생' 등 좀 더 중차대한 명제에 닿아 있으며, 이는 휴식과 레저를 통한 자신과의 만남을 전제로 한다. 그 누구의 말처럼 '과거에 담긴 미래'이며, '현대와 과거뿐 아닌 미래와의 조우가 가능한 공간'이다.

그래서 박물관은 지난 세기와 달리 복합 문화의 총체적 기관으로 그 역할에 대한 기대가 증폭된다. 식물원과 동물원 그리고 수족관도 박물관의 범주에 포함되듯 각종 꽃이 흐드러지게 피어나는 아름다운 정원에 잔잔한 고전 음악이 흐르며 춤마저 어우러진다. 이에 찌들고 지친 삶에 의욕과 생기를 주는, 스산한 마음과 삭막한 정신 나아가 피폐한 영혼이 새롭게 바뀌는 아름다운 공간으로 기능을 위한 탈바꿈이 진행되고 있으니 우리도 예외일 수 없다.

꼭 필요한, 반갑고 고마운 저술

오늘날 국내뿐 아니라 국외에 대한 각종 여행안내나 문화유산 답사에 관한 저술이 봇물 터지듯 나왔다. 박물관에 몸담은 이들도 미처 하지 못한, 국립 박물관에 대한 이모저모와 외형 그리고 속내까지 함께 다룬 이 책은 단연 돋보인다. 국내 주요 일간지 문화부 기자 10년 생활을 거쳐, 지금은 미술사를 전공하는 윤민용의 몫이다.

이는 우리 민족, 문화와 역사 그리고 박물관에 대한 남 다른 따사로운 애정과 각별한 관심에서만 비로소 가능한 일이다. 이 책의 탄생 자체가 마냥 고맙고 감사한 일이 아닐 수 없다. 전국에 산재한 박물관과 유적 그리고 그 주변까지를 두루 답사했음을 물론이다. 이에는 많은 시간과 발품이 요구되었음은 너무나 자명한 일이다.

수요자의 입장에서 보면 맥을 잡듯 각 박물관의 특징과 특성을 갈파했고, 대표적인 문화재 및 유적지 등 박물관 안과 바깥의 요긴한 정보 또한 빠트리지 않았다. 그동안 흘린 땀과 산고가 큰 만큼 기쁨도 배가되는 것임을 믿어 의심치 않는다. 이는 지은이만이 아닌 우리 모두의 기쁨이다. 아름다운 문화유산이 있기에 가능한 일이니, 헤아리기 힘든 긴 세월 이를 키우고 가꾸어 오늘에 넘겨 준 조상님들 덕이기도 하다.

2012년 8월 입추를 넘긴 날
수암재漱巖齋에서
이원복 국립 중앙 박물관 학예연구실장

박물관의 진정한 감상법

● 　　곳곳에 박물관이 들어서고 있다. 그 종류도 다양하다. 박물관을 찾는 사람도 늘고 있다. 박물관에 대한 관심이 커지고 있는 것이다. 그런데 우리는 박물관을 과연 얼마나 알고 있을까. 박물관을 제대로 이해하고 감상하고 있는 것일까. 중요한 질문이다.

이 대목에 이 책의 매력이 있다. 저자는 전국 각지의 12개 국립 박물관을 편안하고 흥미롭게 소개했다. 여기엔 국립 춘천 박물관, 국립 대구 박물관, 국립청주박물관과 같이 다소 낯선 국립 박물관도 포함되어 있다. 경주, 부여, 공주처럼 역사 고도에 있는 박물관이 아니라 춘천, 대구, 청주, 광주에 있는 박물관이라니. 거기 무슨 역사가 있을까 싶겠지만 전혀 그렇지 않다. 그곳들 역시 수만 년 전부터 사람들이 살아온 역사의 흔적이기 때문이다.

그런 박물관들을 더 자주 찾아가야 한다. 저자는 그래서 박물관의 특징과 대표 유물뿐만 아니라 그 지역의 역사적, 문화적 특징과 주요 문화 유적도 함께 소개했다. 그 소개가 간명하고 편안해서 좋다. 박물관만 따로 떼놓고 관람할 것이 아니라 주변 지역의 역사와 문화와 함께 둘러봐야 한다는 것이 저자의 생각이다. 이게 바로 박물관의 진정한 감상법 가운데 하나다.

이광표 동아일보 기자

누구에게나 한 번쯤 인생의 방향이 바뀌는 변곡점이 있다. 내게는 대학 4학년 때가 그 시기였지 않나 싶다. 당시 1년간 교환 학생으로 미국 뉴욕에 머물렀다. 학교생활을 하는 틈틈이 뉴욕 여기저기에 흩어진 박물관과 미술관을 여행자의 심정으로 발 도장 찍기 하듯 돌아다녔다. 여름 방학을 맞아 배낭 여행을 다녀 보니 미국 어느 도시이건 크고 작은 박물관이 있었다. 시카고, 보스턴, 워싱턴 D.C. 등. 서양 미술에 대해 아는 것은 하나도 없었지만, 새로운 도시를 여행할 때마다 가장 먼저 들른 곳은 박물관이었다.

찬란하게 빛나는 박물관 건물과 수천 년의 시공간을 뛰어넘어 내 눈앞에 있는 유물과 세기의 명작을 보면서 떠올린 것은 아이러니하게도 우리나라의 역사였다. 세계의 정치와 문화를 선도한다고 자부하는 미국 문화의 실체가 유럽에서 이식된 것임을 텍스트가 아니라 두 눈으로 확인하면서, 뿌리 깊은 우리나라의 오랜 역사와 문화를 떠올렸다. 더불어 우리 역사와 문화에 대해 알고 있는 것이 없다는 부끄러움도 고개를 내밀었다.

그렇게 해서 답사가 시작됐다. 학교를 졸업하고 기자로 일하는 틈틈이 짬을 내 국내 답사를 다니기 시작했다. 이제는 너무나도 유명해진 "사랑하면 알게 되고, 알게 되면 전과 다르게 보인다."라던 조선 후기의 문장가 유한준의 말과 달리 내 경우는 반대였다. 답사를 통해 고색창연한 사찰 건축물과 절터에 나뒹구는 아름다운 석탑과 석등을 보다 보니 궁금증이 생겨났다. 더 알고 싶었다. 책이 아니라 유적지에서 만나 본 한국의 건축과 미술이 어떻게 한국의 역사와 문화와 만났는지……

나와 미술사의 만남은 그렇게 시작됐다. 그리고 이 공부는 지금도 현재 진행형이다. 뒤늦게 공부를 시작했지만 지금의 수준이나마 안목을 갖게 된 것은 모두 20대 중반부터 시작된 유적 답사와 박물관 관람 덕분이다. 두 발로 이 땅을 걸어 보고, 직접 두 눈으로 보고, 박물관에서 유물을 만나면서 우리 문화를 바라보는 눈은 부쩍 성장했고 아끼는 마음도 커졌다. 하지만 대다수의 사람들에게 박물관은 여전히 고리타분한 유물 창고로 여겨지는 것 같다. 전국 어느 박물관이건, 주요 관람객은 현장 체험 학습을 위해 방문한 어린 학생들과 이들을 이끌고 온 선생님과 학부모들이다. 그나마 초등학교를 졸업하고 나면 박물관을 찾는 빈도가 뚝 떨어진다. 왜일까? 입시 위주의 교육 제도, '빨리빨리' 앞으로 질주해야 하는 팍팍한 현대인의 생활이 박물관을 찾을 문화적 여유를 허락하지 않는 데다 세상에는 더 재미나고 자극적인 볼거리가 넘쳐나기 때문이리라.

나 역시 미술사를 공부하기 전에는 별반 다르지 않았다. 그러나 미술사를 공부하면서 조금씩 개안의 순간을 맛봤다. 눈을 뜨게 된 계기는 또 있었다. 2009년 아시아나 항공사 기내지에 서울의 국립 중앙 박물관 산하 전국의 국

립 박물관 11곳을 소개하는 글을 쓰게 됐다. 전국의 국립 박물관을 다니면서
한국 문화사 전반에 대한 관심이 확장된 것은 물론이요, 비록 작은 땅덩어리
지만 한반도 이곳저곳의 삶이 어떻게 다르고 비슷한지 몸소 체험한 소중한
기회였다. 동시에 한 달에 한 번 떠나는 박물관 여행은 일상의 활력소이기도
했다. 처음에는 원고를 써야 한다는 부담감에 쫓기듯 박물관만 돌아보고 왔
지만, 조금씩 여유가 생기면서 주말 일정을 조정해 박물관과 함께 인근의 문
화 유적지도 함께 둘러보기 시작했다. 이전까지의 답사 여행은 대개 시골 마
을의 가파른 산자락을 지나고 깊은 계곡을 지나야 했지만, 박물관 여행은 달
랐다. 각 지역권의 대표 도시에 자리 잡고 있어 기차와 버스로 손쉽게 이동할
수 있었고, 이들 도시는 근대 도시로 발전하기 이전에 이미 상당히 오랜 역사
를 갖고 있었다. 더욱이 2000년대를 전후해 도시마다 근대 문화유산이 새롭
게 조명되고, 공공 미술 사업 등이 진행되면서 도시의 정체성을 찾아 가려는
시도가 활발히 이뤄지고 있었다. 전국의 도시가 점점 비슷해지고 있다고는
하지만 고유의 역사성을 갖고 있다는 지극히 당연한 사실을 그동안 간과하고
있었음을 뒤늦게 깨달았다.

　박물관 답사를 다닐수록, 내가 박물관 여행을 다니며 느낀 개안의 순간, 낯
선 도시의 역사와 문화를 알게 되며 느끼는 재미를 다른 사람들과 함께 나누
고 싶다는 욕심이 생기기 시작했다. '먹고 마시고 떠드는 여행 말고, 박물관
을 계기로, 아니 박물관과 함께 도시를 여행해 보는 것은 어떨까?' '유명 관광
지 한두 곳만 돌아보고 돌아오는 여정 말고, 도시를 좀 더 넓고 깊게 보는 여
정에 박물관을 더해 돌아보면 더욱 알찬 여행이 되지 않을까?'

또한 박물관은 엄선된 유물을 통해 관람객에게 일목요연하게 한국사를 제시하지만, 유물이 출토된 역사적 맥락, 장소성이 제거된 공간이다. 그 때문에 실제 유물이 나온 유적지, 지역의 역사성을 보여 주는 문화유산을 함께 돌아보고 나면 유물이 갖는 의미는 물론이요, 시대의 문화사에 대한 깊이가 더욱 깊어질 것이라 생각했다. 20대 후반 이후 지금까지 내가 박물관과 유적 답사를 통해 성장했듯, 박물관을 매개로 한 우리나라 도시 기행이 어른들에게는 즐거운 추억이 되고, 어린이와 청소년에게는 감수성과 지적 호기심을 키우는 계기가 되었으면 하는 바람도 컸다.

이 책은 전국 12개 도시에 자리한 국립 박물관과 그 박물관이 소장하고 전시하는 대표 유물 서너 점을 집중적으로 소개하고, 박물관이 있는 도시 근처에서 둘러볼 만한 유적지 서너 곳을 소개하는 방식으로 구성돼 있다.

지역에 있는 전국의 국립 박물관들은 규모는 작고 얼추 비슷해 보여도 각기 고유의 색깔이 있다. 삼국 시대의 고도古都에 들어선 국립 경주 박물관, 국립 공주 박물관, 국립 부여 박물관은 각기 신라와 백제의 고대 유물을 중심으로 그 역사를 다룬다. 국립 김해 박물관은 가야의 철기 문화를 다루며, 국립 청주 박물관은 한반도의 중원에서 벌어진 삼국의 각축전의 흔적과 우아한 고려 불교가 꽃피운 성과들을 전시한다. 국립 춘천 박물관은 강원도의 역사와 문화를, 진주성 안에 들어선 국립진주박물관은 임진왜란을 전문적으로 소개한다. 또 예향의 고장 전라도에 자리한 국립 전주 박물관과 국립 광주 박물관에 가면 고대 유물과 더불어 다른 박물관에서는 보기 쉽지 않은 도자기 및 회화 등을 감상할 수 있다. 패션 도시 대구에 자리한 국립 대구 박물관은 영남 지역의 고고 유물뿐 아니라 복식사에 초점을 맞추고 있고, 국립 제주 박물관은 화산섬이라는 지리적 특수성이 반영된 유물과 바다를 매개로 이뤄진 교류와 이동의 산물을 전시 중이다.

전국의 국립 박물관을 총괄하는 동시에 한국을 대표하는 국립 중앙 박물관은 알다시피 고고, 역사, 미술 등 전 분야를 망라하는 종합 박물관으로 우리나라의 국보급 유물을 다수 소장하고 있다. 책 한 권으로는 모자랄 정도로 방대한 유물과 문화적 자산을 보유하고 있는 까닭에, 이 책에서는 대표 유물을 중심으로 각 전시실을 간략히 소개했다. 국보급 유물과 비교하자면 이 책에 선정된 각 지역의 국립 박물관에 소장된 유물들이 시시하다고 여겨질지도 모르겠다는 노파심에 그리고 서울 중심의 소개를 탈피하고자 국립 중앙 박물관은 맨 마지막에 다뤘다.

일본의 탐사 보도 저술가인 다치바나 다카시는 "유적을 즐기는 데 꼭 지식이 필요하지는 않다. 그 자리에 잠자코 잠시 앉아 있기만 하면 된다. 중요한 것은 '잠자코'와 '잠시'이다. 가능하다면 두 시간쯤 잠자코 앉아 있는 것이 좋다. 그러면 2천년, 혹은 3천년, 4천년이라는 까마득한 시간이 눈앞에 굴러다니는 것이 보인다. 추상적인 시간이 아니라 구체적인 시간이 보이게 된다."라고 말했다. 박물관도 마찬가지이다. 유물에 대한 정보, 역사를 달달 외울 필요는 없다. 그저 바라보는 것으로 시작해 보면 어떨까. 잠자코, 잠시 박물관 전시실을 둘러보다 보면, 발길이 머물고 눈길이 가는 유물이 하나쯤은 있을 것이다. 한 번에 모든 것을 보겠다는 오만함이나 모든 것을 알아야 한다는 의무감은 버려두고, 조금씩 다가가 보는 것이다. 그렇게 다가가다 보면 도자기를 만든 장인의 손길이 느껴지고 그림을 그린 화가의 마음이 궁금해진다. 조금 더 마음을 열고 바라보면 수백 년 전, 수천 년 전 사람들의 삶이 아른거리고, 그들이 생각했던 아름다움을 잠시나마 생각해 볼 수 있을지도 모른다. 이렇게 역사적 상상력, 문화적 감수성을 키워 나가면서 우리 역사와 문화에 대한 애정이 깊어질 것이라고 나는 믿는다. 무엇이든 가까워지고 친숙해지는 데에는 시간과 수고로움이 필요한 법이니까.

기획에서 출간까지 꼬박 3년이 걸렸다. 2009년 박물관을 답사하던 당시엔 국립 박물관 대부분이 상설 전시실을 개수하고 있었다. 2010년 가을부터 다시 답사를 다니기 시작했고 올해 5월까지 국립 박물관들을 다시 둘러보느라 책을 마무리하는 데 시간이 오래 걸렸다. 곁들여 소개한 유적지는 지난 10여 년간의 답사 경험을 바탕으로 선정했다. 더 소개하고 싶은 곳이 많았지만 지면이 한정되어, 소개한 유물과 상관성이 떨어지거나 박물관이 있는 도시에서 이동하는 데 차량으로 1시간 이상 걸리는 곳은 제외했다. 전국 어느 도시에서건 박물관이 있는 도시로 이동해 박물관을 돌아보고 소개된 유적지를 함께 돌아보는 데는 대개 1박 2일을 잡으면 큰 부족함이 없이 돌아볼 수 있을 것이다. 물론 발이 빠른 이들은 당일치기로도 가능하다.

소개한 유물의 경우, 나 또한 한국사, 한국 미술사에 대해 무지했던 시절이 있었고 박물관에서 느꼈던 답답함을 알기에 최대한 풀어 쓰고 객관적인 설명을 곁들이려 했다. 십여 년간 답사를 다닌 경험을 잘 풀어내고 싶었으나, 객관적인 정보를 싣는 데 충실하려다 보니 조금 글이 딱딱하게 읽힐지도 모르겠다. 더 쉽게 쓸 수 있는데도 그러지 못했다면, 이는 필자가 부족한 탓이다.

오래 기다려 주고 곱게 책을 만져 준 도서출판 풀빛과 저술을 지원해 준 일주학술문화재단에 고마움을 표한다. 더운 여름, 원고를 읽어 주고 흔쾌히 추천사를 써 주신 국립 중앙 박물관의 산증인, 이원복 학예연구실장과 동아일보 이광표 선배의 노고에도 깊은 감사를 표한다.

어느 시인의 시구처럼, 늘 사는 일이 서툴기만 한 필자를 격려해 주는 가족, 따뜻한 조언을 아끼지 않은 스승님들, 답사 길에 동행이 되어 준 친구들, 언제나 믿고 지지해 주는 친구들과 선후배들에게 고마운 마음 가득하다. 사람이 사랑으로 먹고 산다는 말뜻을 이제야 알겠다. 이들이 없었다면 이 책은 아직도 끝나지 않았을지 모른다.

좋은 글을 오래 쓰고 싶다. 독자 여러분의 질정은 그 밑거름이 될 것이다. 겸허한 마음으로 여러분을 기다리겠다.

2012년 여름
윤민용

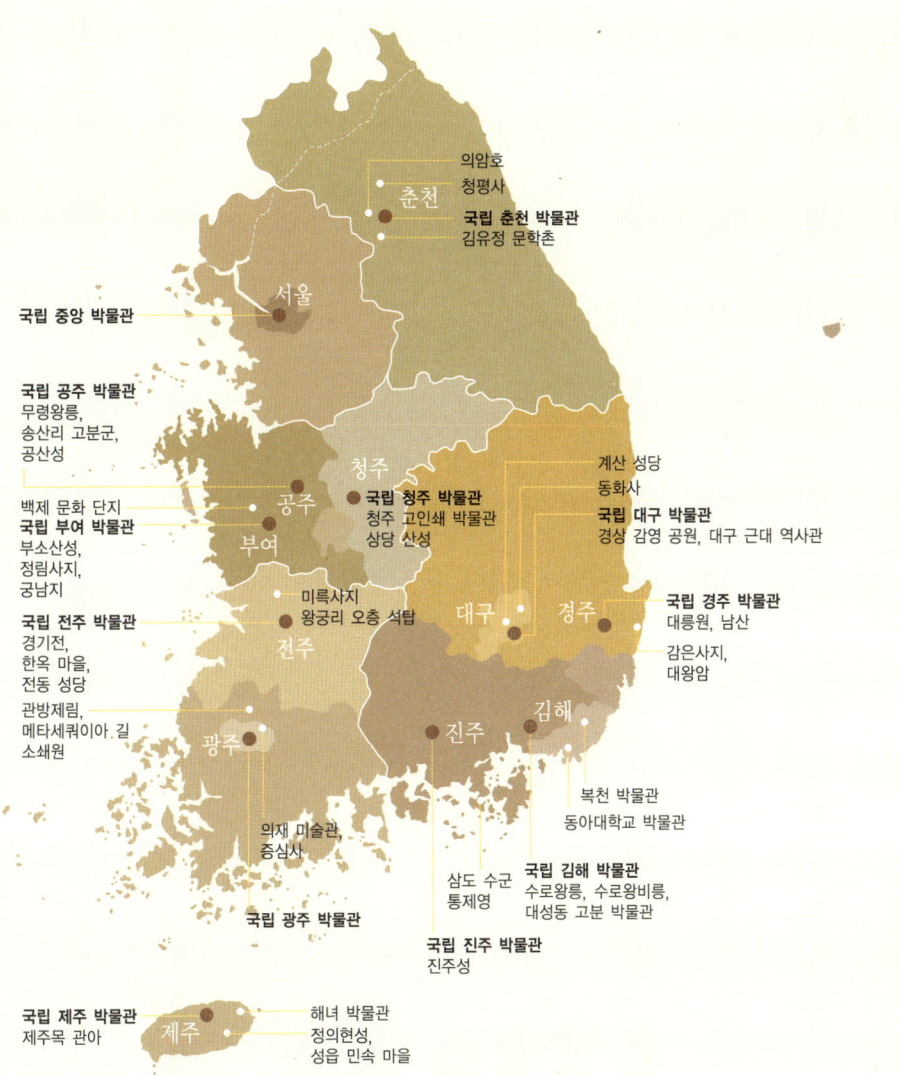

의암호
청평사
국립 춘천 박물관
김유정 문학촌

춘천

서울

국립 중앙 박물관

국립 공주 박물관
무령왕릉,
송산리 고분군,
공산성

청주

계산 성당
동화사
국립 대구 박물관
경상 감영 공원, 대구 근대 역사관

국립 청주 박물관
청주 고인쇄 박물관
상당 산성

백제 문화 단지
국립 부여 박물관
부소산성,
정림사지,
궁남지

공주

부여

미륵사지
왕궁리 오층 석탑

대구

경주

국립 경주 박물관
대릉원, 남산

국립 전주 박물관
경기전,
한옥 마을,
전동 성당

전주

감은사지,
대왕암

관방제림,
메타세쿼이아 길
소쇄원

김해

광주

진주

복천 박물관
동아대학교 박물관

의재 미술관,
증심사

삼도 수군
통제영

국립 김해 박물관
수로왕릉, 수로왕비릉,
대성동 고분 박물관

국립 광주 박물관

국립 진주 박물관
진주성

국립 제주 박물관
제주목 관아

제주

해녀 박물관
정의현성,
성읍 민속 마을

독도

신라의 두 얼굴을 찾아서

국립 경주 박물관과 경주 일대 신라 유적

국립 경주 박물관

경북 경주시 일정로 186(인왕동) | 054-740-7500 | http://gyeongju.museum.go.kr
관람 시간 매주 화~금 오전 9시~오후 6시
　　　　　토·일·공휴일 오전 9시~오후 7시
　　　　　매년 3월~12월 매주 토요일 오후 9시까지 야간 개장
휴 관 일 매년 1월 1일, 매주 월요일

경주 고속
버스 터미널
분황사
황룡사지
안압지
대릉원
반월성
국립 경주 박물관
감은사
대왕암
보리사
배리 삼존 석불 입상
삼릉
남산

벌써 10여 년 전이다. 지루하고 따분했던 중학교 수학여행 이후 처음으로 경주를 찾았다. 대릉원과 보문호 일대를 아름답게 수놓는 벚꽃은 졌지만, 철쭉과 산벚꽃이 활짝 핀 봄날이었다. 석굴암과 불국사로 향하는 대신 경주 남산에 오른 건 경주의 참모습을 보고 싶다면 남산에 올라야 한다는 지인의 조언 때문이었다.

소나무 숲을 지나 산등성이에 올라서자 너른 경주 들판이 보이는 것은 좋았는데, 신선암 마애불로 가는 길은 산행 초보자에게는 최악의 난코스였다. 일행은 벌써 저만치 앞서 가는데, 비탈진 바윗길을 홀로 떨어져 가는 길은 무서웠다. 부들부들 떨리는 다리를 겨우 진정시키며 튼튼한 밧줄이라도 되는 냥 가녀린 나뭇가지를 붙들고 조심조심 발을 내디뎠다. 온갖 주책없는 상상을 하며 가까스로 절벽 모퉁이에 다다를 무렵, 그 너머에서 감탄사가 쏟아져 나왔다.

'대체 무슨 일이지? 어떤 대단한 게 있기에?'

숨을 고르고 겨우 한 사람이 지나다닐 만한 절벽 모퉁이를 돌았다. 사람들의 시선이 모두 내 얼굴 뒤편을 향해 있었다. 나도 돌아섰다. 방금 지나온 모

국립 경주 박물관

퉁이 한편에 찬란한 마애불이 보였다. 살굿빛 화강암을 쪼아 새긴 보살상의
자태는 눈부셨고, 마애불 너머로 너른 들판이 내려다보였다. 입을 다물 수가
없었다. 이 위험천만한 곳에까지 올라와 단단한 화강암 덩어리를 쪼아 부처
에 대한 지극한 마음을 보이려 했던 신라 사람들이 궁금해졌다.

　'지붕 없는 박물관'으로 불리는 고도古都, 경주. 경주 답사의 첫 출발지로
누군가는 경주 남산을, 누군가는 불국사와 석굴암을, 누군가는 감포와 감은
사지를 꼽는다. 경주 시내는 물론이고 동서남북 어디에나 유적이 산재해 있
으니 대체 어디부터 봐야 할지 갈피를 잡기가 어렵다. 단언컨대 경주 답사의

출발점은 국립 경주 박물관이어야 한다. 여기저기 흩어져 있는 수많은 경주의 유적지를 준비 없이 대하면 대부분은 실망하기 마련이다. 폐허에 나뒹구는 돌덩어리, 집채보다 더 큰 고분을 보며 천오백여 년 전 신라를 상상하고 그려 내 본 적이 없어서다.

국립 경주 박물관은 경주 지역에서 출토된 유물을 집중적으로 전시한다. 게다가 다른 지역 소재 국립 박물관과 달리 유물이 나온 유적이 지척에 있어서 신라인의 실체에 다가가기 더없이 훌륭하다. 박물관에서 신라인의 구체적인 생활을 증언하는 유물을 마주하며 차츰 그들의 삶과 문화, 그들의 기질을 어렴풋하게나마 짐작하게 된 이후, 경주의 능과 절터를 거닐 때의 느낌은 이전과는 사뭇 다르다. 그런 이유로 경주 답사 1번지는 국립 경주 박물관이어야 한다.

월성과 월지안압지, 황룡사지가 가까운 들판 한가운데 자리한 국립 경주 박물관의 역사는 약 100여 년 전으로 거슬러 올라간다. 경주 지역의 고분을 보호하려고 1910년에 만들어진 경주 신라회가 1913년에 경주 고적 보존회로 이름을 고치고, 경주 동헌에 진열관을 짜 넣으면서 역사가 시작되었다. 1921년에 금관총을 필두로 경주 곳곳에서 고분 발굴이 본격화되면서 박물관의 위상은 점점 커졌다. 경주 박물관이 국립 박물관의 위상을 갖추고 새롭게 출발한 것은 해방 직후 국립 박물관 체제가 확립되면서부터다. 지금의 터에 자리를 잡은 것은 1975년이다. 당시 거대한 성덕 대왕 신종을 새 박물관 마당으로 옮겨 설치하는 일은 신문에 실릴 정도로 큰 볼거리였다.

현재 국립 경주 박물관은 고고관과 미술관, 월지관안압지관 등 3개의 상설 전

혼히 에밀레종으로 불리는 성덕 대왕 신종. 다소곳하게 무릎을 꿇은 비천상이 아름답다.

성덕 대왕 신종 종각

박물관 앞뜰에 있는 석가탑 복제품

시관과 특별 전시관 등 총 4개의 전시관을 갖추고 있다. 지역 소재 국립 박물 관의 위상을 소장품 수로 따지기는 우스운 일이지만, 국립 중앙 박물관에 이 어 두 번째로 많은 10만여 건의 유물을 소장하고 있다. 널따란 박물관 뜰도 야외 전시실로 활용했다. 은은한 종소리와 다소곳하게 무릎을 꿇은 비천상이 아름다운 성덕 대왕 신종국보 제29호, 높이366센티미터, 무게 18.9톤, 웅장한 고산사지 삼층 석탑국보 제38호, 높이 10.2미터이 자리 잡고 있다. 이 밖에 다보탑과 석가탑을 실물 크기로 재현한 복제품 및 황룡사지를 비롯한 경주 일대 절터에서 발굴한 석조 유물 수십여 점과 석재 1200여 점이 가지런히 뜰 곳곳에 정리되어 있다.

　선사 시대의 흔적부터 북방 유목 민족의 영향까지, 국립 경주 박물관에서 만나는 신라는 상반되는 성격의 문화를 한데 보듬은 나라이다. 금관이나 사 리 장엄구 등으로 대표되는 정교함과 섬세함의 반대편에는 무심하게 만든 토 우 달린 항아리와 동물과 사람의 형상을 빚은 토우가 풍기는 소박함과 자유 분방함이 공존한다.

고대로 가는 타임캡슐,
신라 토우와 토우 장식 항아리

●

'신라 하면 가장 떠오르는 보물은 무엇인가요?'

이런 질문에 대개는 화려한 금관이나 금제 허리띠, 또는 목걸이와 귀걸이 등 금제 장신구를 떠올리기 마련이다. 고고관 제2전시실은 국립 경주 박물관의 하이라이트라고 해도 과언이 아니다. 금관과 금제 허리띠, 장신구 등 신라의 황금 문화를 대표하는 유물로 채워져 있다. 대부분 경주 시내의 대형 돌무지 덧널무덤적석 목곽분積石木槨墳에서 나온 것들이다. 숱한 유물 중에서 '이것이 신라'라고 말할 수 있는 신라의 대표 유물은 흙으로 빚어 만든 토우土偶라 생각한다. 권력을 상징하는 금관이나 장신구에 비하면 어른 손가락만 한 길이의 흙 인형인 토우는 한없이 초라해 보인다. 그러나 무심하게 손으로 꾹꾹 눌러 사람이나 동물의 형상 또는 생활용품 등을 본떠 만든 토우야말로 실제 신라인의 생활상과 정신세계를 보여 주는 유물이다.

토우는 신라에서만 제작됐다. 조선 시대에 백자로 인물이나 가마, 그릇 등을 축소해 만든 명기明器를 무덤에 부장하는 풍습이 있었지만, 백제나 고구려, 고려에서는 발견되지 않는다. 현재 전하는 신라 토우는 개, 소, 말, 돼지, 사슴, 호랑이, 개구리, 뱀, 용, 거북이와 같은 동물 형상이 대부분으로 신라인은 희로애락의 인간사 또한 토우에 반영했다. 길이 5센티미터 남짓의 흙 인형에 출산의 고통, 남녀의 사랑, 가무와 노동, 죽음에 대한 애도 등 인간 만사가 담겨 있다. 인물 토우의 경우 남자는 성기를 강조하고 여자는 가슴이나 엉덩이 부

토우 달린 굽다리 접시 뚜껑

토우 장식 항아리(확대)

분을 크게 강조해 남녀를 명확히 구분했다. 인물 토우의 성性적인 요소는 신석기 시대 '빌렌도르프의 비너스'에서 보이듯 다산과 풍요를 기원하는 의미를 담고 있다.

신라 토우는 대개 5~6세기에 제작됐다. 토우는 신라·가야 지역의 고분에서 나오는 독특한 모양의 상형 토기象形土器의 연장선상에 있다. 상형 토기는 신라와 가야 지역에서는 의례 용기로 사용된 그릇. 대개 손으로 굽을 받쳐 드는 굽다리 접시에 동물이나 사물의 형상을 합친 기묘한 형태를 띠고 있다. 오리와 말과 같은 동물뿐 아니라 집, 짚신, 배, 수레 등 지금으로서는 상상하지 못했던 형상들이 접시와 결합된 모습은 어린아이의 장난인 듯싶다가도, 자세히 보면 대상의 본질을 압축한 표현에 입을 다물 수가 없다. 현재 전하는 토우 대부분은 굽다리 접시 뚜껑이나 항아리의 어깨나 목에 붙어 있던 것을 일제 강점기에 발굴하면서 뜯어 낸 것이다. 물론 금령총에서 출토된 기마 인물형 토기처럼 독립적인 조각으로 만들어진 것도 있다.

기마 인물형 토기

미추왕릉 출토 토우 장식 항아리

신라 토우(사랑)

신라 토우(죽음)

신라 토우(가야금 뜯는 악사)

그렇다면 왜 이처럼 독특한 형상을 미니어처로 만들었을까. 역사가 발전하면서 죽음에 대한 인류의 의식 역시 조금씩 달라졌기는 했지만, 불교 전래 이전까지 고대인의 사후관은 선사 시대의 애니미즘에서 크게 벗어나지 못했다. 솟대 신앙에서 보듯, 고대인들은 새나 오리가 죽은 자의 영혼을 천상의 세계로 인도한다고 믿었다. 즉, 상형 토기 속 동물은 영매靈媒인 셈이다. 상형 토기는 당대인의 생활상에 대한 단서도 던져 준다. 특히 집이나 짚신, 수레 모양 토기는 고대의 생활상을 보여 준다. 타임캡슐 역할을 톡톡히 하는 셈이다.

소박하지만 그 나름의 예술성도 갖고 있다. 노자는 《도덕경》에서 고졸미, 곧 대교약졸大巧若拙을 말했다. 뛰어난 기교는 겉으로 보기에는 서툴러 보인다는 뜻이다. 숱한 예술가들도 고백하지 않았던가. 기교를 부리지 않은 듯, 담박하게 보이는 일이 더 어렵다고. 이는 모든 기교를 익히고 난 다음에야, 기교로부터 자유로워져야 비로소 가능한 일이기 때문이다. 어린아이의 손장난처럼 보잘 것 없어 보이는 토우의 표현은 실은 기교 이상의 기교라 할 수 있다.

미추왕릉 지구에서 나온 토우 장식 항아리국보 제195호, 높이 34센티미터, 아가리 지름 22.4센티미터는 고졸미를 보여 주는 대표적인 유물이다. 5~6세기경에 제작된 것으로 여겨지는 이 항아리는 목둘레와 어깨 주변에 가로선을 그어 단을 구분하고 세로줄과 동심원 무늬를 새겼다. 많은 이들이 주목하는 것은 항아리 어깨에 부착된 다양한 토우 장식물이다. 벗은 두 남녀가 성행위를 하는 모습, 새와 넓적한 물고기, 뱀이 항아리 목 부위의 개구리를 쫓는 듯한 모습, 머리가 없는 남자의 모습, 새와 개구리를 물고 있는 뱀, 가야금을 뜯는 여인, 자라가 뒤섞여 있는 항아리 등은 복잡한 한 편의 수수께끼 같다. 그나마 성행위를 하는 남녀와 배가 부른 채 가야금을 연주하는 악사는 다산과 풍요를 기원하는 의미임을 어림잡아 짐작할 수 있다.

새와 개구리, 뱀, 자라는 어떤 의미일까? 이들 동물들은 각각 하늘과 뭍, 물에 살지만 이질적인 두 개의 공간을 오가며 산다. 공간을 초월하며 존재하는 동물이기에, 이들 역시 죽은 자의 영혼을 천상으로 인도하는 역할을 하는 것은 아닐까. 항아리의 용도는 아직 명쾌하게 밝혀지지 않았다. 그러나 신라의 토우 장식 항아리에는 가야금을 타는 악사와 사랑을 나누는 남녀, 개구리와 뱀, 자라가 한데 어우러지는, 자유분방한 신라인의 정신세계가 담겨 있다.

'황금의 나라, 신라'를 대표하는 금관과 금제 허리띠

신라의 황금 문화를 대표하는 유물은 바로 금관이다. 8세기에 쓰인 《일본서기日本書紀》는 신라를 가리켜 "눈부신 금은 채색이 많다."라고 기록했다. 1921년 금관총에서 처음 금관이 출토된 이후 경주에서만 총 여섯 점의 금관이 나왔다. 금관총 외에 금령총, 서봉총, 천마총, 황남 대총 북분에서 금관이 나왔고, 교동 금관은 도굴품을 압수한 것이다. 이들 금관은 국립 경주 박물관과 국립 중앙 박물관에 나뉘어 전시 중이다.

관테 위에 곧은 세움 장식을 붙인 초기의 금관인 교동 금관을 빼고, 나머지 금관은 모두 형태적으로는 동일하다. 넓은 원형의 관테 위에 나뭇가지를 추상화한 출册 자 모양의 세움 장식과 사슴뿔 모양의 세움 장식을 붙였다. 또 녹색 곡옥과 금판을 오려 만든 조그만 달개 장식을 금실로 꼬아 장식했다.

그러나 시기에 따라 조금씩 차이가 있다. 금관총과 서봉총, 황남 대총 북분의 금관은 출册 자 모양 세움 장식이 3단이고, 천마총과 금령총 금관은 4단으로 되어 있다. 전자는 5세기에, 후자는 6세기에 제작된 것으로 본다. 이중 금령총 금관이 유일하게 곡옥 장식이 없어 비교적 수수한 편이다. 옛사람들은 옥을 몸에 지니고 다니면 잡귀를 물리친다고 믿어 귀하게 여겼다. 여기에 더해, 신라 사람들은 관테 밑에 드리개를 매달아 장식성과 위엄을 보탰다. 금제 귀걸이 중 굵은 귀걸이는 귀에 거는 것이 아니라 금관 드리개 장식으로 사용됐던 것이다.

보통 신라의 금관은 금제 허리띠, 금제 귀걸이, 금제 목걸이 등 다양한 장신구와 함께 출토된다. 천마총에서는 금관뿐 아니라 금제 허리띠, 금제 관모, 나비 모양의 관 꾸미개, 가슴걸이 등이 함께 출토됐다. 문양을 뚫거나 두드려서 새기고 금실을 꼬아 붙이는 등 화려하고 정교한 금속 공예 기법이 활용되었다.

흥미로운 것은 이들 황금 장신구가 하나같이 돌무지 덧널무덤에서 나왔다는 사실이다. 신라 사람들은 본래 사람이 죽으면 구덩이 안에 나무로 만든 관을 넣어 매장하거나

두 개의 무덤이 표주박 형태로 붙어 있는 황남 대총.

천마총 금관

금제 가는 귀걸이

금령총 금관

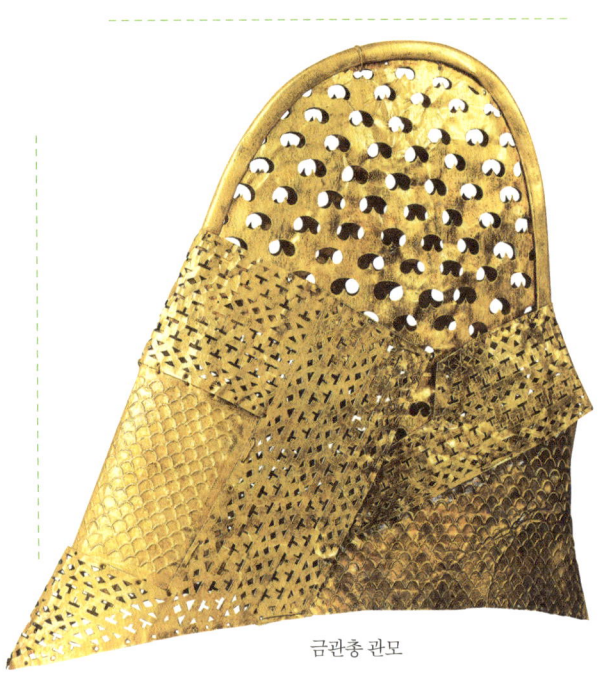

금관총 관모

널무덤 또는 구덩이 안에 나무로 덧널목곽을 만든 다음에 관을 넣는 이중 구조의 덧널무덤을 만들어 매장했다. 그러나 4세기 이후부터 덧널무덤 위에 강돌을 얹고 흙을 쌓아 거대한 산처럼 무덤을 만들기 시작했다. 이것이 돌무지 덧널무덤이다. 엄청난 인력과 시간, 자원이 소요되는 매장 방식인 데다, 황금 장신구가 쏟아져 나와 당시 최고 권력자의 무덤으로 여겨진다. 대릉원의 천마총, 황남 대총이 바로 그 예이다.

신라는 본디 박씨, 석씨, 김씨가 돌아가며 왕이 되다가 4세기 후반부터는 김씨가 세습해 왕위를 계승하고 왕에게는 마립간이라는 칭호가 붙었다. 바로 이 시기부터 돌무지 덧널무덤이 조성되었다. 부족 국가였던 신라는 고구려와 백제에 비해 늦은 시기인 4세기 후반 이후 중앙 집권 국가의 기틀을 마련했으며, 이후 힘을 길러 드디어 7세기에는 고구려와 백제를 누르고 삼국 통일의 승자가 되었다.

다시 금관 이야기로 돌아가자. 신라 금관의 기원에 대해 시베리아 샤먼무당이 쓰는 사슴뿔 장식 관과 형태가 유사하다 하여 북방 유목민 기원설, 황금 장신구를 즐겨 착용했던 세계 최초의 기마 유목 민족인 스키타이 기원설 등이 제기되었다. 그러나 학자들은 스키타이 족의 금관, 북방 유목 민족 샤먼의 관, 신라의 금관의 제작 연대가 수세기 이상 차이 나기 때문에 직접적인 영향 관계를 주장하는 것은 무리라고 본다. 또한 신라 금관의 사슴뿔 세움 장식은 마립간 시대를 연 경주 김씨의 시조 김알지가 태어난 나무를 형상화했다는 주장도 있다. 어찌되었건 유물은 말을 하지 않는다. 그 시대에 쓰인 명확한 문헌 기록이 없으니 유물에 대한 해석은 각자의 역사적 상상력에 따라 달라질 수밖에 없다. 그렇기에 최대한 당대의 유물과 사료를 취합해 이를 바탕으로 그 시대를 재구성하고, 가장 근접한 해석을 취해야 한다. 그런데 이 해석은 다른 사료, 유물이 나오면 언제든지 뒤집힐 수 있다.

현재까지는 신라 금관의 장식물은 나뭇가지와 사슴뿔을 형상화한 장식으로 여겨지고 있으며, 어떤 식으로든 북방 유목 민족의 황금 문화와 친연성을 맺는 것으로 보고 있다. 금관과 함께 출토되는 금제 허리띠 장식물에도 북방 유목 민족의 풍습이 엿보인다. 질병을 치료하는 약병, 풍요와 불사를 상징하는 물고기, 용무늬 새김 장식, 곱은옥, 숫돌 등이 그것이다. 당나라에서도 북방 유목민의 풍습을 받아들여 이와 같은 장식물을 무관의 허리띠 장식으로 썼다.

이 밖에 제2전시실에는 지름 1.6센티미터의 유리옥 안에 사람의 얼굴과 새, 구름이 새겨진 상감 유리옥 목걸이를 비롯해 황금 보검, 로만 글라스와 같은 지중해와 근동 지역에서 만들어져 신라로 전해진 유물이 전시되어 신라 문화의 국제적 성격을 엿보게 한다.

찬란한 감은사지 출토 사리 장치

●

경주에서 감포로 가는 길, 감포 직전 산자락 아래에 너른 들판을 굽어보며 나란히 석탑 두 기가 서 있다. 저 유명한 감은사지感恩寺址 삼층 석탑국보 제112호, 높

이 13.4미터이다. 건물은 사라졌지만 석탑은 1400여 년이 넘는 세월 동안 서라
벌 들판과 동해 바다를 굽어보았다. 감은사는 682년 창건되었다. 삼국 통일
676년의 위업을 달성하고 죽어서도 동해 바다의 용이 되어 왜(倭)로부터 나라를
지키겠다는 아버지 문무왕(文武王, 재위 661~681)의 뜻을 기리고자 아들 신문왕(神文
王, 재위 681~692)이 지은 절이다.

　감은사지 삼층 석탑은 우리나라 최고(最古) 최대의 석탑인 익산 미륵사지 석

감은사지 삼층 석탑

탑233쪽 참고에 버금갈 정도로 키가 크고 장중하다. 목탑이 석탑으로 바뀌는 과도기에 지은 미륵사지 석탑이 장식에 치중하고 번잡해 보이는 것과 달리, 감은사지 석탑은 아무런 장식이 없지만 수수하고 웅장한 멋이 있다. 그래서 이 탑은 한국 석탑의 시원始原으로 여겨진다.

석탑을 해체 보수하는 과정에서 출토된 사리 장치보물 제366호는 외양과 달리 신라 금속 공예의 세련된 극치를 보여 준다. 1959년 서탑을 해체·복원 공사하던 중에 나온 사리 장치는 국립 경주 박물관 미술관 전시실에, 1996년 동탑을 해체·수리할 때 나온 사리 장치는 국립 중앙 박물관 3층 공예실에서 전시하고 있다.

처음 국립 경주 박물관에서 감은사지 사리 장치를 봤을 때의 놀라움을 잊을 수가 없다. 금방이라도 금동제 사리 외함높이 28센티미터에서 떨어져 나올 듯 강력한 기운을 뿜고 있는 사천왕들 때문이었다. 이들은 부리부리한 눈에, 날카롭게 위로 치켜 올라간 눈꼬리, 콧수염과 굳게 다문 입술이 신라인이 아니라 서역인의 얼굴을 하고 있다. 사천왕이 입고 있는 갑옷이나 신발에서도 이국풍이 넘친다.

사천왕은 석탑이나 불화의 팔부중 또는 인왕금강역사라고도 한다과 마찬가지로 불법을 수호하는 역할을 한다. 각기 다른 방위를 관장해 동쪽은 지국천왕持國天王이, 남쪽은 증장천왕增長天王이, 서쪽은 광목천왕廣目天王이, 북쪽은 다문천왕多聞天王이 지키고 있다. 이들은 무장을 한 갑옷을 입고 동물 또는 악귀를 밟고 서서 자세로, 손에는 칼, 창, 금강저 등의 무기와 탑 등을 쥐고 있다. 돋을새김 기법으로 새겨진 사천왕들은 숨을 머금고 있는 듯 볼이 팽팽하다. 얼굴

뿐 아니라 동물과 악귀를 밟고 선 당당한 자세에서 사실감이 넘쳐난다. 뛰어난 통일 신라의 금속 공예의 일면을 엿볼 수 있는 작품이다.

감은사지 사리 장치는 러시아의 마트료시카 인형처럼 사천왕들이 둘러싼 사각형의 사리 외함 안에 다시 전각殿閣처럼 생긴 사리기또는 사리 내함가, 그 안에 다시 유리 사리병이 들어 있고, 최종적으로 그 안에 사리가 들어 있는 구조다. 사리병을 모신 사리 내함은 누각을 축소한 듯 연꽃잎으로 장식한 기단 위에 누각이 있고, 중앙에 수정으로 만든 보주의 세 부분으로 구성되어 있다. 둥근 보주를 둘러싼 난간 안쪽에 4명의 천인이 북과 피리, 비파, 동발 등의 악기를 연주하며 부처의 공덕을 찬양하고 있다.

귀중한 부처의 사리를 화려한 누각 안에 안치한 전각형 사리기는 신라인의 독창적인 아이디어다. 감은사지 사리 장엄구는 부처의 사리를 극진히 모시려던 신라인의 불심이 화려한 금관, 금제 장신구를 탄생시킨 신라의 뛰어난 금속 공예술과 만나 빚어낸 최상의 예술품이다.

박물관 곳곳의
신라의 불교 미술품
●

완숙한 문화의 경지는 사회의 안정에서 비롯된다. 삼국을 통일한 신라의 자신감은 사회 전반에 걸쳐 나타났다. 미술품도 마찬가지다. 불교를 국교로 삼았던 신라에서는 왕실의 후원을 받거나, 귀족들이 후원해 제작된 수준 높은 불교 미술품이 다수 남아 있다. 당시 불사는 죽어서 극락에 가는 방법 중의 하나로 믿어졌던 까닭이다.

신라인은 흙과 금속을 다루는 데 뛰어났을 뿐 아니라 단단한 화강암도 떡 주무르듯이 잘 만졌다. 남산 장창골 석실에서 옮겨 온 삼화령 석조 미륵 삼존 불상은 보기만 해도 마음이 푸근해지면서 배시시 웃음이 나온다. 삼화령 아기 부처로도 불리는 이 불상들은 4등신의 통통한 몸매를 과시한다. 7세기에 제작된 것으로 보이는데, 우리나라 불상으로는 이례적으로 의자에 앉은 자세를 취한 본존불 양 옆에 천진난만한 표정의 아기 보살들이 한손에 연꽃 봉우리를 들고 있다.

석굴암 본존 불상으로 대표되는 비례미와 안정감 넘치는 완숙기의 통일 신라 불상에 비하면, 삼화령 아기 부처와 보살들은 옷 주름이 도식화되고 인체 비례가 맞지 않는다. 그러나 삼국 중 뒤늦게 불교를 받아들인 신라의 장인들이 삼화령 아기 부처에 이르러 일정 수준 이상의 석불 제작 기술을 갖추고 있었음을 알 수 있다.

통일 신라 시대인 8세기에는 이상화된 인체 비례 표현, 석조 기술의 세련 · 정교화로 당대 최고의 석조 미술품이 제작되었다. 숭고함과 엄숙함이 풍기는 본존불을 비롯해 10대 제자상, 보살상, 인왕상, 팔부 중상 등 위계에 따른 불보살들과 그 권속을 배치해 이상화된 불국토佛國土를 하나의 공간에 구현한 석굴암은 단연 통일 신라 불교 미술의 백미. 그 발전 과정에 삼화령 아기 부처가 있다.

박물관 야외 뜰에도 통일 신라 시대의 뛰어난 불교 미술품이 흩어져 있다.

삼화령 아기 부처

미술관 중앙 홀에서 전시하고 있는 금강역사상.
역동적인 자세나 풍부한 양감의 표현 등에서 불법을 수호하는
금강역사의 건강한 힘이 느껴진다.

박물관 뒤뜰의 황룡사지 석재들

고선사지 삼층 석탑

장항리 석조불 입상은 본존불의 두상과 광배 등 군데군데 깨져 있던 것을 복원했다. 과거 세 동강 난 얼굴을 시멘트로 발라 복원한 모습은 성형 미인 같았지만, 2010년 본래의 색과 유사한 살굿빛 화강암으로 복원한 모습을 멀리서 보면 감쪽같다. 광배에 새겨진 화불작은 부처상 조각도 매우 섬세하다. 이 불상은 현재는 상반신만 남아 있는데, 그 높이만 2.5미터다. 온전히 보존되었다면, 이상적인 부처의 키인 일장 육척약 4.8미터에 육박했을 것이다.

일제강점기에 세 동강 난 것을
최근에 복원한 장항리 석조불 입상.

사리 장치란?

사리 장엄구라고도 부르는 사리 장치는 부처의 유골인 사리를 담는 장치로 당대 최고의 예술 정신과 장인 정신이 담긴 공예품이다. 오늘날에는 불상이나 불화가 예배의 대상이지만, 불교 성립 초기 석가모니가 열반에 들고 난 이후 불교 신도들은 석가모니의 사리를 모신 탑을 예배의 대상으로 삼았다. 사리를 봉안한 탑은 석가의 무덤이면서, 부처 그 자체였다. 형상을 숭배하지 말라는 부처의 가르침에도, 사람들은 부처의 사리를 모시고 싶어 했다. 석가모니가 열반하고 다비를 치른 뒤에 나온 부처의 유골인 진신 사리는 인도 여덟 나라에 세워진 8개의 탑에 나뉘어 봉안됐다. 이후 인도 아소카 왕 때 이 사리들을 다시 나눠 8만 4000개의 불탑을 세웠다고 한다.

　인도에서 탄생한 불교가 동서 아시아로 퍼져나가 범세계적 종교가 되면서 석가의 진신 사리를 구해 탑에 봉안하는 일은 불가능해졌다. 그 때문에 사리 대신 부처의 머리카락, 손톱, 치아, 옷에서부터 열반 시 다비를 치른 곳의 재를 비롯해, 이후에는 부처를 상징하는

사리 장치의 내함과 외함

작은 불상이나 불경, 법구 등을 사리 대신에 모셨다. 이름 하여 법신 사리이다. 대승 불교가 발달하면서는 부처의 말씀을 새긴 경전을 안치하거나 부처의 형상을 본뜬 불상을 탑에 넣는 등 석가의 유골을 대신하는 법신 사리의 개념이 생겨났다. 특히 우리나라의 석탑에 안치된 사리기에는 대부분 경전과 불상 등의 법신 사리가 담겨 있다.

귀중한 부처의 유골 또는 부처의 상징물을 담는 상자인 만큼 사리 장치에는 당대 최고의 기술과 미학이 집결됐다. 사리 장치는 외함과 내함으로 구성되고 내함 안에 사리를 담는 유리잔과 유리병이 겹으로 구성되어 있다. 유골 사리를 담는 용기로는 유리병, 금속병 등이 쓰였다. 법신 사리의 경우, 소탑을 만들어 바닥에 구멍을 뚫고 다라니경을 작게 말아 봉안하기도 했다.

경북 봉화 서동리 삼층 석탑에서 나온 소탑(높이 7.5센티미터).
흙을 틀에 찍어 만든 소탑 99개가 나왔다.

죽음과 삶이 공존하는 도시이자 빛바랜 추억 속에 남아 있는 관광 도시, 경주를 돌아보는 일은 참으로 방대한 여정이어서 감히 한 번의 여행으로 경주를 돌아봤다고 말하기란 부끄러운 일이다. 경주에서 신라의 흔적과 만나고자 미리 몇 권의 책을 읽어 보면 더욱 여행의 의미가 깊어질 것이다. 사진가 강운구의 사진이 담긴 《사진과 함께 읽는 삼국유사》는 신라 땅 곳곳에 서린 역사를, 소설가 강석경의 에세이 《능으로 가는 길》은 경주에 흩어진 무덤을 돌아보며 작가가 느낀 단상을 아름다운 문장으로 전한다. 신라인의 생활사를 훑어보는 데에는 《한국생활사박물관 5−신라생활관》을, 지도가 딸린 가이드북으로는 잘 알려진 《답사여행의 길잡이 2−경주》를 추천한다.

경주 남산

거대한 야외 박물관인 경주 남산은 어디를 가나 천상의 빛이 가장 먼저 닿는 바윗덩어리와 사람들의 눈길이 닿는 절벽에 어김없이 은은한 미소를 지닌 부처들이 있다. 경주 남산에 오르면 여기저기 흩어진 숱한 마애불과 불상 등을 통해 신라인이 그렸던 불국토의 실체를 어렴풋하게나마 만날 수 있다. 경주 남산에는 왕릉 13기, 산성터 4개, 절터 147곳, 불상 120여 구, 탑 96기, 석등 20여 기 등 문화유산이 670여 점이 남아 있다. 이 모든 것을 하루에 돌아보는 일은 불가능하다. 남산을 돌아보는 순례길 중에서 두 코스만 소개해 본다.

남산 종주 배리 삼존 석불 입상 》 삼릉 》 삼릉골 》 용장사지 》 칠불암 마애 석불 》 신선암 마애 보살상 》 삼층 쌍탑

신라의 두 얼굴을 찾아서
국립 경주 박물관과 경주 일대 신라 유적

삼릉

이 종주 코스는 유물이 가장 많은 삼릉골과 유적이 가장 많은 용장골을 합쳐 놓은 코스다. 하루를 꼬박 잡아야 한다. 두 코스를 나눠 돌아봐도 좋다. 한꺼번에 모든 것을 보겠다는 욕심은 버리고 시간과 체력이 허락하는 한 돌아보며 옛 사람들의 불심을 이해하면 좋겠다. 남산의 개별 유적과 유물에 대해서는 《경주 남산 1·2》, 《신라의 마음, 경주 남산》 등을 참고하면 좋다.

경주남산연구소http://www.kjnamsan.org/, 054-777-7142에서 매주 주말과 공휴일에 7가지 코스를 마련해 '경주 남산 속속들이 탐방'을 무료로 진행하고 있으니 이곳의 경주 남산 유적 답사를 따라가도 좋겠다. 전문 해설사가 동행하며 남산 지도도 제공한다. 또한 한겨울을 제외하고 보름이 가까운 토요일 저녁에는 '남산 달빛 기행'을 열고 있다.

남산 동쪽 일주 보리사 ≫ 부처 바위 ≫ 감실 석불 좌상

보리사에는 남산에서 제일 잘생긴 부처님이 있다. 보리사 석조 여래 좌상보물 제136호이다. 통일 신라 후기 불상을 대표하는 이 불상은 석굴암이 완성된 이후 석굴암 본존불의 당당한 위엄을 쫓아 만든 불상으로 인체 비례도 알맞

남산 일대에서 가장 잘생긴 부처, 보리사 석조 여래 좌상

탑골 부처 바위

고 조각 기법도 우수하다.

탑골 부처 바위_{보물} 제201호는 보리암에서 차로 10여 분 거리에 있다. 거대한 자연 암반 위에 탑과 비천, 부처, 승려 등 다양한 불교 세계의 형상을 새겨 놓았다. 북, 동, 서쪽 3면에 걸쳐 약 30여 점의 형상이 새겨져 있다.

감실 석불 좌상_{보물} 제198호은 남산 일대의 석불 중에서 가장 이른 시기에 조성됐는데, 거대한 바위 안에 감실을 파서 만들었다. 인도와 중국에는 흔히 볼 수 있지만 우리나라에서는 보기 드문데, 석굴 사원의 한국적인 변형인 셈이다. 감실 안에는 시골 할머니를 연상시키는 듯한 넉넉한 인상의 부처가 다소곳한 모습으로 앉아있다.

동해로 가는 길

장항리 절터 》》 기림사 》》 골굴암 》》 감은사지 》》 이견대 》》 대왕암

경주 동쪽 추령 고개를 넘어가는 길에는 이름 있는 사찰과 신라의 호국 불교 정신을 만날 수 있는 유적지가 늘어서 있다. 양지 바른 산 중턱에 있는 장항리 절터는 애잔함이 가득한 곳이다. 박물관 마당의 장항리 석조불 입상이 본래 있던 곳이 바로 이곳이다. 석불과 석탑은 1923년 탑 속 사리를 탐낸 도굴범의 소행으로 폭파되어 이곳저곳으로 흩어졌다. 지금은 살구색 화강암으로 만든 탑과 석불을 모셨던 연꽃 대좌가 남아 있다. 두 기의 탑 중에서 동탑

은 기단과 몸돌이 사라진 채 지붕돌만 켜켜이 쌓인 난쟁이 탑이 되었다. 온전하게 보전된 서탑국보 제236호은 키가 9.5 미터에 달한다. 탑 1층에 새겨진 인왕상 조각이 뛰어나다.

대왕암

기림사는 신라 선덕 여왕 때 지어져 해방 이전에는 불국사를 말사로 거느릴 정도로 일대에서 가장 큰 사찰이었으나, 이후 형세가 역전되어 지금은 불국사에 속한 절이 되었다. 야트막한 산길을 올라가면 평지에 가람이 들어서 있다. 조선 시대에 지은 목조 건축물로 정면 5칸, 측면 3칸 규모로 거대한 소조 비로자나 삼존불을 모시고 있다. 기림사 박물관에는 이국풍의 건칠 보살 좌상보물 제415호과 비로자나불상에서 나온 복장 유물, 탱화와 와당, 다양한 서책을 전시하고 있다.

선무도의 총본산인 골굴암은 우리나라에서 유일하게 자연 석굴에 조성된 사찰이다. 본디 함월산 기슭 석회암 절벽에 열두 개의 석굴이 나 있었다고 하나, 현재는 관음굴 등 예닐곱 개의 굴 법당이 남아 있다. 가파른 계단을 따라 정상에 올라서면 높이 4미터가량의 거대한 마애불보물 제581호을 만날 수 있다.

삼국을 통일한 문무왕의 호국 정신을 기리고자 아들 신문왕이 세운 감은사지에는 육중한 쌍둥이 석탑이 마주 보고 있다. 금당터 장대석 아래에는 동해의 용이 되어 왜로부터 나라를 지키겠다고 한 문무왕의 혼령이 드나들 수 있게끔 빈 공간이 마련되었다. 걸어서 10여 분 거리에 감포 앞 바다가 내려다보이는 이견대利見臺가 있다. 이견대 누각 중앙에서는 문무왕의 유골을 산골한 대왕암이 정면으로 보인다. 감은사를 세운 신문왕이 이곳에서 나라의 근심과 걱정이 사라지는 신비의 피리, 만파식적을 얻었다고 전한다.

경주 시내 주요 유적

•

월성 》》 대릉원 》》 안압지 》》 황룡사지 》》 분황사

모두 경주역과 차로 20~30분 거리에 있는 유적지이며, 국립 경주 박물관과 지척이므로 함께 돌아보면 좋다. 신라의 궁터인 경주 월성月城, 반월성이라고도 한다.에는 4월에 벚꽃이 아름답게 핀다. 반달 모양의 높고 너른 터와 조선 시대의 얼음 창고인 석빙고가 남아 있는 월성은 김알지 탄생 설화가 서린 계림鷄林과 이어져 있다. 걸어서 10여 분 거리에는 국립 경주 박물관과 안압지가 있으며, 안압지 동북쪽에는 황룡사지와 분황사가 있다.

시내 한 가운데 아름다운 능선을 자랑하는 대형 고분 23기가 밀집한 대릉원은 1970년대에 조성되었다. 고분의 높이는 10~25미터, 밑지름은 40~120미터로 당시로서는 초대형 건축물이었다. 이들 고분은 엄청난 인력과 시간이 투입된 돌무지 덧널무덤 양식으로 조성되었다. 특히 남북분이 합쳐진 표주박 형태의 황남 대총, 내부가 공개된 천마총, 미추왕릉 등이 주목할 만하며, 이들 무덤 안에서는 금관과 화려한 금제 장신구, 토우 장식 항아리, 상감 목걸이 등

월성터

안압지

황룡사지 구층 목탑터

황룡사지 금당터

대릉원 조경도

황룡사지 치미

다양한 유물이 쏟아져 나왔다.

안압지雁鴨池는 통일 신라 시대의 인공 호수로 당시에는 월지月池라 불렸다. 통일 신라 시대 정원의 모습을 보여 준다. 호수 동북쪽은 가장자리를 굴곡지게 만들고, 서남쪽은 직선으로 배치하고 누각을 세웠다. 어디에서 봐도 호수 전체가 한눈에 보이지 않는 독특한 구조다. 안압지 바닥에서는 와전을 포함해 금동 판불, 잔치 때 흥을 돋우려 벌칙을 각 면에 새긴 주사위 등이 출토되었다. 이들 유물은 국립 경주 박물관 월지관에 따로 전시하고 있다.

신라 제일, 동양 최대의 사찰이었다고 전하는 황룡사皇龍寺는 진흥왕 때인 553년에 창건된 후 645년에서야 완성된, 4대 93년에 걸쳐 지어진 대사찰이다. 선덕 여왕 때 백제 장인 아비지를 초청해 세운 구층 목탑은 온전히 보전되었다면 오늘날 건물 20층에 해당하는 80미터 높이였다고 한다. 그러나 고려 때 몽골군의 침입으로 불타 버렸고, 황룡사에서 나온 유물과 석재는 국립 경주 박물관 미술관 황룡사실과 야외에 전시하고 있다. 이제 드넓은 황룡사지에 남아 있는 것은 금당과 목탑이 있던 자리 그리고 금동 삼존 불상이 안치되어 있었다는 거대한 대좌뿐이다. 영화로운 과거는 사라졌고 빈 절터에는 돌덩이만 남아 역사를 말하는 곳. 고즈넉한 아침이나 해질녘에 이곳에 들러 석양을 바라보는 것도 좋다.

잃어버린 철의 왕국, 가야를 찾아서

국립
김해 박물관과
김해·부산 일대의
가야 유적

국립 김해 박물관

경상남도 김해시 가야의길 190(구산동) | 055-320-6800 | http://gimhae.museum.go.kr
관람 시간 매주 화~토 오전 9시~오후 6시
　　　　　 토·일·공휴일 오전 9시~오후 7시
　　　　　 4월~10월 매주 토요일은 오후 9시까지 야간 개장
휴 관 일 매년 1월 1일, 매주 월요일

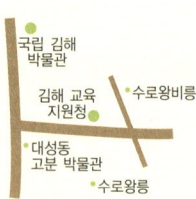

　　　부산을 여러 번 다녀갔지만 고분은 처음이다. 그것도 잃어버린 철의 왕국, 가야의 고분이라니. 늦가을, 부산 복천동 고분 공원에 앉아 가을 햇볕을 내리쬐며 눈앞에 펼쳐진 동래 일대를 내려다본다. 대략 2000년 전부터 조성되기 시작한 고대의 공동묘지 위에 한가롭게 앉아 노니는 기분은 기이하다.

　말 머리처럼 툭 삐져나온 고분 능선에 앉아 있노라니 우선 부산의 드라마틱한 지형이 눈에 들어온다. 이곳에서 바라보는 부산 풍경은 항구 도시 부산의 이미지와는 판이하게 다르다. 지리적으로 부산은 동쪽과 남쪽이 바다에 면하고, 서쪽은 낙동강과 경계를 이룬다. 여기에 길게 뻗은 금정산맥 자락과 온천천이 부산의 도심을 가로지른다. 바다인가 하면 산으로 가로막히고, 서울보다 더 굴곡 심한 언덕을 따라 곳곳에 산복 도로가 나 있다. 급경사인 산자락마다 집들이 빼곡히 들어서 있다. 그래서 동래 한복판에 자리한 고대 가야의 고분에서는 아무리 고개를 돌려도 바다가 보이지 않는다. 산자락마다 들어앉은 낮은 집과 건물이 빼곡한 동래의 풍경은 밤이면 불야성을 이루는 광안리나 왁자지껄한 남포동 자갈치 시장, 초고층 아파트들이 바닷가를 따라 즐비하게 늘어선 해운대와는 또 다른 부산의 풍경이다.

살아서 뿐만 아니라 죽어서도 나라를 다스리고 싶어서였을까. 수십 명, 때로 수백 명의 무덤이 함께 출토되는 가야의 고분에서 최고 권력자의 무덤은 늘 능선 정상에 자리했다. 가야의 고분은 가야의 맹주, 금관가야가 있던 김해를 비롯해 동으로는 부산, 서로는 경남 함안에 이르기까지 지금의 부산·경남 일대에 산재해 있다. 철로 흥하고 철로 쇠했던 나라, 가야. 그러나 우리가 가야에 대해 아는 것은 기껏해야 한반도 최고의 철기 기술을 가졌던 나라라는 정도다.

정사正史가 전해지지 않아 실체를 알 수 없던 가야의 역사는 1919년 경남 김해 구산동 고분군, 1960년대 부산 복천동 고분군, 1990년대 김해 대성동 고분군 등의 고고학 유적이 발굴되면서 서서히 복원되고 있다. 한순간 역사의 뒤안길로 사라진 '잃어버린 철의 왕국, 가야'를 찾아 김해와 부산으로 떠나보자.

가야는 전후부터 6세기 중엽까지, 낙동강과 소백산맥으로 둘러싸인 오늘날의 경상남도 일대에 들어섰다. 변한 지역 일대의 여러 나라로 구성된 느슨한 연맹체 국가였던 가야의 500년 역사는 《삼국유사三國遺事》에 단편적으로 기술되었을 뿐이다. 그나마도 내용이 소략하고 신화적 성격이 강하다. 가야는 가락국, 가라, 임나 등의 명칭으로 불렸다. 《일본서기》는 가야를 임나任那로 칭하고, 고대 일본의 식민 통치를 받았다고 기록했다. 현재에는 폐기되었지만 20세기 초 일제의 식민지 지배를 정당화하는 임나일본부설의 근거로 해석되었다. 그 때문에 가야의 역사는 한동안 한국사의 가슴 아픈 상처였다.

　　국립 김해 박물관은 철의 바다, 김해金海 일대에 자리했던 금관가야를 중심
으로 잊힌 가야사를 복원하는 데 초점을 맞춘 고고학 전문 박물관이다. 그간
가야의 유물은 국립 진주 박물관에서 전시되었으나 1990년대 김해 대성동 고
분군 발굴로, 가야의 역사를 입체적으로 소개하는 박물관의 필요성이 제기되
면서 1998년 문을 열었다. 김수로왕 탄생 설화의 배경이 된 김해 구지봉 기슭
에 자리한 박물관은 김해의 금관가야, 함안의 아라가야, 창녕의 비화가야, 고
령의 대가야, 고성의 소가야, 함창의 고령가야 등 여섯 가야의 유물을 고루 전
시하고 있다. 검은색 벽돌과 강판으로 외관을 마감한 박물관은 철의 바다에

세운 견고한 성채의 느낌을 풍기지만, 성채의 문을 열고 만나는 가야의 유물
은 소박하고 정감이 있다.

갑옷, 가야
철기 문화의 대표

국립 김해 박물관의 대표 유물은 당시 한반도에서 가장 강력한 철기 문화를
보유하고 있던 가야의 철기들이다. 자루를 달아 도끼로도 사용하고 화폐로도
쓰인 덩이쇠鐵鋌를 비롯해 쇠도끼와 쇠낫 등의 농기구, 철갑옷을 위시한 무기
류 등이 다량 전시 중이다.

철기를 사용한다는 것은 그만큼 숙련된 기술과 고도의 문화를 가졌다는 뜻
이다. 가야의 철기는 이웃한 나라에겐 두려움과 동경의 대상이었다. 금관가
야의 철은 낙랑, 왜, 예맥 등으로 수출되었으며 지배층의 상징 유물이기도 했
다. 특히 4세기부터 본격적으로 만들어진 가야의 철갑옷은 수준 높은 철기 가
공력을 보여 주는데 현재 70여 벌이 전한다. 한반도에서 출토된 철갑옷의 90
퍼센트가 가야 일대에서 발견되었다.

가야의 갑옷은 대부분 판갑옷이다. 쇳덩이를 달구고 쇠판을 얇게 두드려 펴
서 만든 판갑옷이다. 가야 이외의 지역에서는 비늘 갑옷찰갑옷이라고도 한다이 많
이 나온다. 비늘 갑옷은 생선 비늘처럼 생긴 작은 철판 조각에 구멍을 내고 이
를 가죽 끈으로 꿰매 만든 것으로 유동성이 좋다. 가야의 판갑옷은 두께 1밀

덩이쇠

말갑옷의 일부

금동 장식 투구

말 머리 가리개

판갑옷

퇴래리 출토 판갑옷

리미터가량의 철판을 재단하고 이를 인체의 굴곡에 맞춰 못으로 연결하고 입고 벗기 편하게 경첩을 달았다. 판갑옷은 인체 공학적으로 만들어지고 보호력을 극대화했으나 그 무게 때문에 신속하게 움직여야 하는 기병이나 보병의 보호 장구로는 적당치 않았다. 그 때문에 판갑옷은 주로 신분이 높은 장수들이 입었다. 어깨에 달린 날개 장식이나 가슴에 덧댄 고사리무늬 장식 등은 바로 이와 같은 힘과 권위의 상징이었다.

김해 퇴래리에서 출토된 판갑옷은 무려 27개의 철 조각과 80개의 못을 조합해 만들었다. 철판과 못을 일일이 연결한 뒤 나무로 만든 인체 모형에 맞춰 철판을 불에 달궈 가며 두드려 모양을 잡았다. 가슴에는 가야 고유의 문양인 고사리무늬 장식을 둘렀다. 갑옷과 더불어 목과 다리, 팔뚝을 가리는 가리개와 머리에 쓰는 투구 등도 다수 출토되었다. 또 말에 씌우는 말갑옷과 말 머리 가리개 등의 마구馬具도 상당량이 나왔다. 1992년 아라가야의 중심지인 경남 함안 마갑총에서 출토된 말갑옷이 대표적이다. 아파트 공사 현장에서 발견된 마갑총에서는 고구려 고분 벽화에 보이던 것과 닮은, 거의 완벽한 형태의 말갑옷크기 226~230센티미터, 너비 43~48센티미터이 출토되었다. 말의 움직임에 따라 자연스럽게 움직이게끔 부위에 따라 철판 조각의 크기도 달리 했다. 마갑총의 주인은 아라가야의 지배층이었을 것이다. 실제로 마갑총은 가야 지배층의 무덤 양식인 대형 나무곽 무덤으로 조성되었으며, 말갑옷과 함께 금판을 장식한 길이 83센티미터의 둥근 고리 칼環頭 대도이 나왔다.

가야의 멸망

강력한 제철 기술을 보유하고, 신라가 두려워 마지않던 기마 전사단까지 갖춘 가야는 금관가야를 중심으로 세력을 키워 399년에는 경주 일대를 제외한 신라의 전 지역을 점령할 정도로 세력을 확장했다. 그러나 400년에 가야는 신라 내물왕이 고구려 광개토 대왕에게 구원을 요청하면서 들이닥친 신라 · 고구려 연합군과 싸우다가 힘을 잃는다. 이를 계기로 여섯 가야의 패권은 김해의 금관가야에서 고령의 대가야로 넘어간다. 그러나 중국이 5호 16국으로 분열된 시기에 백제와 신라는 중흥의 발판을 마련했으나 가야는 그러하지 못했다.

백제와 신라 사이에 끼어 견제를 받고, 중앙 집권화된 국가 체제를 이루지 못한 가야는 6세기 이후 급격히 힘을 잃었다. 532년에 금관가야가 신라 법흥왕에 항복한 후, 대가야는 신라를 막으려고 534년에 백제, 왜와 연합했지만 관산성 전투에서 패했다. 이어 555년에는 창녕을 신라 진흥왕에게 내줬고, 562년에는 이사부가 이끄는 신라군의 침입을 막아 내지 못해 끝내 신라에 병합되었다.

진흥왕이 창녕을 얻고서 세운
창녕 진흥왕 척경비

일상에 미친 권력의 변화, 가야의 토기

●

갑옷과 더불어 가야를 대표하는 유물은 바로 토기이다. 고구려, 백제, 신라 모두 각기 고유한 토기 문화를 보유했지만, 가야의 토기는 이들보다 앞서 발전했다. 회청색이 나는 가야의 토기는 엄밀히 말해 1000도가 넘는 고온에서 구웠기 때문에 토기가 아니라 도기, 곧 질그릇이다.

그릇과 권력은 어떤 관계가 있을까. 그릇에도 유행이 있다. 고려 시대에는 청자가, 조선 시대에는 백자가 유행했다. 권력과 무관해 보이는 일상의 기물을 통해 지배 세력은 차별화를 꾀한다. 자연히 지배 세력의 이데올로기와 취향이 반영된다. 이는 가야의 토기에도 적용된다. 토기 양식의 변화를 보면 당시 정치 세력의 변화를 짚어 볼 수 있다는 말이다. 중앙 집권적인 정치 체제를 이루지 못한 가야에서는 여섯 가야마다 각기 고유한 양식의 토기가 만들어졌다. 특히 바닥이 둥근 항아리와 이를 받치는 기다란 그릇 받침대 그리고 굽다리 접시가 많이 만들어졌다. 굽다리 접시는 접시 아래에 기다란 굽을 붙인 접시. 두 손을 모아 받쳐 올리는 공경의 뜻을 담고 있으며 의례 용기로 사용됐다.

접시 밑 굽다리에는 투창透窓이라고 해서 토기를 구울 때 터지지 않도록 작은 숨구멍을 냈다. 이 숨구멍의 모양이 꽤 장식적이다. 접시의 형태, 투창의 모양이 여섯 가야가 조금씩 다르고, 신라의 굽다리 접시와도 다르다. 금관가야에서는 아가리가

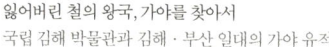

밖으로 꺾인 굽다리 접시가 유행했고, 아라가야에서는 불꽃무늬 투창을 뚫은 굽다리 접시가 유행했다. 고령의 대가야에서는 오늘날의 머그잔과 닮은 손잡이가 달린 잔이 다량으로 만들어졌다.

가야 토기의 제작 기법은 대략 400년을 전후해 완성되었다. 가야의 세력이 약화되고 신라의 영향력이 커지는 등 정치 세력의 변동은 굽다리 접시에도 나타난다. 가야의 세력이 강성했을 때에는 얇고 넓적한 접시에 다리 부분이 굵은 가야계 굽다리 접시가 유행하지만, 점차 신라의 영향력이 커지는 후대로 가면 그릇 부분이 투박하고 두툼한 굽다리 접시가 많다.

굽다리 접시와 더불어 주목할 것이 바로 가야의 독특한 이형 토기異形土器이다. 특히 오리 모양 토기가 옛 가야 지역에서 많이 출토된다. 오리와 같은 새 모양은 토기뿐 아니라 철물 장식에도 사용되었다. 철판을 얇게 두드려 편 미늘쇠 가장자리에도 새 모양이 장식되어 있다. 오리 모양 상징이 사용된 기물들은 대부분 의례용, 장례용 기물이다. 조류를 숭배하는 신앙은 동아시아에서 공통적으로 나타난다. 새 모양을 나뭇가지나 기둥에 앉힌 청동기 시대의 솟대 신앙도 마찬가지다. 한데 새 모양 토기는 특히 한반도내에서도 가야와

가야의 굽다리 접시 토기와
그릇 받침

항아리 어깨에 나뭇잎 등을
붙여 구운 가지 무늬 토기

뿔 달린 굽다리 토기

오리 모양 토기

가야의 대형 토기

가야 토기의 파편. 회청색이 나는 가야의 토기는 비교적 단단하다.

신라 지역에서 두드러지게 발견된다.

왜 오리 모양 토기가 이 일대에서 유행했을까. 종교와 상징은 지형과 기후의 영향을 받는다. 과거 가야에 속했던 낙동강 유역은 지금도 오리를 비롯해 겨울 철새의 천국이다. 계절의 변화에 따라 삶의 터전을 달리하는 철새는, 고대인에게 신비로운 존재였을 것이다. 게다가 오리는 뭍과 물, 하늘을 자유자재로 오가는 동물이다. 즉, 가야인은 오리를 삶과 죽음을 넘나드는 존재로, 영혼의 중재자로 여겼던 것이다. 그리고 죽은 자의 영혼이 영혼의 중재자인 오리를 통해 하늘로 훨훨 날아가기를 빌며 오리 모양 토기를 만들어 무덤 속에 넣었던 것이다.

U 자 모양의 뿔잔 양옆에 수레바퀴와 고사리 장식을 단 토기, 집 모양 토기, 짚신 모양 토기, 배 모양 토기 등 다양한 형태의 이형 토기도 제작되었다. 신선로와 부뚜막 모양의 토기와 시루 등은 전통 가옥의 부엌 구조, 주방 용품의 원형이 1500여 년 전에 이미 완성되었음을 알려 준다.

가야의 부엌 용품들

가야는 동아시아의 국제 교역국?

박물관 전시품 중에는 북방 유목 민족의 영향을 받은 유물이 눈에 띈다. 박물관과 지척에 있는 김해 대성동 고분에서 출토된 동복銅鍑, 즉 오르도스 식 청동 솥은 중국 황허 강 이북에 있던 북방 유목 민족이 사용하던 것이다. 김해 대성동 고분에서 2점, 김해 양동리 고분군에서 1점이 출토되었다. 이전까지 청동 솥은 낙랑과 고구려 고분에서 출토되었으며, 신라나 백제 지역에서는 출토되지 않았다. 한때 청동 솥은 가야의 주축 세력이 북방 유목 민족임을 설명하는 증거로 해석되기도 했다. 그러나 근래에는 북방 유목 민족이 직접 한반도 남쪽 가야의 근거지까지 내려왔다기보다는 북방, 특히 낙랑과의 교역품으로 보고 있다.

가야는 잘 나가는 동북아시아의 중개 무역항이었다. 일본에서 만들어진 야요이 토기와 일본 고분에서 발견되던 바람개비형 방패 꾸미개가 가야 고분에서 발견되었기 때문이다. 이들 유물은 철 교역의 부산물로 가야는 철을 바탕으로 인접 국가와 활발히 교류했다. 실제로 가야의 덩이쇠와 토기가 신라와 왜의 무덤에서 출토되기도 했다.

오르도스식 청동 솥

철기와 토기만으로 1500여 년 전 가야인의 생활을 헤아려 보기는 쉽지 않다. 국립 김해 박물관 인근에 있는 수로왕릉, 수로왕비릉과 대성동 고분 박물관, 금관가야 최대의 생활 유적지인 봉황동 유적 등을 함께 둘러보면 금관가야의 실체를 이해하는 데 보탬이 된다.

수로왕릉과 수로왕비릉

거북아! 거북아! 머리를 내밀어라. 만일 내밀지 않으면 구워 먹으리.

龜何龜何 首其現也 若不現也 燔灼而喫也

우리나라 최초의 서사시로 알려진 〈구지가〉는 집단의 욕망을 담아낸 노래다. 왕을 내놓지 않으면 거북을 구워 먹겠다고 감히 위협하는 이들은 대체 누구일까. 《삼국사기》에 따르면, 구지가를 부른 이들은 가야 일대의 토착 세력이다. 하늘에서 내려온 여섯 개의 황금 알을 보며 귀족들이 구지가를 부르사, 가락국의 시조이자 김해 김씨의 시조인 수로왕재위 42~199을 포함, 여섯 가야의 임금이 태어나 날마다 쑥쑥 자라 가야의 지배자가 되었다고 한다. 가야의 토착 세력은 어느 날 갑자기 하늘에서 떨어진 알에서 태어난 이들에 크게 저항하지 않고 새로운 세력의 강림을 기꺼이 축하하고 있다.

신화를 해석하는 일은 쉽지 않다. 그러나 아무리 상징으로 뭉친 신화라 해도 그 속에는 사실이 감춰져 있다. 고고학자와 사학자 들은 〈구지가〉를, 기원

수로왕릉

경남 김해시 가락로 93번 길 26(서상동)
055-332-1094 | **관람** 무료

수로왕비릉

경남 김해시 구산동 120번지 | 055-330-3948 | **관람** 무료

수로왕릉 석물과 내부 전각

정문의 쌍어문 문양

전 42년 수로왕이 즉위하기 이전부터 가야가 자리한 현재 경남 일대의 토착 세력과 제철 기술을 가지고 이주해 온 신진 세력의 결합을 암시하는 노래라고 풀이한다.

국립 김해 박물관과 지척에 수로왕릉이 있지만, 이곳에서는 수로왕의 자취를 찾기 어렵다. 납릉納陵으로도 불리는 수로왕릉은 언제 축조되었는지 알 수 없지만, 《삼국유사》에 따르면 수로왕의 아들 거등왕부터 9대손 구형왕까지 매년 여섯 차례에 걸쳐 제사를 지냈다는 기록이 있다. 나라를 잃은 뒤에는 신라 문무왕에 이르러 "가야국의 시조 수로왕은 문무왕에게 15대 시조"라며 제사를 계속 지내게 했다고 한다. 수로왕릉은 높이 5미터의 야트막한 원형의 봉토분과 신위를 모시는 숭선전, 제사를 모시는 용도의 건물과 석조물이 있으며 일대가 왕릉 공원으로 지정되어 있다. 정문에는 지붕을 떠받치는 공포 아래 석탑을 사이에 두고 서로 마주 보는 물고기 두 마리가 그려져 있다. 이 쌍어문은 가야국의 상징이기도 했다.

허황옥 황후의 수로왕비릉은 국립 김해 박물관 뒷동산을 따라 10여 분 정도 숲길을 걸으면 나타난다. 구지봉 자락에 들어선 수로왕비릉은 수로왕릉에 비해 더 고즈넉하다. 아무 장식 없는 원형 봉토분에 조선 인조 때 세운 비석과 제사를 지내는 건물이 몇 채 들어서 있다. 독특한 모양의 파사 석탑은 수로왕비 허황옥이 아유타국阿踰陀國에서 올 때 파도를 잠재우려고 배에 싣고 왔다고 전한다.

파사 석탑

66   67

대성동 고분 박물관

웅장한 규모의 백제나 신라의 고분과 달리, 가야의 고분은 낮은 구릉에 편안한 안정감을 준다. 1990년대에 발굴된 김해 대성동 고분은 금관가야 지배층의 무덤으로 140여 기가 발굴되었다. 구릉 표면에 굴을 파 무덤을 만들었는데 목관묘, 목곽묘, 옹관묘, 석곽묘 등 다양한 묘제가 나타난다. 구릉 정상에는 신분이 높은 왕과 지배자의 무덤이, 경사면에는 신분이 낮은 자들의 무덤이 들어서 있다. 대부분 3세기 후반에서 5세기 전반에 걸쳐 형성된 무덤이다. 대형 목곽묘인 29호 분과 39호 분은 내부 모형을 만들어 관람할 수 있도록 노출 전시관으로 구성했다.

대성동 고분 박물관은 작지만 알차다. 가야의 장례 문화와 다양한 묘제를 디오라마와 모형을 활용해 전시해 가야의 생활사를 더듬어 보는 데 보탬이 된다.

대성동 고분 박물관
경상남도 김해시 가야의길 126(대성동)
055-330-6881 | http://ds.gimhae.go.kr/
관람 시간 매주 화~토 오전 9시~오후 6시
관람료 무료

가야의 매장 방식을 알 수 있는 목곽묘 39호 분

잃어버린 철의 왕국, 가야를 찾아서
국립 김해 박물관과 김해 · 부산 일대의 가야 유적

복천 박물관

•

경남이 아닌 다른 지방에서 김해로 가는 경우 '잃어버린 왕국, 가야'로 가는 들머리는 부산이기 쉽다. 그러나 대한민국 제2의 도시이자 항구 도시, 부산이 철기 문화를 바탕으로 가야 시대에 번영을 이루었던 곳임을 기억하는 이들은 많지 않다.

복천 박물관이 자리한 동래 일대는 조선 시대 동래 읍성을 비롯해 향교와 동헌 등이 들어선 부산 구도심의 중심지이다. 특히 박물관이 들어선 대포산 서남쪽 구릉 일대는 6·25 전쟁 당시 피란민이 살던 판자촌이었다. 그러나 1969년 주택 개량 사업을 벌이던 도중 임나일본부설을 폐기시킨 주인공인 복천동 고분군사적 제273호이 발견되면서 가야사를 새로 쓰게 되었다. 수차례에 걸친 발굴 조사를 통해 덧널무덤과 구덩식 돌덧널무덤, 독널 무덤 등 170여 기의 무덤이 발굴되었고, 청동기 시대의 가지 방울과 가야 시대의 철제 무기와 갑옷, 말 머리 가리개, 말 머리 모양의 뿔잔 토기보물 제598호와 같은 가야 시대의 토기와 금동관 등 유물 1만여 점이 출토되었다. 특히 복천동 고분군에서는 가야의 판갑옷이 무려 22점이나 나왔다. 이전까지 판갑옷은 일본에서 수입된 것으로 여겨졌지만, 복천동에서 판갑옷이 나오면서 임나일본부설은 설득력을 잃었다. 다양한 모양의 가야 토기가 다량 출토되었으며, 한강 이남에서 출토된 것으로는 가장 연대가 오래된 금동관도 나왔다. 도금한 얇은 금동판을 오려 만든 금동관은 신라 금관에 붙은 출山 자형 장식이 5개 붙어 있어 당시 신라의 영향력이 이 일대까지 미쳤음을 짐작케 한다.

복천 박물관

부산광역시 동래구 복천로 63 | 051-554-4263
http://bcmuseum.busan.go.kr
관람 시간 화~일 오전 9시~오후 8시 | **관람료** 무료

가야 무사 재현물

오리 모양 토기

가야 뿔 모양 잔

뿔잔 토기

가야 금동관

가야 귀걸이

가야 팔찌 옥

박물관 앞에 말 머리처럼 뻗은 구릉이 바로 복천동 고분군이다. 이 구릉은 자연적으로 형성된 것이 아니라 기원후 2~7세기 사이에 인공으로 조성된 공동묘지다. 복천동 고분군에서 출토된 유물을 중심으로 고대 부산 지역의 가야·신라 문화를 알리고자 복천 박물관이 들어선 것은 1996년. 유물이 출토된 고분군에는 야외 전시관을 세우고 공원으로 만들었고, 동래 읍성 북문 아래 산자락에 박물관을 세웠다. 제1전시실은 부산 일대에서 출토된 유물을 바탕으로 선사 시대부터 삼국 시대에 이르는 묘제의 변천을 중심으로 소개하고, 제2전시실에서 복천동 고분군에서 출토된 토기와 갑옷, 무기, 장신구 등을 전시한다.

동아대학교 박물관

부산에는 부산 박물관을 비롯해 여러 박물관이 있지만, 개인적으로 가장 빼어난 박물관 중 하나로 2009년에 재개관한 동아대학교 박물관을 꼽는다. 그저 대학 부설 박물관이라 치부하기에는 소장품의 면면이 화려한 데다가 박물관 건물이 풍기는 기품과 장소가 가진 역사성 때문이다. 1925년에 좌우 대칭의 르네상스 양식으로 벽돌을 쌓아 지은 건물은 일제 강점기에는 경상남도 청사로, 6·25 전쟁 당시에는 임시 수도 정부 청사로 사용되었고, 이후 부산 지방 법원 및 검찰청이 들어서기도 했다. 한국 근현대사가 압축적으로 녹아 있는 건물은 2002년에 등록 문화재로 지정되었고, 박물관으로 탈바꿈하는 과정에서 외관을 복원하고 그동안 수차례 건물의 용도가 바뀌면서 사라진 공간과 벽체 등을 되살렸다.

고고실, 도자실, 와전실, 불교 미술실, 서화실, 민속실 등 총 6개 전시 공간으로 구성되어 있다. 동아대학교 창립자 정재환의 개인 수집품을 비롯해 추후 발굴과 기증, 매입 등의 과정을 통해 수집된 소장품은 그 질이 뛰어나다. 부산 영선동 패총에서 출토된 신석기 시대의 덧띠 무늬 토기, 말 머리 장식 뿔잔, 〈개국원종공신녹권開國原從功臣錄券〉국보 제69호, 창덕궁과 창경궁의 전각을 상세히 그린 〈동궐도東闕圖〉국보 제249호, 584×275센티미터, 조선 말기 헌종憲宗, 재위 1834~1849의 어머니인 신정 왕후神貞王后, 일명 조 대비, 1808~1890의 40세 생신 잔치를 그린 〈조대비 사순 칭경 진하 도병趙大妃四旬稱慶陳賀圖屛〉보물 제732호, 56×140센티미터 등의 기록화와 신사임당의 솜씨로 전해지는 〈초충도 수병〉, 김홍도, 정선, 김명국, 최북, 장승업, 이한철 등 조선을 대표하는 화가의 그림과 안평 대군, 김정희의 유묵 등 귀한 서화류를 다수 소장하고 있다.

박물관이 자리한 토성동 일대는 과거 부산 구도심의 중심지다. 이곳에서 구덕 운동장–부산역–동래를 오가는 전차가 다니기도 했다. 당시 운행되던 전차가 박물관 옆에 전시중이다. 동아대 박물관이 자리한 부민 캠퍼스 일대는 '대한민국 임시 수도 기념 거리'로 지정되어 있다. 인근에 6·25 전쟁 당시 이승만 대통령이 기거했던 임시 수도 기념관을 들러 뼈아픈 한국 근현대사의 순간을 되새겨 보는 것도 의미 있다.

동아대학교 박물관

부산광역시 서구 구덕로 225(부민동 2가) | 051-200-8493 http://museum.donga.ac.kr/
관람 시간 월~토 9:30~17:00 | **휴관일** 매주 일요일, 법정 공휴일, 개교기념일(11월 1일) | **관람료** 무료

부산 임시 수도 기념관

부산 임시 수도 기념관 내부

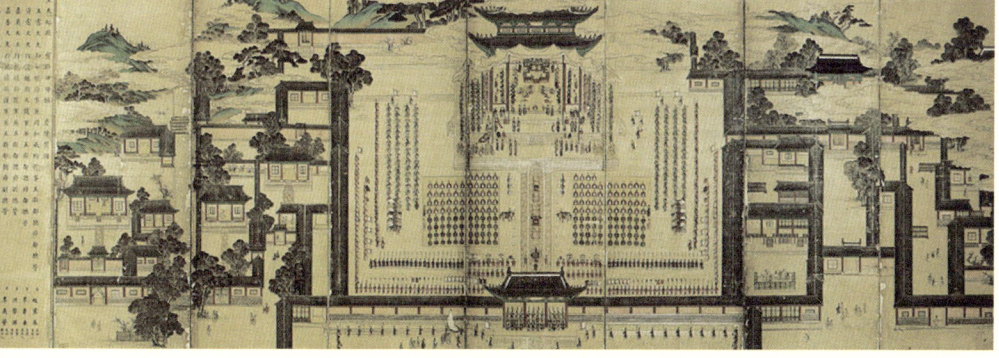

조대비 사순 칭경 진하 도병

꼬장꼬장한
유교 정신과
불심이
공존하는 땅

국립
대구 박물관과
대구의근대
문화유산

국립 대구 박물관

대구광역시 수성구 청호로 321 | 053-768-6051~4 | http://daegu.museum.go.kr
관람 시간 매주 화~금 오전 9시~오후 6시
　　　　　토·일·공휴일 오전 9시~오후 7시
　　　　　매년 4월~10월 매주 토요일 오후 9시까지 야간 개장
휴 관 일 매년 1월 1일, 매주 월요일

· 동화사

선교사 주택·　·대구 근대 역사관, 경상 감영 공원
3.1운동길　·계산 성당

　　대구 시청·　·국립 대구
　　　　　　　박물관

●　　　2004년부터 KTX가 운행되기 시작하면서 전국은 그야말로 1일 생활권이 되었다. 그간 연고가 없어 출장 말고는 가 볼 일이 없던 대구를 경기도 인근의 어디쯤으로 가깝게 생각하게 된 것도 고속 열차를 타면 두 시간이면 닿는다는 이유 때문이었다. 시간이 재산 가치로 환원되는 시대, 고속 열차는 서로 다른 지역의 풍경을 엇비슷하게 바꿔 놓았다. 그러나 아무리 교통과 통신이 발달해 전국을 하나로 엮어도 바뀌지 않는 것이 있다. 기후와 토질, 여기서 나는 산물을 바탕으로 생활을 꾸려 온 사람들의 기질은 쉬이 변하지 않는다.

　대선이며 총선이 치러질 때마다 거론되는 것이 영호남의 뿌리 깊은 지역 정서인데, 그동안 대구는 가부장 문화와 보수의 대표 도시라는 오명(?)을 써 왔다. 꼬장꼬장한 영남 유림의 본산이 대구와 경북의 주요 도시에 몰려 있는 데다가 5·16 쿠데타 이후 이 지역 출신의 정치군인들이 지역 사람을 끌어들여 이 나라 정치를 뒤흔든 탓이 크다. 하지만 일제 강점기에 대구는 '조선의 모스크바'라고 불릴 정도로 혁명적인 사상이 유통되고 변혁을 꿈꾸는 이들이 존재하던 곳이다. 세상의 변혁에 가장 느릴 것 같던 영남의 유림은 나라를 잃

국립 대구 박물관

은 뒤 세상을 바꾸고자 몸을 던졌다. 서울 못지않게 민족 해방 운동과 국채
보상 운동 등이 자발적으로 일어난 곳이 바로 대구이다.

　내륙 분지에 자리 잡아 여름이면 한반도에서 가장 뜨겁고 겨울에는 혹독한
추위가 몰아치는 불의 기운을 타고난 도시에 사는 사람들은 땅을 닮아 화끈
하고 유행에 민감하다. 비좁은 땅덩이에서 지역 정서를 운운하는 것이 세련
되지 못한 일이라는 것을 알지만, 어쩌면 이와 같은 대구·경북 사람의 기질
은 1500여 년 전, 이 땅에 살던 이들의 그것과도 큰 차이가 없을지 모르겠다.
신라의 서북쪽 변경이었던 이곳은 외부의 문화가 가장 빨리 유입되었던 곳이
다. 그 흔적은 근대 도시, 삭막한 공단의 도시 곳곳에 남아 있다.

꼬장꼬장한 유교 정신과 불심이 공존하는 땅
국립 대구 박물관과 대구의 근대 문화유산

국립 대구 박물관은 비교적 한갓진 대구 부도심의 범어 공원 산자락에 자리 잡고 있다. 1994년 붉은색 벽돌을 쌓아 올려 만든 박물관 안에 들어서면 천창에서 환한 빛이 내리쬔다. 가로로 긴 중정을 중심으로 고대 문화실과 중세 문화실, 섬유 복식실 등 상설 전시실 세 곳과 기획 전시실 두 곳을 두었다.

의성 탑리와
대구 비산동 금동관
●

관冠은 신분과 지위를 나타내려고 머리에 쓰던 장식물이다. 보통 관이라 하면 둥근 형태의 관테 위에 동물과 식물을 모티브로 한 장식을 붙인 신라의 금관이 떠오른다. 박물관에서 마주치는 관의 대부분은 바로 이 신라의 금관이다. 신라 금관과 모습은 닮았지만, 어딘지 모르게 조금 떨어져 보이고 재질도 구리가 섞여 검푸른 빛이 나는 관도 있다. 멀리는 강원도 강릉과 동해국립 춘천 박물관 소장, 충청북도 단양국립 청주 박물관 소장에서 이와 같은 금관이 나왔으며, 가까이는 대구에서도 출토되었다. 신라의 수도, 경주가 아닌 다른 지역에서 신라의 금관과 닮은꼴 관이 나왔다는 것은 바로, 이들 관의 주인이 신라와 영향 관계에 있었음을 의미한다.

신라의 금관과 금동관은 신분과 권력을 나타내려고 특정인 또는 특정 집단이 독점적으로 사용한 위세품威勢品이다. 중앙의 왕족이 지방 귀족에 하사하기도 했다. 그 때문에 위세품은 고대에 중앙과 지방의 관계, 중앙의 권력이 미

환한 빛이 쏟아지는 국립 대구 박물관 중앙 홀

비산동 금동관

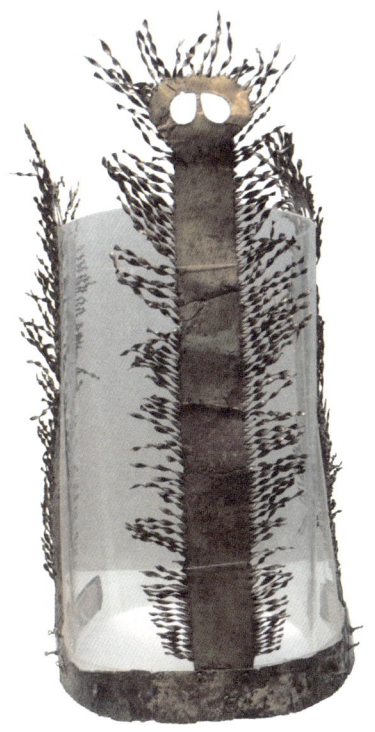

의성 탑리 금동관

치는 영역 범위를 확인하는 중요한 유물이다. 백제에서는 금동관과 금동 신발, 중국에서 수입한 도자기 등이 위세품으로 사용되었다. 삼국의 관 중 원형 그대로 현재까지 전하는 관은 많지 않다. 고구려의 관은 그 예가 드물고, 백제의 관으로는 전남 나주 신촌리와 공주 수촌리, 익산 입점리에서 출토된 금동관이 남아 있다.

국립 대구 박물관 고대 문화실에는 두 점의 금동관이 있다. 대구 비산동 고분군 출토 금동관높이 30.9센티미터은 전형적인 신라계 금관이다. 관테 위에 나무를 형상화한 출山 자형 세움 장식과 사슴뿔 세움 장식을 붙였다. 물론 경주의 신라 왕족이 쓰던 금관은 곳곳에 원형의 얇은 금판을 금실로 꼬아 부착하고 곡옥 등으로 화려하게 꾸몄지만, 5~6세기에 제작된 것으로 여겨지는 비산동 금동관은 금이 아닌 금동으로 만들었고 장식도 수수하다. 이로 미뤄 무덤의 주인은 신라의 왕족만큼 신분이 높지는 않았지만 신라와 영향 관계에 있는 지방 토착 세력이었음을 알 수 있다.

또 한 점의 금동관은 경북 의성군 탑리 금성

산 기슭의 고분군에서 출토되었다. 의성 탑리 금동관높이 39센티미터은 비산동 금동관보다 앞선 시기인 5세기 초에 제작된 것으로 보인다. 형태도 사뭇 다르다. 탑리 금동관은 관테 위에 세로로 긴 금동판 3개를 붙이고 양쪽 가장자리를 잘게 가위질한 뒤에 이를 실처럼 비틀어 꼬았다. 마치 새의 깃털 같다. 이렇게 금동판 가장자리를 오리고 꼬아 장식하는 기법은 국립 중앙 박물관에 소장된 고구려의 관 꾸미개와 기법이 매우 유사하다. 경북 의성은 고구려가 남진 정책을 펼쳐 중원을 차지했을 무렵 고구려와 신라의 경계에 속했던 지역이다. 이 새 깃털 모양 장식을 단 금동관의 주인은 아마도 고구려와 깊은 관련을 맺었던 것 같다.

　얇은 금판 또는 금동판으로 만들어진 이들 관은 일상생활에서 사용하기에는 내구성이 떨어진다. 《삼국사기》에는 신라의 왕이 평소 새 날개 모양의 금장식을 덧붙인 비단 모자를 썼다고 기록되어 있는데, 신라의 왕은 아마도 국가에 중요한 행사가 있을 때 권위를 나타내려고 금관을 썼으며, 왕 혹은 왕족이 세상을 떠났을 때 관을 무덤 속에 함께 묻었던 것으로 여겨진다.

구미에서 나온
금동상 삼총사

·

크고 작은 고대의 부족 국가들이 중앙 집권 국가로 성장하기까지 정치 체제의 정비와 영토 확장, 종교의 수용이라는 발판이 필요했다. 지금도 신분에 따른 카스트 제도가 철저히 유지되고 있는 인도에서 2600여 년 전 혁명적 성격의 불교가 태동했다. 중국을 건너 한반도에 상륙한 불교는 곧 삼국의 국교로 각각 지정되고, 국가의 후원 아래 풍성한 불교문화를 꽃피웠다.

흔히 '신라 문화=불교문화'로 여기지만 신라는 삼국 중 가장 늦게 불교를 받아들였다. 신라는 백제와 고구려에 가로막혀 선진 문물의 수용이 느렸다. 불교를 가장 먼저 받아들인 것은 고구려로 소수림왕 때인 372년에 중국 전진前秦의 승려 순도順道가 불상과 불경을 가져오면서 한반도에 불교가 최초로 전래되었으며, 3년 뒤 고구려 땅에 최초의 사찰이 세워졌다. 백제의 경우, 384년 침류왕 원년에 서역의 승려 마라난타摩羅難陀가 동진東晉에서 건너오며 불교가 전래되었다.

고구려와 백제의 왕조는 큰 마찰 없이 불교를 받아들였지만, 신라의 경우는 달랐다. 불교가 정식 종교로 공인받고 지배 계급의 인정을 받기까지 상당한 시간이 소요됐다. 신라의 불교는 6세기 초반인 법흥왕 14년527년에야 공인되었다. 토착 세력의 반대 때문이었다. 하지만 불교의 씨앗은 이미 백여 년 전 신라에 퍼져 있었다. 고구려 승려 아도또는 묵호자로 보기도 한다가 고구려와 맞닿은, 신라의 북서쪽 국경을 넘어 신라에 들어와 불교를 퍼뜨렸다. 당시 신라에서 불교를 처음 받아들인 곳이 바로 오늘날의 경북 구미 일대이다. 이런 이유로, 이 일대에는 초기 신라 불교의 흔적들이 꽤 남아 있다.

중세 전시실 안 단독 진열장에 모신 10여 구의 작은 불상 중에서 1976년에 구미 봉한동에서 출토된 3점의 금동불은 7~8세기 이 지역에 공존했던 불교 미술의 다양함을 보여 준다. 불상과 보살상 두 점이 함께 나와 언뜻 보기엔 삼존불 형식으로 함께 제작된 것이 아닌가 할 수도 있지만, 스타일이 제각각이다. 같은 시기 한꺼번에 제작된 것이 아니란 뜻이다. 금동 여래 입상^{국보 제}_{182호, 높이 40.3센티미터}은 셋 중 가장 시기가 늦은 8세기 초에 제작되었다. 전체적으로 투박하고 경직된 인상이다. 몸에 비해 머리가 크고, 머리 위로 육계가 뭉툭하게 솟아 있다. 얼굴에 살집이 있지만 눈매는 가늘게 찢어져 있으며, 양어깨를 가리는 통견의 법의 주름은 몸에 밀착되어 있는데 어딘지 모르게 부자연스러운 느낌이다. 온화한 미소와 편안한 분위기의 통일 신라 전성기 불상과 달리 자연스럽지 않고 생동감도 느껴지지 않는다.

7세기 전반에 제작된 것으로 보이는 두 점의 관음보살 입상은 사뭇 대조적이다. 비교적 인체 비례가 맞는 날씬한 몸매에 오른쪽 무릎을 살짝 구부리어 삼곡 자세를 취한 금동 보살 입상^{국보 제183호, 높이 32센티미터}은 세 불상 중에서 연꽃 대좌 받침대까지 남아 있어 가장 온전한 형태를 갖추었다. 머리에 쓴 화관에는 화불化佛이 새겨져 있고, 치켜든 오른손에 연꽃 봉우리가 들려 있어 관음보살임을 한눈에 알 수 있다. 몸에 얇게 밀착된 천의天衣 위에 화려한 구슬 장식이 늘어져서 X 자를 그리고 있다. 어쩐지 백제 불상의 편안하면서도 기품 있는 미소와 닮은 느낌이다. 실제 부여 규암리에서 출토된 금동 관음보살 입상_{국립 부여 박물관 소장, 국보 제293호, 높이 21센티미터, 147쪽 참고}과 옷차림과 구슬 장식 등이 매우 유사한데, 이쪽이 옷 주름과 옷자락 장식이 좀 더 발달된 형태다. 과거에는 구미에서 발견됐다는 이유로 신라 불상으로 봤지만, 최근에는 편안하고 기품 있는 미소에 주목해 백제계 불상으로 보고 있다.

이에 반해 천의와 영락 장식이 화려하다 못해 번잡해 보이기까지 하는 금

구미 출토
금동 여래 입상
(국보 182호)

구미 출토
금동 보살 입상
(국보 183호)

구미 출토
금동 보살 입상
(국보 184호)

동 관음보살 입상국보 제184호, 높이 34센티미터은 남성적인 느낌이 강하다. 네모진 얼굴에 어깨도 넓어 근엄하고 딱딱한 느낌이다. 게다가 치렁치렁 늘어진 장신구는 번잡하기 짝이 없다. 7세기 초에 제작된 것으로 보이는 이 불상은 동시대 한반도에서 제작된 불상에 비해 화려한 옷차림은 수나라 불상을 닮고, 인체 표현은 당나라 불상과 닮는 등 중국풍이 강하다. 그래서 중국 수입품으로 여겨진다.

한곳에서 출토됐지만 각기 다른 개성을 지닌 이들 세 불상을 비롯해 개별 유리 진열장에 모신 불상을 보노라면, 가장 늦게 불교를 받아들이기는 했던 신라가 삼국을 통일하고 완숙된 경지의 불교 미술을 꽃피우기 위해 백제와 고구려, 중국 남북조 및 수·당의 불교 미술을 다양하게 받아들였음을 알 수 있다. 8세기 석굴암과 불국사로 대표되는 통일 신라 불교 미술의 극치를 이루기까지 이와 같은 좌충우돌의 과도기가 필요했던 것이다.

불교 공예의 극치,
송림사 사리 장치

•

국립 대구 박물관에도 경주 감은사지 사리 장엄구에 못지않은 사리 장치가 있다. 황금으로 만든 사리함 안에 영롱한 투명한 초록색 유리잔이 들어 있고, 다시 그 유리잔 안에 다시 초록색 투명 유리병이 담긴, 칠곡 송림사 오층 전탑에서 나온 사리 장치보물 제325호 말이다.

송림사 석탑 사리기 장치

송림사 사리 장치는 내함높이 14.2센티미터과 유리잔높이 7.2센티미터과 유리병높이 6.3센티미터, 배 지름 3.1센티미터, 보주형 마개 높이 2.4센티미터이 온전히 남아 있어 통일 신라 시대 사리 장치의 정교함과 아름다움을 엿볼 수 있는 몇 안 되는 귀중한 유물이다. 내함은 부처의 존귀함을 나타내고자 건축물의 형태로 만들어졌는데, 이를 보각형寶閣形 구조라고 부른다. 경주 감은사지 동탑에서 나온 사리 장치 내함도 비슷한 구조이다. 보각형 구조의 사리 장치는 통일 신라 시대에 유행한 스타일로 내함 천장에는 천개天蓋라는 장식물을 달았는데 천개는 사찰 전각의 천장이나 불화에서도 볼 수 있다. 불상을 봉안하는 불단 위에 불상을 안치하고 그 위에 장식용 천장을 설치한 것이다. 송림사 사리 장치 내함 천개는 아래위 2단으로 구성되었고, 테두리에 얇은 금판을 연꽃잎 모양으로 오려 못으로 고정했다. 송림사 사리 장치는 이 밖에도 유리잔 안에 사리병을 함께 안치하고 있어 특이하다. 녹색 물방울 무늬가 잇는 유리잔은 페르시아에서 건너온 것으로 여겨지지만, 신라 고유의 기술로 제작되었다는 해석도 있다.

송림사에서는 1959년 오층 전탑_{보물 제189호, 높이 16.13미터}을 수리하려고 탑을 해체하는 과정에서 귀중한 유물이 다수 나왔다. 사리 장치는 2층 탑신에서 나왔고, 탑 꼭대기 복발에서는 청자 상감 원형합이, 1층 몸돌에서는 목불상 2구가 나왔다. 고려 시대에 탑을 중수하면서 넣은 청자 상감 원형합에서는 구슬과 은고리, 곡옥 등의 공양품이 나왔다.

한편 중세 문화실에는 경주 남산에 필적하는 불교문화의 성지인 팔공산 자락의 사찰에서 나온 불교 미술품을 전시 중이다. 동화사 비로암 삼층 석탑에서 나온 사리호는 납석으로 만든 것인데, 863년 경문왕이 민애왕을 추모하려고 탑을 건립했다는 내용이 새겨져 있다. 사리호를 안치했던 사리기는 각각 삼존불을 음각한 금동판 4개 면으로 만들어졌다. 각각 약사 삼존불_{동쪽}, 아미타 삼존불_{서쪽}, 석가 삼존불_{남쪽}, 비로자나 삼존불_{북쪽}을 새겼는데, 금동판 가장자리에 뚫은 구멍을 연결해 만들었다.

대한제국 황후의 옷본, 적의본

●

전국의 국립 박물관은 2009년 무렵 박물관 특성화 사업에 따라 낡은 전시실을 보수하고 발굴과 기증으로 늘어난 유물을 바탕으로 전시실을 새로 꾸미면서 자기 색을 분명히 하기 시작했다. 국립 대구 박물관도 2010년 상설 전시실을 재정비하면서 원로 복식 사학자 김영숙 씨의 기증품을 바탕으로 섬유 복식실을 새롭게 열었다. '섬유의 도시' 대구의 특성을 살려 한민족의 의衣 문화를 다룬 공간이다. 전통 직물, 무덤 출토 의복, 의복 제작에 사용된 도구인 가락바퀴, 가위, 바늘, 옷본 등을 통해 한국의 복식 문화를 조명하고 있다.

특히 화려한 꿩 무늬의 적의본과 폐슬본중요 민속 자료 제67호이 눈에 띈다. 적의는 본래 중국에서 황후가 관복으로 착용하던 예복으로, 우리나라에서는 고려 말부터 왕비와 세자빈의 예복으로 입었다. 적의본은 여러 겹의 창호지를 실제 옷 크기로 재단하고, 물감으로 화려한 자수 도안을 그렸다. 엷은 청색 바탕에 총 12단으로 꿩이 두 마리씩 서로 마주 보고 그 사이에 오얏꽃 무늬梨花紋가 반복적으로 배치되어 있다. 오얏꽃은 대한 제국의 국화이자 황실 문장이다. 따라서 이 적의는 대한 제국이 성립된 1897년 이후 만들어졌으며, 왕비가 아니라 황후의 것임을 알 수 있다.

폐슬본은 정월 초하루에 신하가 입궐해 임금에게 하례할 때 입던 조복이나 나라에 제사를 올릴 때 입던 제복 앞부분에 무릎을 가리는 데 사용하던 장식물이다. 테두리에 용을 한 마리씩 그려 넣고 가운데를 기준으로 3단으로 나눠 꿩이 한 쌍씩 마주 보게 했다.

적의본

함께 둘러보면 좋아요

달구벌, 대구의 역사는 무려 2000여 년 전으로 거슬러 올라간다. 대구의 한복판에 자리한 달성 공원에는 261년 달벌성이 들어섰다. 조선 선조 때인 1590년에 대구 시내를 원형으로 잇는 대구 읍성이 축조되었으나 2년 뒤 임진왜란으로 파괴되었다가 전란을 수습하면서 읍성을 다시 지어졌다. 100여 년 전에 대구를 찾은 푸른 눈의 이방인은 대구 읍성에 대해 다음과 같이 기록했다.

경상 감사와 대담을 끝내고 나는 많은 수행인의 호위를 받으며 고관이 타는 말에 올라 대구 시내를 관람했다. 그들은 나에게 높은 성벽을 구경시키려고 꼭대기에까지 올라갔다. 둥근 길을 따라 쌓여진 그 성벽은 북경의 성벽을 축소한 것과 똑같다. 북경에서처럼 그 성벽은 도시 전체를 감싸는 평행 사변형이었다. 사방 성벽의 각 면에는 웅장한 성문이 서 있었다. 그 성문에 있는 정자 안에 들어가면 과거 역사를 나타내는 여러 가지 그림과 조각들이 있다. 그곳에 올라서 나는 가을 햇빛 아래 찬란한 색채를 발하며 전원 사이를 굽이치는 금호강의 낙조를 감상했다. 내 발 아래로 큰 도시의 길과 기념물과 관사들이 펼쳐져 있었다.

1888년에서 1889년 조선을 여행한 프랑스의 여행가 샤를 바라Charles Varat가 쓴 《조선 기행》 중 일부다. 그러나 오늘날 대구 읍성의 흔적은 찾을 수 없다. 구한말과 일제 강점기에 숱한 읍성들이 파괴되었듯이 대구 역시 수난을 겪었기 때문이다. 조각조각난 한국의 근현대사는 대구 곳곳에 아로새겨져 있다.

경상 감영 공원과 대구 근대 역사관

경상북도의 도청 소재지2014년에 안동·예천으로 이전 예정인 대구에는 조선 시대에는 경상도를 관할하는 경상 감영이 있다. 경상 감영은 조선 초기에는 경주, 상주, 안동 등으로 옮겨 다니다가 대구로 옮겨와 1601년 지금의 경상 감영 공원 자리에 들어섰다. 256칸에 이르는 거대한 규모의 관아 건물이 있었지만, 갑오 개혁1894으로 감영제가 폐지되고 나라가 어수선해지면서 1906년 관찰사 직무 대행을 맡았던 대구 군수 박중양이 대구 읍성을 해체했다. 이토 히로부미의 비호를 받은 박중양은 당시 경부선 철도를 부설하고자 대구에 거주하던 일본 인 거류민단의 신작로 개설 요구를 받아들여 대한 제국 정부의 허가를 받기 도 전에 이미 읍성 철거 작업을 지시했다. 성벽이 철거되고 읍성을 동서남북 으로 가로지르는 신작로가 나면서 감영 건물은 속속 무너졌다. 망경루와 관 풍루만이 달성 공원으로 옮겨졌고 나머지 누각들은 사라졌다. 현재 경상 감 영 공원에는 감사의 집무소였던 선화당과 숙소로 쓰인 징청각 그리고 관찰사 선정비 등 몇몇 유적이 남아 있을 뿐이다.

500여 년 동안 대구와 경상도 행정의 중심지였던 감영 일대는 이후 백화점 과 경찰서, 조선은행, 우체국 등이 속속 들어서면서 일본인 상권의 중심지가 됐다. 대구역 부설로 날로 커져 가는 개발 이익을 장악하려던 일본인들의 속 셈이었다. 이를 증언하는 건물이 바로 경상 감영 공원 한쪽에 자리 잡은 대구 근대 역사관대구광역시 유형 문화재 제49호이다. 이 건물은 일제 강점기 시절 조선에 대한 금융 지배와 식민지 수탈의 상징이었던 조선 식산 은행의 대구 지점이 다. 1931년에 르네상스 풍으로 지은 2층 건물의 역사는 무려 80여 년에 달한 다. 대구 근대 역사관은 이 건물을 보수해 2011년에 문을 열었다.

역사관에 들어서면 화려한 샹들리에가 눈길을 끈다. 은행 금고로 사용하던 공간에는 당시 쓰이던 지폐와 장부, 채권, 금고 열쇠 등을 전시하고 있어 가슴

경상 감영 공원과 대구 근대 역사관

대구광역시 중구 경상감영길 67(포정동) | 054-606-6430 http://artcenter.daegu.go.kr/dmhm/
관람 시간 4~10월 오전 9시~오후 7시, 11~3월 오전 9시~오후 6시 | **관람** 무료
휴 관 일 매주 월요일, 매년 1월 1일, 설날, 추석

아픈 한국의 근현대사를 관람객으로 하여금 되새기게 한다. 1층 상설 전시실
은 19세기 후반 대구 읍성의 해체 시기부터 20세기 일제 강점기까지 대구의
역사를 전시물과 모형, 영상을 통해 보여 준다. 남달랐던 대구 사람들의 독립
운동사 기록이 눈에 띈다.

1930년대 대구 시내를 달린 부영 버스를 가상 체험하는 공간도 재미나다.
말 그대로 옛날 버스 안을 재현했다. 목조 의자에 앉아 안내양의 구수한 대구
사투리를 들으며 당시 대구 시가지를 화면을 통해 가상 체험하면서 대구의
근대사를 한눈에 조망하게 했다.

꼬장꼬장한 유교 정신과 불심이 공존하는 땅
국립 대구 박물관과 대구의 근대 문화유산

대구 근대 역사관

대구 근대 역사관 외부 벽면

대구 근대 역사관 내부 전시실

대구 계산동 성당과
동산동 선교사 주택

●

대구가 낳은 예술가가 여럿 있지만, 특히 일제 강점기에 조선 미술 전람회에서 연속 6회 특선을 차지했던 '조선 미전의 스타' 화가 이인성1912~1950은 그야말로 '대구의 화가'였다. 대구와 인근을 소재로 한 그림을 여러 점 남긴, 이인성의 1930년작 수채화 〈계산 성당〉의 풍경은 지금도 그다지 다르지 않다. 그림의 소재가 된 대구 계산동 성당국가 지정 문화재, 사적 제290호은 영남에 최초로 지어진 천주교 성당이자 대구 최초의 서양식 건물이다. 1886년 조선·프랑스 수호 통상 조약을 계기로 포교 활동을 시작한 프랑스인 로베르 신부가 지금의 성당 자리에 한식 기와집으로 성당을 지었지만 곧 화재로 소실되었다. 로베르 신부는 1902년 다시 성당을 설계하고 중국인 인부들을 동원해 벽돌을 쌓아 성당을 다시 지었다. 검은 벽돌과 붉은 벽돌이 어우러진 성당 건물은 고딕 양식이 가미된 로마네스크 양식으로 불 켜진 밤 풍경도 아름답다. 그림 〈계산 성당〉 속 감나무도 성당 오른쪽에 그대로 남아 있다.

계산은 계수나무가 있는 산이란 뜻이다. 이 일대는 대구 기독교 문화의 본산으로 계산동 성당 건너편 언덕에는 개신교 선교지와 동산 의료원, 새로 지은 대구제일교회가 있고, 그 남쪽 남산 기슭에 대구가톨릭대학교와 수녀원 등 천주교 건물이 자리 잡고 있다. 성당에서 맞은편 동산 병원 방향에 보이는 언덕이 바로 "봄의 교향악이 울려 퍼지는 청라 언덕 아래 백합 필 적에"로 시작하는 박태준의 가곡 〈동무 생각〉에 등장하는 청라 언덕이다. 청라 언덕으

계산동 성당 대구 중구 서성로 10(계산동)

로 오르는 오르막 계단 길은 3·1만세운동길이라 불린다. 1919년 3월 8일 대구에서 일어난 3·1 운동 당시 동산 근처에 있던 계성여학교, 신명여학교 등 미션 스쿨과 대구고보 학생들이 동산 병원 솔밭에서 집결해 서문 시장으로 몰려가 독립을 외쳤던 사건을 기리고자 지은 이름이다. 이 길을 따라 올라가면 현재 의료 선교 박물관으로 개장한 선교사 주택 세 채가 나온다. 청라 언덕에 자리한 스윗즈, 블레어, 챔니스 주택은 벽돌과 기와가 어우러진 한옥과 양옥의 절충형 주택으로 1908~1911년에 지어졌다. 지금은 각각 선교 박물관과 의료 박물관, 교육 역사 박물관 등으로 바뀌어 20세기 초 당시 선교사들의 의료 선교 활동 및 민속자료와 3·1 운동 자료 등을 전시하고 있다. 오늘날 대구의 특산품이 된 대구 사과 산업의 시조 격인 100년 된 사과나무도

동산동 선교사 주택
대구 중구 달성로 214(계명 대학교 동산 의료원 내) | 053-250-7100
관람 시간 평일 오전 9시~오후 5시(내부는 사전 예약제로 운영)

3·1만세운동길

있다. 동산의료원의 전신인 제중원을 세운 선교사 우드브리지 존슨이 1900년
대를 전후해 심었다고 하는데, 이 나무에는 여전히 꽃이 피고 잎이 달린다.

계산동 일대는 대구의 교통과 상업의 중심지였다. 근대 민족 운동가와 예
술가 들도 다수 거주해 시인 이상화, 소설가 현진건, 화가 이쾌대와 이인성을
비롯해 음악가 박태준 등이 이 일대에 살았다. 서상돈 고택, 이상화 고택은 대
구 가톨릭 근대 운동의 선구자이자 국채 보상 운동의 선구자인 서상돈의 집
과 시인 이상화의 집을 보수해 일반에 개방하고 있다.

팔공산 동화사

대구 팔공산 동화사 하면 자연스럽게 두 개의 뉴스가 떠오른다. 하나는 해마
다 늦가을 입시철 또는 수능 시험이 돌아올 무렵 신문 1면에 실리던 사진이
다. 기도발 좋기로 소문난 팔공산 갓바위 아래에서 수험생을 둔 어머니들이
자녀의 좋은 성적 또는 대학 합격을 빌며 기도하는 사진이다. 또 하나는 이른
바 TK의 유력 정치인들이 대구를 방문하면 꼭 동화사에 들렀다는 뉴스다. 과
거 군부 독재 정권을 이끌던 전직 대통령들과도 끈끈한 인연이 있던 것으로
기억한다. 그래서 동화사 하면 부정적인 이미지가 먼저 떠오르곤 했다.

국립 대구 박물관 전시실에서 천년을 거슬러 올라가는 동화사의 역사와 동
화사에서 출토된 유물을 보면서 동화사를 새롭게 보기 시작했다. 동화사의
창건 연대는 정확하지 않지만 삼국 시대에 창건됐다고 한다. 특히 동화사는

동화사 마애불 좌상

동화사 지눌 진영

통일 신라 말기에 백제의 부활을 외치며 후백제를 이끈 견훤甄萱, 867~936을 지지하는 세력의 근거지였다. 갓 개국한 고려와 후백제 그리고 왕권 다툼으로 쇠퇴해 가는 통일 신라가 공존하던 10세기 초, 견훤이 신라 경애왕을 죽이자 왕건王建, 877~943은 정예 기병을 거느리고 후백제군과 싸웠다. 당시 싸움이 벌어진 곳이 바로 팔공산 일대다. 팔공산 동화사는 견훤 세력과 밀착되어 있던 백제계 법상종 사찰로 견훤을 지원했다. 그 덕분에 견훤은 왕건을 누르고 승리할 수 있었지만 끝내는 왕건에 패했다.

동화사는 동화사 외에 비로암, 부도암, 양진암, 내원암, 약수암, 염불암 등 여섯 개의 암자를 거느리고 있으며, 사찰 내에 상당한 양의 문화재가 소장되어 있다. 동화사 옛 일주문 옆에는 1미터 남짓한 크기의 마애불 좌상보물 제243호이 있다. 마애불이 가장 아름다워 보이는 때는 늦가을 해질 무렵이다. 섬세한 구름무늬의 광배가 아름답다. 비례가 좋고 조각 기법이 세련된 통일 신라 시대의 전형적인 마애불상이다.

동화사 비로자나불 좌상

동화사 대웅전 건물보물 제1563호은 조선 시대 후기 건물로 다듬지 않은 나무를 그대로 기둥으로 사용해 자연미를 살렸다. 꽃살문이 아름답다. 비로암 대적광전에는 신라 흥덕왕 때 조성된 석조 비로자나불 좌상보물 제244호이 모셔져 있다. 비로자나불은 변치 않는 부처의 진리를 인격화한 부처로, 특히 통일 신라 시대 말기에 유행해 돌이나 철과 같은 다양한 재료로 만들어졌다. 비로암 앞마당에는 삼층 석탑보물 제247호이 있다. 863년 경문왕이 왕위 다툼으로 즉위 1년 만에 죽은 민애왕을 추모하고자 만들어졌다.

금당암 극락전 앞에 서 있는 두 기의 삼층 석탑은 통일 신라 시대 석탑으로 1950년대 말 탑을 해체·수리하면서 사리 장치와 조그마한 탑 99개가 나왔다. 이들 유물은 현재 국립 대구 박물관에서 전시 중이다. 사찰 내 성보 박물관에도 조선 후기 그려진 아미타 회상도보물 제1610호, 고려의 고승 보조 국사 지눌의 진영보물 제1639호과 임진왜란 당시 승병 대장으로 활약한 사명당 유정의 진영보물 제1505호 등 귀한 불화를 소장하고 있다.

임진왜란은 어떻게 조선을 바꿔놓았나?

국립 진주 박물관과 진주성

국립 진주 박물관

경상남도 진주시 남강로 625-36(남성동) | 055-742-5951 | http://jinju.museum.go.kr/
관람 시간 매주 화~금 오전 9시~오후 6시
　　　　　　토·일·공휴일 오전 9시~오후 7시
　　　　　　매년 4월~10월 매주 토요일 오후 9시까지 야간 개장
휴 관 일 매년 1월 1일, 매주 월요일

진주성 　공복문
촉석루　진주 시외
의암　　버스터미널
국립 진주
박물관

　　　어떤 공간에 대한 인상을 결정짓는 것은 뜻밖에도 아주 사소한 것들이다. 논개의 의기가 서린 역사 도시, 보수적인 경남우도의 좌장격인 도시 진주晉州에 대한 호기심이 생긴 것은 진주 출신 친구들의 어린 시절 이야기를 듣고 나서였다. 진주 사람들은 진주성 남강 변에서 오리 배를 타며 데이트하고, 초중등 학생은 봄가을이면 진주성으로 소풍을 간다고……. 게다가 성이 얼마나 큰지 그 안에 국립 진주 박물관이 있다는 것이다. 임진왜란의 대표적인 전적지가 400여 년이 지나 한가한 유원지로 변모하고, 그 안에 박물관이 있다는 이야기를 들으며 어느새 나는 가 보지도 않은 진주성 구석구석을 머릿속에 그리고 있었다.

　추색이 완연한 진주성에 들어섰다. 진주성 안 서쪽 나지막한 둔덕 아래에 검은 기와지붕을 얹은 육중한 건물 한 채가 보인다. 바로 국립 진주 박물관이다. 위엄 있는 박물관 건물은 20세기 불세출의 건축가 고故 김수근1931~1986이 디자인했다. 박물관 외관은 선線적인 느낌이 강하다. 여러 개의 처마를 겹쳐 놓은 듯한 지붕은 우리나라 전통 목탑 구조에서 착안했다고 한다. 겉보기에는 낮고 수평적인 느낌이 강하며 규모가 단출해 보이지만, 막상 박물관 내부

국립 진주 박물관

1층 역사 문화실 전경

로비 설치물

에 들어서면 깊이를 가늠할 수 없는 공간감이 느껴진다.

진주성 전투의 현장인 진주성 안에 자리했으니 임진왜란 전문 역사박물관으로서는 이만 한 입지 조건이 따로 없다. 그러나 입지 조건만으로는 국립 진주 박물관의 존재 이유가 설명되지는 않는다. 1984년에 문을 연 국립 진주 박물관은 본디 선사 시대 및 고령, 함안, 산청 등 서부 가야의 유물을 중심으로 한 박물관이었다. 그러나 1998년 가야의 철기 문화를 다루는 국립 김해 박물관이 개관하면서 대부분의 가야 유물을 그곳으로 이관했다. 이후 국립 진주 박물관은 임진왜란을 전문으로 다루는 역사박물관으로 거듭났다. 숱한 역사적 사건 가운데 왜 임진왜란1592~1598을 특별히 다룰까?

임진왜란은 한국사에서 중세와 근세를 가르는 분수령이다. 조선의 정치, 사회, 경제, 문화는 임진왜란을 기준으로 이전과 이후가 판이하게 구분된다. 비단 한국사뿐 아니다. 중국사, 일본사에서도 임진왜란은 역사의 흐름을 바꾼 중요한 사건이다. 표면적으로 임진왜란은 조선과 왜, 양국 간의 전쟁이지만, 이면을 살펴보면 임진왜란은 한반도를 무대로 명나라까지 개입한 동아시아 3국 간의 국제전이었다. 전쟁으로 인해 동아시아 3국의 정치 지형도 크게 변했다. 전 국토가 참혹한 전쟁터로 변한 조선이 가장 큰 상실을 맛봤지만, 동아시아의 맹주를 자처하던 명나라는 임진왜란과 그에 이어진 내란 등으로 인해 점차 힘을 잃었고 결국 만주에서 발흥한 청나라에게 밀려 중원을 내주었다. 왜도 전쟁의 승리자는 아니었다. 전쟁 중에 도요토미 히데요시가 사망하자 왜군은 조선에서 패퇴했으며, 도쿠가와 막부가 들어서면서 정권이 뒤바뀌었다. 결국 전쟁의 승리자는 아무도 없었다.

임진왜란은 7년간 지속되었지만 임진왜란의 실상을 살펴볼 수 있는 자료는 관료 또는 사대부가 남긴 문헌이 대부분이다. 그중 충무공 이순신李舜臣, 1545~1598의 《난중일기亂中日記》국보 제76호와 서애 유성룡柳成龍, 1542~1607의 《징비록懲毖錄》국보 제132호 등의 대표 문헌만 현대어로 번역되었을 뿐이다. 역사를 텍스트로만 이해하는 데에는 한계가 있다. 하물며 막대한 물자와 인력이 투입되고, 크나큰 상흔을 남긴 대규모의 전쟁을 후대인이 이해하는 일은 힘겹다. 그러나 국립 진주 박물관은 임진왜란의 순간을 구체적으로 그려 내도록 관람객을 돕는다.

16세기 말 동아시아를 혼돈으로 이끈 전쟁으로 떠나는 시간 여행은 박물관 2층 임진왜란실에서 시작된다. 무기와 갑옷 및 전적, 고서, 각종 지도 및 역사 기록화 등의 유물과 연표, 지도, 영상물 등을 바탕으로 임진왜란의 발발부터 의병과 수군, 명군의 움직임과 같은 전쟁에 대응하는 조선군의 대응 상황, 왜군의 약탈 현황, 종전 후 전쟁의 피해상과 이로 인해 달라진 동아시아의 질서 등 11개 소주제로 임진왜란을 입체적으로 이해하도록 돕고 있다.

비격진천뢰, 수천 명의 군대보다도 나은 시한폭탄

고려 말 화약 제조법이 발견된 후 조선의 무기류는 비약적으로 발전하기 시작했다. 전시 중인 중완구中碗口와 비격진천뢰飛擊震天雷는 임진왜란 당시 거북선과 더불어 조선군이 사용한 대표적인 무기다. 원래 완구는 돌로 만든 폭탄인 석환을 발사하는 화포로, 지금으로 치면 일종의 박격포라 할 수 있다. 입구가 밥 그릇 모양으로 생겨서 사발 완碗 자를 써서 완구라 불렀다. 완구의 구조는 단순하다. 발사물을 놓는 완과 반대편에 화약을 놓는 약통藥筒 그리고 완과 약통의 중간인 격목통激木筒으로 구성된다. 돌을 둥글게 깎아 만든 단석團石이나 포탄인 비격진천뢰 등을 발사체로 넣어 사용했다.

전시 중인 중완구보물 제858호, 경남 하동 정개산성 출토, 길이 64센티미터, 직경 28센티미터는 비격진천뢰를 발사하는 데 사용되었다. 내부에 "1590년 함경도 고원에서 화포장 이물금이 주조했다."라는 명문銘文이 남아 있다. 비격진천뢰는 일종의 시한폭탄으로 1리약 400미터를 날아간 뒤에 폭발하는 소리가 마치 천둥치는 소리와 같다 하여 붙여진 이름이다. 1592년선조 25년에 화포장 이장손이 처음 만들었으며 비진천뢰, 진천뢰로도 불린다. 무쇠로 만든 구형의 비격진천뢰는 지름이 21센티미터, 무게가 22.6킬로그램이다. 임진왜란 이전에도 중국과 조선에서 진천뢰를 사용하기는 했지만, 그때까지 진천뢰는 손으로 던지는 것뿐이었다. 또한 전장의 무기 대부분은 성이나 선박 등에 타격을 줄 때 사용되었을 뿐 대량 살상용으로는 사용되지 않았다.

비격진천뢰

중완구

비격진천뢰는 가공할 만한 폭발력을 지닌 인명 살상용 무기였다. 내부에 진흙과 화약을 뭉쳐 넣고, 나무 막대에 나선형으로 홈을 내고 화약 선을 감은 뒤 이를 넣은 대나무 통을 장착했다. 심지에 불을 붙여 중완구에 넣고 비격진천뢰를 쏘면, 날아가는 동안 진천뢰 내부의 도화선이 타들어 가면서 일정 시간 이후 폭발했다. 조선의 독자적인 기술로 만들어진 비격진천뢰는 화약선을 몇 차례 감느냐에 따라 폭파 시간을 조절할 수 있는 혁신적인 무기였다. 실제 전투에서도 비격진천뢰의 위력은 상당했는데,《조선왕조실록》에 따르면 경주성 전투 당시 비격진천뢰를 사용해 승리를 거뒀다는 기사가 등장한다.

박진朴晉이 비격진천뢰를 성 안으로 발사해 진 안에 떨어뜨렸다. 적이 그 제도를 몰랐으므로 다투어 구경하면서 서로 밀고 당기며 만져 보는 중에 조금 있다가 포砲가 그 속에서 터지니 소리가 천지를 진동하고 쇳조각이 별처럼 부서져 나갔다. 이에 맞아 넘어져 즉사한 자가 20여 명이 었는데, 온 진중이 놀라고 두려워하면서 신비스럽게 여기다가 이튿날 드디어 성을 버리고 서생포西生浦로 도망했다. 박진이 드디어 경주에 들어가 남은 곡식 만여 석을 얻었다. — 〈선조 수정 실록 26권〉, 선조 25년 9월 1일 자

임진왜란 당시 경상도 안동 일대에서 의병 대장으로 활동했던 김해金垓도 《향병 일기鄕兵日記》에서 "왜적을 토벌하는 방책으로 진천뢰를 능가하는 것은 없다."라고 했으며 유성룡 역시 "비격진천뢰의 위력이 수천 명의 군대보다 낫다."라고 평했을 정도다.

놀라운 화포의 위력,
천자총통

천자총통보물 제647호, 1555년 제작, 전체 길이 1.31미터, 통 길이 1.16미터, 포구 지름 12.8센티미터, 무게 296킬로그램과 **현자총통**보물 제885호, 전체 길이 95센티미터, 통 길이 60센티미터, 총구 지름 7.5센티미터은 임진왜란 당시 거북선과 판옥선 등에서 사용된 대형 화포이다. 육지에서 조선군은 왜군의 조총에 속수무책이었지만, 바다에서만큼은 이들 총통이 큰 역할을 했다.

고려 말부터 개량되어 온 총통은 조선 세종世宗, 재위 1418~1450 때 포의 크기와 화약의 중량, 사정거리에 따라 천·지·현·황 순으로 이름이 붙여졌는데, 천자총통이 가장 크고 황자총통이 제일 작다. 이들 화포 안에는 보통 대형 화살을 넣어 발사했고, 때에 따라 자그마한 탄환 여러 개로 구성된 조란탄을 발사하기도 했다.

천자총통은 포 입구에 새겨진 띠를 제외하고 모두 8개의 마디로 이뤄져 있다. 포 입구 쪽에 탄약을 장전하는 약실 방향으로 "가정을묘 시월천 사백구십삼근 십냥장 양내요동嘉靖乙卯十月天四百九十三斤十兩匠梁內了同"이라는 명문이 새겨져 있다. 가정嘉靖은 명의 연호인데, 가정을묘는 1555년이다. 즉, 1555년 10월에 청동 493근으로 주조했으며, 화포를 만든 장인은 양내동이란 뜻이다. 현

천자총통

재 전하는 천자총통은 단 두 점으로 국립 진주 박물관과 충남 아산 현충사에 있다.

경남 거제 고현만에서 발견된 황자총통 역시 약실에 명문이 남아 있어 1596년에 제작되었음을 알 수 있다. 충무공 이순신 장군은 1597년 9월 16일 울돌목_{전라도 진도 앞바다 명량 해협}에서 치른 명량 해전에서 이들 화포를 활용해 큰 승리를 거두었다. 당시 《난중일기》에는 "우리 배들이 적을 물리칠 수 있다는 것을 알고 일제히 북을 울리고 함성을 지르면서 쫓아 들어갔다. 지자 · 현자 대포를 쏘니 그 소리가 산천을 뒤흔들었고, 화살을 빗발처럼 쏘았다. 적선 31 척을 깨뜨리자 적선은 도망하고 다시는 우리 수군에 가까이 오지 못했다."라 고 기록되어 있다. 당시 이순신 장군은 12척의 배로 일본 전함 133척을 격파 했는데, 이들 총통은 적들의 움직임을 기민하게 포착하고 파괴하는 데 큰 위 력을 발휘했다.

국민의 힘으로 되찾은 〈김시민 선무공신 교서〉

•

무기류가 전쟁의 파괴력을 시각적으로 증언한다면, 일기 및 문집류와 전쟁 이후 무공을 치하하는 각종 문서 등은 시시각각 달라지는 전황을 사실적으로 증언한다. 이순신의 친필이 담긴 〈최희량 임란 첩보 서목崔希亮壬亂捷報書目〉보물 제660호은 임진왜란 당시 사용된 일종의 전황 보고서로 16세기의 공문서 양식을 짐작케 하는 귀한 유물이다.

서목書目은 하급 관리가 상급 관리에게 올리는 보고서인 원장原狀에 첨부하는 문서로 원장의 내용이 요약되어 있다. 상관이 서목의 여백에 원장과 관련된 지시 사항을 쓰면, 이를 하급 관리가 수행하는 것이다. 이 서목은 1598년 전라도 흥양현재 전남 고흥군 현감이던 최희량崔希亮, 1560~1651이 당시 전라 좌도 수군절도사 이순신과 전라도 관찰사에게 왜적을 격파한 전과를 보고하는 내용이 담겨 있다. 즉, 최희량의 보고와 이순신의 회신이 함께 담긴 것이다. 최희량의 후손인 최기정이 흩어진 서목을 한데 모아 첩帖으로 만들었다. 첩책 표지에 '최일옹 파왜 보첩 원본崔逸翁破倭報捷元本'이라는 제목을 붙이고, 각 문건마다 백지 또는 붉은 종이를 붙여 내용을 분류했다.

《쇄미록鎖尾錄》보물 제1096호은 조선 중기 선비인 오희문吳希文, 1539~1613이 임진왜란 기간 동안에 쓴 일기로, 7권으로 구성되어 있다. 1591년부터 1601년까지 9년 3개월의 기록이 담겨 있는데, 전쟁의 당사자가 아닌 일반인의 눈으로 본 전쟁을 기록하고 있다. 사적인 내용이 다수이지만 전쟁을 겪으며 달라진 사회 경제적 변화상과 일반 민중의 생활상을 알 수 있으며, 책 말미에는 국왕과 왕세자가 내린 교서, 의병들의 격문과 통문, 공문서 등을 수록하고 있다.

각종 문서류 가운데 특히 보물처럼 귀하게 여겨지는 유물은 바로 제1차 진주성 전투, 일명 진주 대첩을 승리로 이끈 김시민金時敏, 1554~1592에게 내린 〈김시민 선무공신 교서金時敏宣武功臣敎書〉보물 제1476호이다. 김시민은 1591년 진주 판관으로 부임했으나 임진왜란이 일어난 뒤 진주 목사 이경이 병사하면서 진주 목사직을 대리해 맡았다.

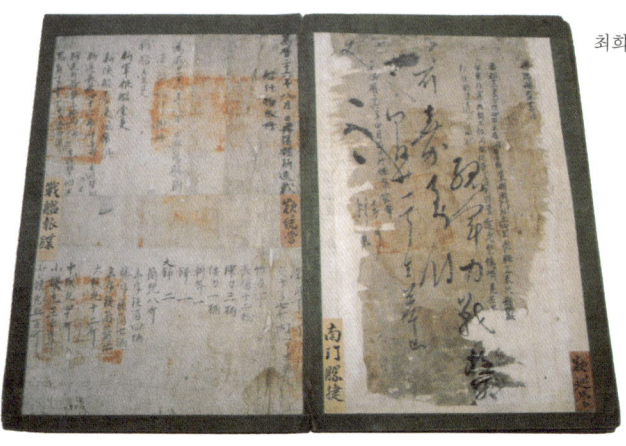

최희량 임란 첩보 서목

쇄미록

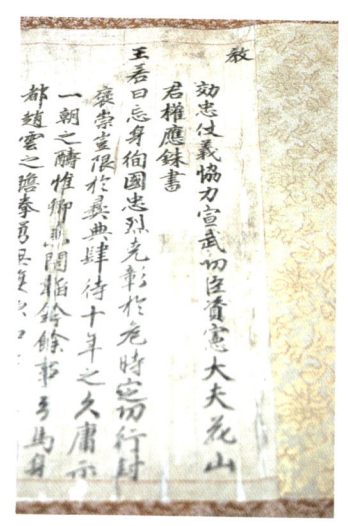

권응수 선무공신 교서(초반부 확대)

김시민 선무공신 교서

국립 진주 박물관 입체 영상관은 진주 대첩을 소재로 한 3차원 애니메이션 〈진주 대첩〉을 상영한다. 15분 분량으로 임진왜란의 발발 배경과 진주 대첩을 흥미진진한 하나의 이야기로 엮었다. 특히 전투 장면은 사실감과 박진감이 넘쳐 아이에게도 어른에게도 인기가 좋다.

진주는 호남의 곡창 지대로 넘어가는 길목에 있어서 왜군이 호남을 확보하려면 꼭 함락시켜야 할 곳이었다. 그해 10월 왜군 2만여 명이 진주성을 포위하자 김시민은 성안의 노약자와 부녀자를 남장시키며 군사의 수를 위장하는 등 불과 3800여명의 병력으로 7일 동안 치열한 공방전을 벌인 끝에 큰 승리를 거뒀다. 그러나 그는 이마에 왜군이 쏜 탄환을 맞고 며칠 뒤 사망했다.

전쟁이 끝난 뒤 김시민은 1604년 이순신, 권율 등과 함께 임진왜란에서 공을 세운 무신 18명을 기리는 선무공신에 봉해졌는데, 이를 기록한 문서가 바로 〈김시민 선무공신 교서〉다. 가로 226센티미터, 세로 37.2센티미터 크기의 비단 두루마리 형태의 교서에는 임진왜란으로 김시민 장군을 잃어 슬프다는 내용과 함께 김시민을 선무 2등 공신에 추증하고 유족에게 노비와 토지를 하사한다는 내용이 실려 있다.

이 문서는 일제 강점기에 일본에 반출되었다가 2005년 일본 고서점 경매에 출품되면서 세상에 다시 알려졌고, 2006년 한 방송사의 예능 프로그램을 통해 국민들이 자발적으로 낸 성금을 모아 일본에서 환수되었다.

지리산 권역이면서 남해 바다가 지척인 진주는 예부터 농토가 비옥했다. 이
중환은 《택리지》에서 전라도 남원과 구례, 경상도의 성주와 더불어 진주
를 "우리나라에서 가장 기름진 땅"으로 꼽았고, "지리산 동쪽에서는 가장
큰 고을이며, 장수와 정승이 될 만한 인재가 많이 나왔다."라고 보탰다. 실제
고고학 발굴 조사에 따르면 진주 시내를 관통하는 남강 일대에는 구석기 시대부터 삼한 시대에
이르기까지 거주지 유적이 확인되었다. 고령가야의 고도古都이자 가야 멸망 후 백제에 편입되어
거열성居烈城으로 불렸던 이 땅에 진주라는 이름이 붙은 것은 고려 시대에 들어서다.
이곳이 왜구 방어의 전진 기지로 부각된 것도 고려 시대 이후이다. 비옥한 토지에, 구례와 남원
등 호남의 곡창 지대로 가는 길목에 있었던 까닭에 진주는 남해안 일대에 출몰하는 왜구의 주요
공격지였다. 조선 고종 때에 경상남도 감영이 들어선 것도 이와 같은 지정학적 특수성 탓이다.
이어 일제 강점기인 1925년에 부산으로 경남 도청이 이전하기 전까지 경남의 중심지로서 기능
했다.

진주성

진주성사적 제118호은 삼국 시대 당시 흙으로 쌓아 올렸으며, 현재의 진주성은
대략 1618년광해군 10년에 완성되었다고 한다. 1960년대 말까지 진주성 안에는
관공서와 민가가 들어서 있었지만, 1969년 진주성 복원 사업을 벌이면서 민
가와 관공서 등이 철거되었다. 현재 진주성 내에는 성곽을 따라 북장대, 서장
대가 복원되어 있고, 논개의 의기가 서린 촉석루와 의암, 의기사, 호국사, 창
렬사, 영남 포정사 문루가 남아 있으며, 국립 진주 박물관이 들어서 있다.
　촉석루는 진주성에서 가장 상징적인 공간으로 남한 광원루, 밀양 영남루혹

자는 평양의 부벽루를 꼽기도 한다와 함께 우리나라의 3대 누각으로 꼽힌다. 역사도 오래돼 1365년고려 공민왕 14에 세워졌다. 정면 5칸, 측면 4칸으로 규모가 상당히 크다. 여름날 더위를 식히기에도, 가을날 추색을 감상하기에도 일품이다.

촉석루는 그저 풍류객만의 공간이었던 것은 아니다. 임진왜란 때에는 조선군의 지휘 본부로 쓰였고, 평화로울 때에는 과거를 치르는 시험장으로 사용되었다. 무엇보다 이곳은 촉석루라는 이름을 모든 조선인으로 하여금 기억하게 한 의기義妓 논개가 제2차 진주성 전투에서 승리한 왜장 에야무라 로쿠스케를 껴안고 남강으로 몸을 던진 곳이기도 하다. 촉석루가 들어선 절벽 아래에 논개의 충정을 기리고자 후대 진주의 유학자들이 바위에 명문을 새긴 의암義岩이 있다. 촉석루에서 내려다보이던 남강은 유속이 완만해 평온해 보였지만, 가까이 의암에서 내려다보니 깊이를 가늠할 수 없을 정도로 깊다. 남강을 사이에 두고 400여 년 전 조선군과 왜군이 팽팽히 대치했다는 역사가 믿기지 않을 정도로 지금의 진주는 평화롭다. 전쟁의 피비린내, 아낙네들의 울음소리, 총과 칼이 부딪히는 소리 대신 스산한 가을바람에 강물이 일렁인다.

논개의 의로운 죽음은 유몽인柳夢寅, 1559~1623이 《어우야담於于野談》에 논개의 순국 관련 이야기를 채록해 넣으면서 문자로 기록되었다. 그리고 논개의 신화는 수백 년의 세월이 흐르면서 점점 더 굳어졌다. 일개 관기였지만 논개의 의기는 보수적인 진주의 유학자들마저 움직여 선양의 대상이 되었다. 그리고 논개가 죽은 지 147년이 지난 1740년, 나라에서 논개를 기리며 사당 의기사를 세워 줬다. 조선 왕조 창건 이래 전무후무한 일이었다. 논개의 영정을 모신 의기사는 여러 차례 중수되었다. 논개의 순국이 국가의 공인을 받기까

진주성 성벽

대형 철제 화살을 탑재한 지자총통

영남 포정사 문루

논개가 순국한 의암

촉석루

촉석루에서 바라본 남강

지 오랜 세월이 걸렸듯, 논개의 영정 또한 수난을 겪었다. 이당 김은호가 그린 영정은 복식과 머리 모양 등이 당대와 맞지 않았던 데다가, 화가의 친일 논란으로 2005년 한 시민 단체가 강제로 뜯어내 결국 다시 제작되었다.

의기사가 건립된 후 논개를 기리는 추모제 또한 매년 열리기 시작했다. 봄가을 지내는 제사 외에 1868년 의기사를 중건하면서부터 논개가 죽은 유월에 의암 별제를 지내기 시작했다. 별제의 전 과정은 기생들이 진행했으며, 이들은 춤과 노래로 논개를 애도했다. 그래서 별제가 치러지는 날이면, 진주의 교방 기생뿐 아니라 나라의 명기 명창들이 모여 제를 지내고 연희를 베풀었다. 진주성 함락 300주년이던 1893년 당시 지낸 의암 별제에는 수천 명의 인파가 몰렸다고 하니, 논개는 곧 진주 그 자체였던 셈이다.

1929년 시인 김동환은 진주를 여행하며 이렇게 썼다.

아무튼 논개를 아는 것은 진주를 아는 것이오. 진주를 아는 것은 근세 조선사를 아는 것이니 이 땅을 생각하는 사람에게는 진주가 많은 박력을 가지고 찾아들 것이다. 이에 사람들은 같은 고향古都이면서 서울에서 살다가, 평양에 와서 꿈꾸다가, 진주에 이르러 비로소 크게 생각하게 된다 할까. 이토록 이 땅은 시와 사기의 소재로 가득 찬 곳임을 한눈에 알 수 있겠다. ─잡지《삼천리》(1929년) 중

충무공 이순신 유적지

●

임진왜란 관련 유적을 답사할 계획이라면 진주와 더불어 이웃한 남해 및 통영 일대의 임진왜란 유적을 함께 돌아보면 훌륭한 1박 2일 코스가 될 것이다. 진주에서 남쪽으로 더 내려가면 아름다운 한려수도의 본고장이자 임진왜란 유적지가 산재한 통영시가 있다. 통영시 문화동에 자리한 세병관洗兵館은 충청·전라·경상의 삼도 수군을 지휘하던 총본부인 삼도 수군 통제영을 조선 선조 때 한산도에서 통영으로 옮겨 오면서 세워진 통제영성의 객사다. 다른 건물은 모두 쓰러지고 객사인 세병관만이 남았다. 세병관은 사방이 뚫린 정면 9칸 측면 5칸 규모의 큰 건물로 당시 통제영성의 규모를 짐작할 수 있다.

근처에 자리한 충렬사는 충무공 이순신 장군의 사당인데 규모는 아담하다. 입구로 쓰이는 누각인 강한루를 지나면 좌우에 비각이 늘어서 있다. 이항복

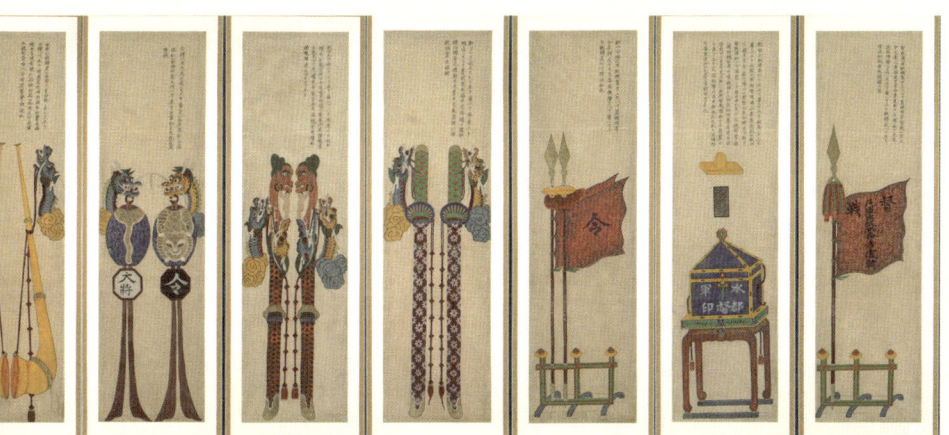

이순신 장군의 무공을 치하해 명나라 황제가 보낸 여덟 가지 선물을 그린 팔사품도

한산 대첩도

이 비문을 짓고 송시열이 쓴 충렬 묘비를 비롯해 11기의 비가 들어서 있으며, 충렬사 뒤뜰에도 역대 통제사들의 비 29기가 세워져 있다. 영정을 모신 사당은 정면 3칸 측면 2칸 건물로 영정 외에 충무공의 전공을 높이 산 명나라 신종이 보낸 여덟 가지 선물, 즉 팔사품八賜品, 보물 제440호을 그린 병풍이 있다. 팔사품은 호랑이가 그려져 군령을 전할 때 사용하던 호두령패, 도독인, 귀도, 참도, 독전기, 곡나팔, 남소령기, 홍소령기 등으로 충렬사 입구 전시실에 보관되어 있다.

통영 앞바다에서 제일 큰 한산도는 섬 전체가 충무공 유적지로, 충무공 생전 당시에는 통제영이 설치되어 국토 방어의 최전선이었다. 제승당制勝堂은 충무공 유적지의 중심 건물이다. 여수에 있던 삼도 수군 통제영을 이곳에 옮겨와 설치하면서 세운 곳으로 통영으로 옮기기 전까지 삼도 수군의 본영으로 기능했다. 제승당 안에는 〈노량 해전도〉, 〈한산 대

세병관   남해 금산 보리암

첩도〉, 〈사천 해전도〉와 같은 충무공 관련 기록화와 거북선 모형, 지자총통, 현자총통 등 임진왜란 당시 사용된 무기들이 전시되어 있다.

진주와 지척인 남해군에는 이순신 장군이 숨을 거둔 노량 해전의 현장이 있다. 우리나라 최초의 현수교인 남해대교가 지나는 좁은 해협이 바로 1598 년 11월 19일 노량 해전이 벌어진 전적지이다. 임진왜란이 끝난 뒤 일대 유학 자들이 충무공을 기려 노량 언덕에 충렬사를 세웠다. 이곳에서 남해읍 방향 으로 더 가면 이락사(李落祠)로 불리는 관음포 충무공 전몰 유허비가 있다. 통영 과 남해는 충무공 유적지 외에도 한려수도, 금산 보리암과 상주 해수욕장, 가 천 마을의 다랑이 논, 남해 편백 자연 휴양림 등 둘러볼 만한 관광지가 꽤 있 어서 여유 있게 2박 3일 일정으로 돌아봐도 좋겠다.

이순신의 자취를 따라 임진왜란의 주요 격전지를 돌아본 기행문 《이순신 을 찾아 떠난 여행》이 훌륭한 길잡이가 되어 줄 것이다. 임진왜란 당시 쓰인 무기에 대해 자세히 알고 싶다면 《화염 조선: 전통 비밀병기의 과학적 재발 견》, 《조선의 무기와 갑옷》을 추천한다.

1500년 전 백제를 깨우다

국립
공주 박물관과
웅진 백제 유적

국립 공주 박물관

충청남도 공주시 관광단지길 34(웅진동) | 041-850-6300/6360 | http://gongju.museum.go.kr/
관람 시간 매주 화~금 오전 9시~오후 6시
　　　　　　토·일·공휴일 오전 9시~오후 7시
　　　　　　매년 4월~10월 매주 토요일 오후 9시까지 야간 개장
휴 관 일 매년 1월 1일, 매주 월요일

•　　　잔디가 누렇게 변했으니 아마 가을 무렵이었을 것이다. 중학교 수학여행으로 신라의 고도 경주를 돌아보고, 합천 해인사와 익산 미륵사지를 거쳐 마지막으로 충남 공주에 들렀다. 참으로 빡빡한 일정이었다. 공주 역시 경주 못지않은 수학여행의 도시로 이곳에도 전국의 중고교 수학여행단이 집결해 무령왕릉, 국립 공주 박물관 등의 유적지마다 행렬이 길게 늘어섰다. 국사 교과서에서 사진으로만 보던 무령왕릉이 눈앞에 펼쳐져 있었지만 열다섯 살 조무래기 중학생에게 무덤은 음습하고 덥고 어두운 곳이었다. 국립 공주 박물관에도 들렀지만 어떤 유물을 봤는지 기억조차 나지 않는다.

　경주에 비해 한없이 시시하게만 느껴지던 공주와 백제. 국사 교과서에서 만난 백제의 모습도 다르지 않았다. 삼국 통일의 위업을 달성한 신라에 가려진 백제는 비운의 운명을 간직한 채 패망한 나라였을 뿐이다. 우리는 백제에 대해 얼마나 알고 있을까. 해방 이후 고대사 연구는 신라사에 편향적이었다. 6·25 전쟁으로 한반도가 두 동강 나면서 고구려의 실체를 두 눈으로 확인하는 일은 어려웠고 나당 연합군에 멸망한 백제는 패자의 나라로 각인되었다. 더욱이 알려진 고분은 이미 도굴이 되었고, 이렇다 할 유적 또한 발굴되지 않아 백제사 연구는 더디었다.

　사람들이 백제 하면 떠올리는 이미지는 공주와 부여 등 금강 일대의 유적과 발굴품에 기반한다. 그러나 이는 700여 년 백제사의 극히 일부일 뿐이다. 지난 20여 년간 경기 하남의 위례성과 서울 송파의 풍납토성 등 한성 백제 시대의 유적이 속속 발굴되면서 찬란했던 문화 국가 백제의 실체가 구체적으로 드러나고 있다. 그러나 세간에 '검이불루 화이불치儉而不陋 華而不侈'로 압축되는 백제의 미학을 알린 공은 무령왕릉에 돌려야 한다. 검소하지만 누추하지 않고 화려하지만 사치스럽지 않다는 이 말은, 고려의 역사가 김부식이《삼국사기三國史記》에 백제 온조왕 15년기원전 4 위례성에 새로 지은 궁궐을 가리켜 쓴 표현이다. '20세기 한국 최대의 발굴'로 불리는 무령왕릉은 1971년 7월 발굴되면서 찬란한 백제의 문화의 실상을 세상에 알렸다.

　무령왕릉은 삼국 시대 왕릉 중 유일하게 묘지석이 나와 무덤의 주인이 누구인지 알려진 무덤이다. 무령왕릉에서는 무려 108종 2906점의 유물이 출토되었고 그중 17점이 국보로 지정되었다. 무령왕릉은 고구려에 한강 유역을 빼앗기고 금강 유역의 웅진으로 수도를 옮긴 백제가 어떻게 짧은 시간 동안 국력을 회복했는지를 알려 주는 지표이다. 무령왕릉을 따라 고대 백제로 시간 여행을 떠나 보자. 시간 여행의 들머리는 무령왕릉을 전시장 안에 재현한 국립 공주 박물관이다.

　국립 공주 박물관의 역사는 일제 강점기로 거슬러 올라간다. 1934년 백제의 고도였던 공주의 문화 유적을 보존하고 전시하고자 공주 고적 보전회가 나서서 1937년 옛 관아 건물인 선화당현재 박물관 오른편에 자리한다에 1938년 공주

국립 공주 박물관

읍 박물관을 세웠다. 바로 국립 공주 박물관의 전신이다. 그러나 무령왕릉이 발굴되기 전까지는 겨우 구색만 갖춘 꼴이었다. 해방 후 1946년에 국립 박물관 공주 분관으로 개관했다가, 1971년에 무령왕릉에서 어마어마한 양의 보물이 쏟아져 나오면서 이를 수용하고자 새 건물을 짓고 1973년에 문을 열었다. 그러나 세월이 흐르면서 박물관 시설이 노후하고 충남 일대의 발굴이 활기를 띠면서 2004년에 무령왕릉과 지척인 지금의 자리로 옮겨왔다.

국립 공주 박물관은 2개의 전시실로 단출하게 구성되어 있다. 무령왕릉에서 출토된 유물을 중심으로 꾸며진 '무령왕릉 출토 유물 전문 전시관'을 표방하는 만큼, 1층 무령왕릉실은 무령왕릉의 내부 구조를 본떠 출토 유물을 체계적으로 진열·전시한다. 2층에는 충청남도의 고대 문화실이 있으며 웅진 백제 시기의 유물들이 전시되어 있다.

무덤은 왜 중요할까? 무덤은 한 시대의 문화를 압축적으로 보여 준다. 학자들에 따르면, 인류의 문화 속도 중 가장 변화가 느린 것이 바로 음식 문화와 장례 문화라고 한다. 무덤은 이를 축조한 집단 또는 민족에 따라 독특한 무덤 구조와 양식을 지닌다. 무덤의 내부 구조와 무덤에서 출토된 유물은 당대인의 죽음에 대한 생각과 당시 생활상 및 공예 기술에 대해 많은 단서를 던져 준다. 일례로 고구려 초기에는 장군총처럼 돌무지를 쌓아 만드는 돌무지무덤이 유행하다가 중국의 영향을 받아 굴식 돌방무덤이 생겨났는데, 무덤 안 벽과 천장에 각종 풍속화와 행렬도, 사신도, 별자리 그림 등이 그려져 있어 고구려인의 생활상과 세계관을 알 수 있다.

무령왕릉은 벽돌을 켜켜이 쌓아 터널 형식으로 만든 벽돌무덤이다. 이와 같은 벽돌무덤은 한반도에서는 유일하게 백제에서만 발견되었다. 그것도 무령왕릉과 바로 옆 송산리 6호분만 그러하다. 송산리 고분군의 나머지 무덤은 굴식 돌방무덤이다. 박물관의 무령왕릉실은 무령왕릉 내부를 그대로 본떠 벽면에 연꽃무늬 벽돌과 민무늬 벽돌을 켜켜이 쌓아 꾸몄다. 무덤이 안치된 널방과 이로 통하는 널길의 구조 또한 그대로 따랐다. 벽면은 무령왕릉의 벽면 그대로, 연꽃무늬와 인동초 그리고 연꽃을 한데 새긴 무늬 벽돌 한 쌍을 켜켜이 쌓아 만들었다.

벽돌무덤은 중국 남조南朝, 420~589년에 화남에 한족이 세운 송, 제, 양, 진의 네 나라에서 유행하던 무덤 양식이다. 백제는 고구려에 한강 유역을 빼앗기고 웅진으로 천도한 이후, 어수선한 정국을 수습하고 중국과의 외교 관계를 강화하면서

무령왕릉 등잔 자리

무령왕릉 내부

무령왕릉 연꽃무늬 벽돌

중국의 앞선 문물을 적극 받아들였다. 무령왕릉에는 이와 같은 당시의 시대상이 반영되어 있다.

진묘수와 매지권

전시실 입구 널길을 따라 들어가 처음 만나는 유물은 바로 진묘수鎭墓獸, 국보 제 162호, 높이 30센티미터, 길이 47센티미터, 너비 22센티미터이다. 동글동글한 몸집에 뿔이 달린 모양이 통통한 돼지 또는 작은 코뿔소를 연상시킨다. 진묘수는 무덤을 지키는 상상의 동물로 중국에서 유래했다. 중국인들은 진묘수가 외부의 침입을 막아 준다고 믿어서 후한後漢, 25~220대 장례 때 무덤 속에 묻었다고 한다. 중국의 진묘수에 비해 백제의 진묘수는 훨씬 해학적이고 덜 위협적이다. 이는 진묘수가 무덤을 지키는 데서 그치지 않고 점차 죽은 자를 저승으로 인도하는 안내자 역할을 겸했기 때문이다.

묘지석

청회색 섬록암 석판에 글귀를 새긴 묘지석墓地石과 매지권買地券, 국보 제163호, 41.5×35센티미터은 진묘수와 더불어 백제인의 사후관을 단적으로 보여 준다. 이 두 장의 석판을 통해 무덤의 주인이 무령왕武寧王, 재위 501~523과 왕비임을 알 수 있게 됐다.

진묘수

현존 최고最古의 묘지석인 무령왕의 묘지석은 표면을 선으로 구획한 뒤 "영동 대장군 백제 사마왕께서 나이 62세 되는 계묘년523 5월 7일에 돌아가셨다. 을사년525 8월 12일에 안장해 대묘에 올려 모시며 그 뜻을 다음과 같이 기록해 둔다."라는 내용의 명문을 새겼다. 그 뒷면에는 십이간지가 표시되어 있는데 무덤의 위치를 표시하려는 용도로 보인다.

매지권은 말 그대로 토지 매매 계약서이다. 죽은 자의 무덤을 만들면서 사후 세계의 신들에게 토지를 샀음을 알리는 권리증이다. 매지권에는 "돈 1만 매, 이상 1건. 영동 대장군 백제 사마왕은 상기의 금액으로, 토왕, 토백, 토부모, 천상천하의 2천 석의 여러 관리에게 문의해 남서 방향의 토지를 매입해 능묘를 만들었기에 문서를 작성해 증명을 삼으니, 율령에 구애받지 않는다."라고 쓰여 있다. 백제인은 자신들이 죽어 묻힐 땅조차도 인간이 아닌 신에게 속해 있다고 믿었던 것이다. 매지권 뒷면에는 왕비의 묘지가 새겨져 있다. "병오년526 11월 백제 국왕 태비가 천명대로 살다 돌아가셨다. 서쪽 당에서 삼년상을 지내고 기유년529 2월 12일에 다시 대묘로 옮기어 장사 지내며 다음과 같이 한다."라고 기록돼 있어 훗날 추가하여 새겼음을 알 수 있다.

무령왕릉에서 나온 화려한 장신구

널길을 지나면 본격적으로 무령왕릉 출토 유물이 펼쳐진다. 전시실 벽면에는 등잔을 넣는 벽감을 그대로 재현했고, 왕과 왕비의 목관복제품 또한 나란히 설치해 놓았다. 목관은 꽤 깊고 크다. 무령왕의 목관은 길이가 262센티미터이며 왕비의 것은 길이가 250센티미터이다.

무령왕은 어떤 사람이었을까. 《삼국사기》에 따르면 백제 제25대 왕인 무령왕은 동성왕東城王, 재위 479~501의 둘째 아들로 462년 출생했다. 이름은 사마斯麻, 또는 융隆이다. 성품은 인자하고 관대했다고 한다. 501년 왕위 39세의 나이로 왕위에 오른 무령왕은, 백제가 고구려에 쫓기듯 남하해 웅진으로 도읍을 옮긴 이후475 어수선하던 왕과 귀족 간의 세력 다툼을 정리하고 백제 중흥의 토대를 마련했다. 그는 왕권을 강화하고 고구려의 침입을 막아 내 민생을 안정시켰으며, 신라 및 가야와 동맹을 강화하고 바다 건너 왜, 양나라와 교류하는 등 우호 관계를 맺었다. 23년간 백제의 왕으로 재임한 그는 523년에 61세의 나이로 세상을 떴다.

백제 중흥의 토대를 마련한 데다 적진에서 비명횡사한 것도 아니어서 무령왕의 장례식은 꽤 오랜 기간 준비되었다. 매지권에서 보듯, 왕과 왕비는 죽은 지 약 2~3년이 지나서야 왕릉에 모셔졌다. 무령왕의 장례는 화려하면서도 장중한 분위기 아래 오랜 기간 공들여 준비되었다. 1500여 년의 세월이 흘러 일부가 소실되기는 했으나, 왕과 왕비의 목관을 제작하는 데 사용된 목재는 분석 결과 수령 300여 년이 넘는 금송金松인 것으로 밝혀졌다. 금송은 일본에서만 자라는데, 재질이 튼튼해 당시 일본 귀족 계급이 선호하던 목관 재료였다고 한다. 왕의 관을 짜려고 일본에서 목관 재료를 수입해 왔을 정도이니, 얼마나 장례 절차에 예를 갖추고 공을 들였는지 짐작이 간다. 목관을 조립하고 장식하는 데 쓰인 각종 금은 장식품과 관 고리, 관 못도 어느 것 평범하지 않다. 관 못의 못 머리는 꽃 모양과 사각 모양, 둥근 모양 등으로 다양하며 이에 더해 은판 또는 은박 장식을 씌우거나 꽃 모양 은장식을 덧씌워 못 머리를 장식하는 등 소박하지만 품격이 느껴지도록 신경을 썼다.

이제 검박하면서도 단아한 무령왕릉의 보물을 만나 볼 차례다. 무령왕릉 출토 유물 중 가장 잘 알려진 유물은 바로 금으로 만든 관 꾸미개과 뒤꽂이, 귀걸이와 목걸이 등의 장신구다. 정교함과 세밀함이 극치를 이루는 이 유물들은 모두 국보로 지정되어 있다. 순금 판을 얇게 밀고 그 위에 인동 당초무늬와 불꽃무늬를 기본으로 꾸민 왕의 관 꾸미개국보 제154호, 높이 30.7센티미터, 너비 14센티미터와 불꽃무늬와 연꽃무늬를 투조한 왕비의 관 꾸미개국보 제155호, 높이 22.6센티미터, 너비 13.4센티미터는 박물관의 상징으로 쓰일 만큼 무령왕릉의 대표 유물이다. 왕의 관 꾸미개는 불꽃무늬를 기본으로 줄기와 꽃 사이에 지름 5밀리미터 정도의 둥근 달개 장식이 달려 있어 화려한 반면, 왕비의 것은 간결하다. 대체 이 관 꾸미개는 어떻게 사용한 것일까. 중국의 역사서《구당서舊唐書》에 "백제의 왕은 검은 천으로 된 관에 금꽃을 장식하고"라는 구절이 등장한다. 백제의 왕은 평상시 검은색 비단 모자를 썼는데 그 양옆 또는 앞뒤에 관 꾸미개를 꽂아 사용했다고 한다. 왕비의 관 꾸미개는 불꽃무늬를 기본으로 한가운데 연꽃을 꽂은 정병과 그 아래로 연꽃잎을 표현했다. 알다시피 연꽃은 불교의 상징이며, 정병은 불교의 의식에 사용되는 물병이다. 백제의 왕가 깊숙이 불교문화가 침투했음을 알 수 있는 증거이다.

제비 꼬리를 닮은 듯 날렵한 선이 인상적인 왕의 머리 뒤꽂이국보 제159호, 길이 18.4센티미터나, 왕의 귀걸이국보 제156호, 길이 8.3센티미터와 왕비의 귀걸이국보 제157

왕의 관 꾸미개

왕의 귀걸이

왕비의 관 꾸미개

왕비의 귀걸이

다양한 곡옥 장식

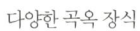

관 못

호, 길이 11.8센티미터 등 장신구를 자세히 보면 백제 장인의 금 다루는 솜씨가 상당했음을 알 수 있다. 금판을 얇게 오리거나 두드려 문양을 만들고타출 기법, 금 또는 은을 얇게 실처럼 만들고 꼬아 작은 달개 장식을 달거나 미세한 금 알갱이를 촘촘히 붙여누금 기법 장식한 귀걸이, 용과 봉황으로 장식한 큰 고리칼환두대도, 꽃무늬와 용, 산수 무늬 등을 새겨 놓은 왕비의 은잔 등을 구경하고 있노라면 감탄사가 절로 튀어 나온다. 무령왕릉에서는 상당한 수량의 장신구가 출토되었는데 금제 귀걸이가 총 5쌍, 팔찌가 5쌍, 금제 목걸이가 3개 나왔다.

왕과 왕비의 베개와 발받침, 금동 신발도 흥미롭다. 나무의 밑동을 바탕으로 베개는 U 자, 발받침은 W 자 모양으로 홈을 내 머리와 발을 고정하도록 만들었다. 왕의 베개는 검은 칠을 한 뒤 금판을 오려 육각형의 거북 등 무늬를 연속적으로 그려 넣고 무늬 안에 금꽃으로 장식했다. 왕비의 베개는 붉은색 칠을 하고 육각형의 거북 등 무늬 안에 흰색과 붉은색, 검은색 안료를 사용해 새와 물고기, 용, 비천, 연꽃 등을 그려 넣었다.

백제 무덤에서 종종 출토되는 금동제 신발각각 길이 35센티미터도 화려하기 그지없다. 비록 녹이 슬고 일부 조각이 떨어져 나갔지만 왕의 신발과 발등 부분을 살펴보면 거북 등 무늬 안에 연꽃과 봉황 무늬를 새겨 넣고 달개 장식을 달고 바닥에는 철 못을 댔다. 왕비의 신발은 거북 등 무늬 안에 봉황 무늬, 인동당초무늬를 새겨 넣었다.

이 밖에 무령왕릉에서는 금장식을 단 곡옥 장식, 모자 모양의 금장식, 금꽃 장식과 왕의 허리띠 드리개, 용과 봉황으로 고리를 장식한 큰 칼, 청동 거울, 청동 다리미, 금동 잔 등 다양한 금속 공예품이 나왔다.

백제 유민의 기원을 담은 불비상

계유명 천불비상

2층의 '충청남도의 고대 문화실' 끄트머리에 진열된 '계유명 천불비상'癸酉銘千佛碑像, 국보 제108호, 높이 89센티미터은 무령왕릉 발굴품과 함께 놓쳐서는 안 될 유물이다. 불상과 비석을 합쳐 놓은 형상의 불비상은 백제 멸망 후 옛 백제 땅, 특히 오늘날 세종시 일대에서 집중적으로 발견되었으며, 대부분 국립 청주 박물관에 집중 전시되고 있다.

세종시 조치원읍 서광암에서 발견된 이 불비상은 지붕돌과 몸돌 두 개로 구성되어 있으며, 몸돌의 맨 아래에는 둥근 연꽃 받침을 새겼다. 비석의 몸통에는 작은 여래상을 새기고 부처와 보살 등 삼존불을 새겨 넣고 좌우에 명문을 새겼다. 작은 여래상은 과거부터 현재, 미래에 이르기까지 1천 명의 부처가 출현해 중생을 구제한다는 천불千佛 신앙을 표현한다. 이와 같은 비석 모양의 불비상은 중국 남북조 시대부터 시작해 당나라 시대까지 유행했다. 비석에는 "계유년679 4월 15일에 백제 유민百濟遊民인 신도信徒 250인이 국왕 대신國王大臣, 7세 부모七世父母, 법계 중생法界衆生을 위해 이 불상을 만들다."라고 새겨져 있다. 비록 백제는 신라가 망했지만, 백제의 유민들은 백제의 부활을 소망하고 구제를 바라며 불상을 만들었던 것이다.

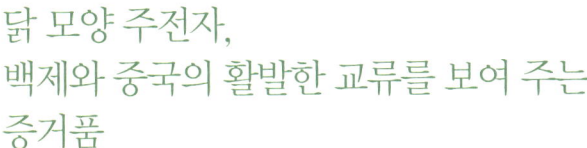

닭 모양 주전자,
백제와 중국의 활발한 교류를 보여 주는
증거품

황해를 면한 백제는 지리적으로 가까운 중국과 활발히 교류했다. 그 흔적은 왕릉에서 출토된 중국제 청자와 백자, 흑유 자기 등에서 파악할 수 있다. 충청남도의 고대 문화실에도 웅진 백제 시대 중국과의 교류를 보여 주는 유물들이 제법 전시되어 있다. 특히 중국 남조와의 관계를 뚜렷하게 보여 주는 유물들이 눈에 띈다. 닭 모양 주전자는 천안과 공주에서 발견되었는데, 이와 같은 주전자는 중국 서진 · 동진 시대부터 남조 전반에 걸쳐 유행했던 것이다. 중국의 유행품이 백제로 전해진 예이다. 공산성 연못에서 출토된 벼루도 중국 양나라의 벼루와 형태가 유사해 수입품이거나 또는 중국의 것을 모방해 제작한 것으로 보인다. 웅진 백제 시대에 귀족 계급의 묘역이었던 공주 수촌리에서도 당시 한반도에서는 생산되지 않던 청자와 검은색 유약을 바른 흑유 자기 등이 나와 백제와 중국 간의 교류를 보여 준다.

닭 모양 주전자

고마나루로 불리고 웅진熊津이라 기록된 공주는 475년부터 538년까지 백제
의 수도였다. 그러나 오늘날 백제의 흔적은 왕족이 살아서 거주했던 공산
성과 죽어서 묻힌 송산리 일대의 고분군을 제외하고는 찾아보기 힘들다.
이웃한 부여가 궁남지, 부소산성, 낙화암 등의 유적지를 비롯해 계획 도시 사
비泗沘의 질서 정연한 시가지를 품고 있는 데 반해, 공주는 소리 없이 잔잔히 흘러가는 금강처럼
한없이 나른하고 조용한 느낌을 풍길 뿐이다.

무령왕릉과 송산리 고분군

국립 공주 박물관에서 무령왕릉 출토 유물을 꼼꼼히 둘러봤으니 이제 유물이
나온 무령왕릉을 직접 찾아가 볼 차례다. 무령왕릉은 국립 공주 박물관과 지
척인 송산리 고분군에 있다. 송산은 웅진 백제 시대 왕족의 무덤이 몰려 있는
곳으로 송산 남쪽 언덕에 봉분이 있는 백제 고분 7기가 남아 있다.

입구를 지나면 먼저 송산리 고분군 모형관이 나타난다. 이곳에는 고분군
내 무덤 7기를 실제 크기로 재현해 놓았다. 무덤 입구를 따라 들어가면 무덤
의 실크기를 체감할 수 있다. 1~5호분은 백제의 전통적인 무덤 양식인 굴식
돌방무덤으로, 굴 입구가 매우 비좁지만 들어가면 아늑하게 느껴지는 널방묘실
이 나타난다. 자연 할석으로 널방을 쌓았고 천정은 활 모양으로 만들었다. 즉
굴식 돌방무덤은 널길과 나무 널, 부장품이 안치되는 널방이라는 단순한 구조
로 되어있고 그 외부에 봉분을 조성해 구조상 도굴이 쉽다. 1~5호분은 모두
도굴되어 무덤의 실제 주인과 당시의 문화상을 밝히는 데 어려움이 많다.

송산리 유물관

송산리 고분군

송산리 6호분 사신도

무령왕릉
무령왕릉 내부 재현

충청남도 공주시 금성동 | 041-856-0331
관람료 어른 1500원, 청소년 1000원, 어린이 700원

무령왕릉과 마찬가지로 벽돌무덤인 6호분에는 벽화가 그려져 있다. 그림을 그릴 부분에만 진흙 반죽을 바르고 회를 섞어 사신도四神圖를 그렸다. 무령왕릉은 출토 당시 유물의 배치 상황을 복제품으로 재현했다. 전시관은 출토 유물 복제품과 고분 축조 과정을 담은 디오라마, 전시 설명을 담은 패널로 구성되어 있다.

전시관을 나와 이어지는 길을 따라 북쪽으로 오르면 바로 보이는 대형 고분이 5~6호분과 무령왕릉이고 동북쪽에 1~4호분이 몰려 있다. 1~6호분은 일제 강점기부터 발굴 조사가 실시되었는데, 대부분 도굴당해 남아 있는 부장품이 드물다. 6호분의 사신도 벽화 역시 훼손이 심하다. 5~6호분은 곁에서 보면 봉분이 두 개 있는 것처럼 보인다. 그 때문에 무령왕릉의 존재가 뒤

늦게 알려졌다. 5호분과 6호분은 여름철이면 실내외 온도차로 결로 현상이 발생해 6호분의 사신도 벽화가 심각하게 훼손되곤 했는데, 1971년 여름 장마로 침수 피해가 우려되자 봉분 뒤쪽에 배수구 공사를 하던 중에 무령왕릉이 발견되었다.

무령왕릉은 송산 경사면에 L 자 형 구덩이를 파고 바닥을 편평하게 고른 후 벽돌을 깔고 천장부가 시작되는 높이까지 연꽃무늬를 새긴 벽돌을 쌓아 축조했다. 훼손이 심해 현재는 고분 출입구를 모두 봉해 놓은 상태이다. 그러나 이른 아침이나 해질녘 아기자기한 고분 사이로 난 산책로를 따라 거닐며 붉게 물드는 금강 유역과 공산성 등 공주의 옛 시가지를 굽어보는 기분은 꽤나 상쾌하다.

웅진 백제 시절이 비록 64년이라는 짧은 기간이었다고 해도 이 시기가 백제사에서 의미 없는 시기는 아니었다. 고구려에 쫓겨 피신하듯 웅진으로 수도를 옮겼지만, 이 시기를 거치며 백제의 왕들은 혼란을 수습하고 왕권을 강화할 수 있었다. 이곳에서 중국, 왜와 교류하면서 국력을 착실히 쌓은 덕분에 이후 사비 백제라는 백제 문화의 절정기를 맞이할 수 있었다.

공산성

●

공주 시내에서 한 나라의 수도였던 흔적을 찾아보자면 공산성사적 제12호을 꼽을 수 있다. 공산성은 유유히 흐르는 금강 변에 우뚝 솟은 공산公山과 그 골짜기를 에워싸는 방식으로 지은 포곡식 산성이다. 공산성은 조선 시대에 붙인 이름이고, 백제 때에는 웅진성이라 했다. 백제 시대에는 돌이 아니라 흙을 다져 쌓은 토성이었으나 조선 시대에 석축을 새로 쌓았다. 공산성은 동서로 길고 남북으로 폭이 좁은 형상으로 사방에 석벽이 남아 있다. 전체 길이는 2.45킬로미터이다. 동쪽과 남쪽 성벽은 돌로 쌓았는데 높이가 2.5미터로 전면만 돌을 쌓아 올렸고, 성 안쪽 부분인 내면은 토사와 잡석을 다져 붙였다. 성벽의 너비는 3미터. 그래서 사람들은 성벽을 따라 성밟기를 하곤 한다.

　현재 출입구로 쓰이는 금서루는 공산성의 서문이다. 금서루로 오르는 길에는 공덕비가 쭉 늘어서 있다. 조선 시대 공주에는 충청도 관찰사가 파견됐는데, 여기저기 흩어져 있던 이들의 공덕비를 한데 모았다. 현재의 금서루는 오래전 성안에 도로가 나면서 사라졌던 것을 1993년 복원했다. 금서루를 통과해 북쪽으로 성벽을 따라 오르는 길은 공산성에서 가장 아름다운 길이다. 이 성벽은 백제 시대에 쌓은 토성 앞에 조선 시대에 돌을 쌓아 만들었는데, 아름드리나무와 굽이친 경사로가 어우러져서 걷는 재미가 있다. 특히 해질녘 서쪽으로 지는 해를 바라보며 걸어 오르는 맛이 좋다. 절벽 위에 자리한 북쪽 성벽에 서면 장쾌한 기분이 든다. 일제 강점기에 세운 금강교가 바로 발아래 보이고, 금강 너머로 공주 신시가지가 훤히 보인다.

송산리 고분군에서 바라본 공산성

성벽을 따라 아래로 내려서면 공산성의 북문인 공북루가 나타난다. 조선 시대 사람들은 뱃길로 금강을 건너 공북루를 통과해 성안으로 들어왔다. 성의 남문인 진남루 앞 공터는 백제 시대 궁터로 여겨진다. 그 앞에 조선 시대, 이괄의 난1624을 피해 인조仁祖, 재위 1623~1649가 공산성에 머물다가 평정 소식을 듣고 나무 두 그루에 벼슬을 내렸던 자리라는 쌍수정이 있다. 이 밖에 백제 시대에 조성한 연못과 영은사 등이 남아 있다.

백제 시대에는 이곳에서 전쟁이 벌어진 적이 없지만, 조선 말기 갑오농민전쟁1894 당시 치열한 격전지로, 이곳을 발굴하자 관군의 무기로 쓰이던 대포알 등이 발견되었다. 4~6, 9~10월 주말이면 백제 시대 왕성을 호위하던 수문병 교대식이 금서루에서 진행되니 시간을 맞춰 관람하는 것도 좋다.

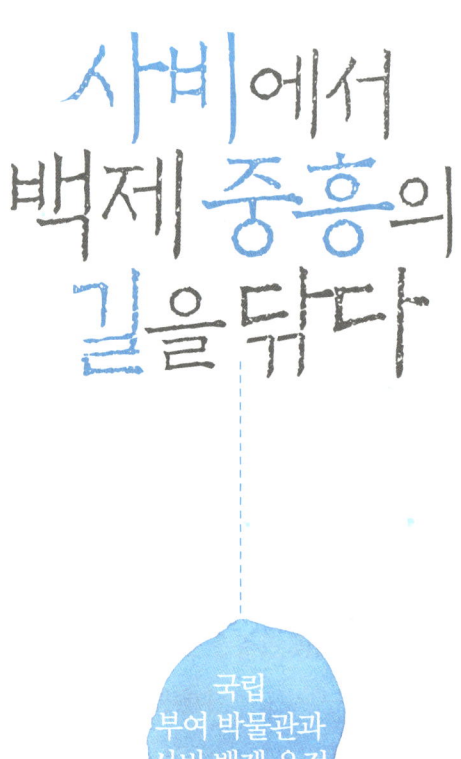

사비에서 백제 중흥의 길을닦다

국립 부여 박물관과 사비 백제 유적

국립 부여 박물관

충청남도 부여군 부여읍 금성로 5(동남리) | 041-833-8562 | http://buyeo.museum.go.kr

관람 시간 매주 화~금 오전 9시~오후 6시
　　　　　토·일·공휴일 오전 9시~오후 7시
　　　　　매년 4월~10월 매주 토요일 오후 9시까지 야간 개장

휴 관 일 매년 1월 1일, 매주 월요일

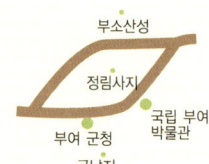

백제 문화 단지
부소산성
정림사지
부여 군청
국립 부여 박물관
궁남지

종종 백제 문화는 앞선 과학 기술과 소박한 미의식으로 요약된다. 이뿐 아니라 백제는 당대의 문화 강국으로서 자국의 선진 기술을 일본과 신라 등에 아낌없이 전파하는 문화 전도사이기도 했다. 신라의 황룡사지 구층 목탑과 불국사의 석가탑, 일본의 아스카지와 호류지의 오층탑은 모두 백제 장인의 손에서 탄생한 걸작이다. 말하자면 백제는 한류韓流의 원조였던 셈이다. 백제의 뛰어난 과학 기술과 수준 높은 미의식, 문화에 대한 자신감은 정치·경제적 안정에서 비롯되었다. 백제는 400여 년간 도읍이었던 한강 유역의 위례성기원전 18~기원후 475을 고구려에 빼앗긴 뒤 금강을 방어선으로 하는 웅진성475~538으로 내려온 뒤, 다시 마지막 왕도인 사비538~660로 수도를 옮겼다. 사비 시대에 이르러서야 비로소 당당하면서도 소박함을 특징으로 하는 백제 문화의 찬란한 꽃을 피울 수 있었다.

　백제 부흥의 기치를 내걸고 성왕成王, 재위 523~554이 질퍽한 습지를 메워 계획 도시 '사비'를 짓고 도읍을 옮긴 것이 538년이다. 사비 천도 이후 백제는 고구려에 맞서 스스로 부여의 계승자임을 자처하며 국호를 '남부여'로 고치고 드넓은 평야와 국제 무역항인 구드래 나루를 바탕으로 번영을 일궈 냈다.

국립 부여 박물관

한강 유역을 회복했고, 660년에 나당 연합군에게 쇠망하기 불과 20여 년 전까지만 하더라도 신라의 성 40여 개를 함락시킬 정도로 강성한 국력을 자랑했다. 그러나 백제는 한순간 맥없이 쓰러졌다.

화려했던 영화를 간직한 백제의 마지막 왕도王都 사비성이 있던 부여는 이제 쓸쓸하기 그지없는 쇠락한 소읍으로 남았을 뿐이다. 그러나 부여 땅 곳곳에 1500여 년 전 문화적 자부심이 충만했던 백제의 중흥기가 희미하게나마 남아 있다.

부여 읍내 한적한 동쪽 산기슭에 자리한 국립 부여 박물관은 사비 백제의 높은 생활 수준과 백제인의 탁월한 미의식, 이를 뒷받침하는 기술력을 살펴볼 수 있는 곳이다. 백제의 고도였던 만큼 박물관의 역사는 꽤 오래된 편이다. 1929년 발족한 부여 고적 보존회가 옛 부여 객사 건물에 백제관百濟館을 세운 것이 국립 부여 박물관의 시초이다. 현재의 국립 부여 박물관은 세 번째로 자리를 옮긴 곳이다.

국립 부여 박물관의 건립과 관련해 유명한 일화가 있다. 1967년 부소산성 아래 옛 백제 왕궁터로 추정되는 곳에 건축가 김수근이 국립 부여 박물관을 설계했지만, 맞배지붕을 강조한 건물 외관이 일본 신사神社의 건물 형태와 비슷하다 하여 이른바 왜색 시비에 휘말렸다. 이후 유물이 늘어나면서 박물관 공간이 비좁아지자 결국 새로 박물관 건물을 짓고 1993년 재개관했다.

박물관 입구 정원의 곰살맞은 석상들이 관람객을 반긴다. 비바람에 얼굴 표정은 닳아 없어졌지만 신비한 미소를 머금은 보살상, 고개를 살짝 비틀고 웃는 거북이 모양의 비석 받침귀부은 짐짓 점잖은 척하면서도 소박하고 위트 넘치는 백제인의 품성을 보여 준다. 박물관 건물은 8각형의 중정을 중심으로 4개 전시실에 선사 시대부터 백제에 이르는 유물 1000여 점을 전시하고 있다.

박물관 정원 석상들

백제의 보물, 백제 금동 대향로

●

국립 부여 박물관을 찾아야 하는 단 하나의 이유가 있다면, 그거 바로 백제 금동 대향로국보 제287호, 높이 61.8센티미터, 무게 11.85킬로그램 때문이다. 용이 입을 벌려 향로를 떠받치고 있는, 백제 금동 대향로의 형상은 중국 동쪽 바다 가운데 불로장생하는 선인이 산다는 박산博山에서 따왔다. 그러나 중국의 박산향로를 그대로 받아들인 것이 아니라, 여기에 백제만의 안목과 솜씨를 덧입힌 명품이다.

자세히 향로의 외형을 살펴보자. 향로를 떠받치고 있는 용의 입김에서 향로의 몸통인 연꽃이 피어나고, 그 위에 향로의 뚜껑 기능을 하는 박산이 있다. 첩첩히 솟아오른 박산 봉우리 위에 사람과 각종 동식물이 자리한다. 몸통 부분은 연꽃잎 위에 돋을새김 기법으로 동물과 사람을 새겼다. 향로의 손잡이에 해당하는 뚜껑 맨 윗부분에는 봉황을 앉혔다. 날개를 펼치고 꼬리를 치켜세운 봉황은 부리 아래에 여의주까지 품고 있다. 신묘한 영물인 데다 강력한 권위의 상징인 용과 봉황이 향로 하나에 뒤섞여 있는 것만 봐도 예사 향로가 아님을 알 수 있다.

생기 넘치는 표현, 빼어난 솜씨에 백제인의 세계관까지 담겨 있다. 향로 뚜껑의 봉황은 천상의 세계와 지상의 세계를 연결하는 중개자이다. 동시에 향로 뚜껑은 지상의 세계를, 밑받침은 수중 세계를 표현한다. 종교적 측면에서는 불교적 세계관과 도교적 세계관이 뒤섞여 있다. 뚜껑의 박산은 백제인이 이상향으로 여긴 도교적 세계관을 반영한다. 한데 이 박산이 자리한 곳이 바

봉황 아래에는
음악을 연주하는
다섯 명의 악사

74개의
산봉우리가
중첩된 박산

밑받침에는
물고기, 황새,
악어 등 물과
관련된 동물과
사람이 배치

백제 금동 대향로

로 연꽃잎이다. 연꽃은 불교에서 우주 만물이 태어나는 곳이다. 또한 연꽃과 박산은 각각 5단으로 구성되어 있는데, 이는 음양오행 사상을 반영한 것으로 볼 수 있다.

향로의 세부는 정교하기 짝이 없다. 봉황 아래에는 음악을 연주하는 다섯 명의 악사가 배치되어 있는데, 이들은 각각 비파와 피리, 퉁소, 거문고, 북을 연주한다. 그 아래에는 74개의 산봉우리가 중첩된 형태로 새겨져 있고 산봉우리마다 말 탄 사람과 지팡이를 짚고 있는 사람 등 12명의 인물과 원숭이, 코끼리, 해태 등 상서로운 동물 40여 마리가 새겨져 있다. 밑받침에는 물고기, 황새, 악어 등 물과 관련된 동물과 사람이 배치되어 있다. 금동 대향로는 실제로 향을 피우는 데 사용했던 것으로 보인다. 내부에 향을 피우면 연기가 나오도록 봉황의 가슴과 향로 뚜껑의 산봉우리 등 10곳에 구멍이 뚫려 있다.

백제 금동 대향로는 정치·경제적으로도 안정기를 구가
하던 백제가 이룬 문화 예술 및 과학 기술의 경지를 보여
준다. 6~7세기 제작된 것으로 추정되는 향로를 만드는 데
에는 여러 분야의 전문적인 장인이 동원됐다. 먼저 밀랍으
로 정교하게 향로의 형태를 새기고, 새기기 힘들거나 미세
한 부분은 따로 조각해 몸통에 결합한 뒤 거푸집을 만들고,
그 위에 구리와 주석을 합금한 청동 쇳물을 부어 세부를 다

창왕명 석조 사리감

시 다듬고 금가루와 수은을 섞어 도금하는 등 복잡한 공정을 거쳤다.

백제 금동 대향로는 1993년 12월 부여 능산리 고분군 인근에 자리한 절터
에서 발굴되었다. 2년 후 이 절터의 목탑 자리에서는 백제 창왕명 석조 사리
감국보 제288호이 나왔다. 화강암을 아치 모양으로 쪼아 만들었는데, 사리감 좌
우에는 "백제 창왕 13년567 공주가 사리를 공양했다百濟昌王十三季太歲在 丁亥妹口
公主供養舍利."라는 명문이 새겨져 있다. 신라와의 전투에서 성왕은 살해당하고
가까스로 살아 돌아온 아들 창왕, 곧 위덕왕威德王, 재위 554~598이 아버지의 명
복을 빌며 능사陵寺를 세웠고, 그의 누이인 매형 공주가 이 사리감을 조성했던
것이다.

그렇다면 능사 터에서 같이 발견된 백제 금동 대향로는 성왕의 제사를 지
내려고 만들어진 것이 아닐까? 그렇기에 당대 최고의 기술을 지닌 장인을 동
원하고 그 결과 이토록 예술성이 빼어난 백제 금동 대향로가 탄생할 수 있었
던 게 아닐까? 이렇게 유물은 역사의 맥락 속에 위치할 때 비로소 그 가치가
드러난다.

백제의 디자인 정신을 보여 주는
전돌과 와당

백제는 전돌과 와당의 나라이다. 전돌은 벽돌의 일종으로 정사각형 또는 직사각형 형태를 띤다. 와당은 기와의 마구리로 쓰이는 건축 부재로 수막새라고도 부른다. 둘 다 가마에서 흙을 구워 만들었으며, 궁궐과 사원, 귀족의 저택 등을 짓는 데 사용되었다. 삼국 중 백제는 특히 전돌과 와당 문화가 발달했다. 백제는 고구려나 신라에 비해 앞서 벽돌을 제작했다. 중국과 교류가 잦았던 백제는 중국 남조 양나라의 벽돌 제조 기술을 일찌감치 받아들였다. 사실 벽돌은 한반도보다 중국에서 더 자주 쓰인 건축 재료였다. 중국인들은 벽돌로 탑을 만들고 무덤을 만들고 집을 지었다. 공주 송산리 6호분에서 출토된 전돌 중에는 "양나라 관청의 기와를 본보기로 삼았다梁官瓦爲師矣."라는 명문이 새겨져 있다.

무령왕릉은 전돌을 쌓아 만든 무덤이며, 한성과 웅진, 사비 등 백제의 옛 수도에서는 상당한 양의 와당이 나왔다. 무늬가 없는 전돌이 대부분이지만 장식용 그림을 새긴 화문전畫紋塼도 꽤 많다. 전돌과 와당을 제작하는 데에는 고도의 도기 제작 기술이 필요하다. 그래서 백제에는 기와 전문가인 와박사가 있었다. 와박사는 기와와 벽돌 등에 공예 조각을 전문으로 하는 기술자다. 와박사는 신라의 황룡사 건축을 도맡은 아비지를 따라 신라에 가서 기와와 전돌을 구워 주기도 하고, 아스카 시대6세기 후반~7세기 전반에 일본으로 건너가 전돌과 와당 제작 기법을 전해 주기도 했다. 이 때문에 신라와 일본 아스카 시대의 전돌과 와당에는 백제의 분위기가 강하게 남아 있다.

백제의 기와에는 구운 지역과 연도, 이름 등 문자가 새겨져 있다. 일종의 제작 실명제로 장인이 만든 기와를 와박사가 철저히 검수했다. 백제의 벽돌은 일상에 스며든 백제의 미의식을 가감 없이 보여 주는 대표적인 유물이기도 하다. 발굴된 와전을 살펴보면 연꽃무늬, 봉황 무늬, 산수 무늬, 도깨비 얼굴 무늬, 소용돌이무늬, 기하학적 무늬 등 모티프가 다양하다. 그런데 이 모티프는 한성 백제 때부터 기원하지만, 같은 연꽃무늬 와당이라 하더라도 시대에 따라 조금씩 디자인에 차이가 있다. 한성 시대의 기와는 투박하고 추상적이며, 웅진 시대를 거쳐 사비 시대에 이를수록 더욱 부드럽고 우아하다. 사비 시대의 연꽃무늬 와당은 그 형태가 10여 가지에 이를 정도로 다양해졌다. 또 양감이 넘치는 연꽃잎의 끝을 살짝 안팎으로 반전시키고 한가운데에 연꽃 씨를 사실감 있게 묘사하는 등 세부 묘사에 신경을 썼다. 과연 '맵시'가 살아 있는 백제인의 솜씨구나 싶다.

호자와 불상들

•

남녀노소를 막론하고 관람객의 눈길과 웃음을 유발하는 유물이 있다. 바로 호자虎子이다. 호랑이의 몸통에 머리 부분만 빈 채로 놔둔 형태가 익살맞은 데다 그 용도 또한 박물관에서 쉽사리 보기 어려운 것이라 그럴 게다. 호자는 백제 시대 남자의 소변기로 그 형태나 용도를 놓고 보면 볼수록 백제인은 참

부여 규암리 출토 금동 관음보살 입상

군수리 출토
금동 관음보살 입상

호자

납석제 석조 여래 좌상

으로 익살맞고 유머가 넘치는 이들이었다는 생각이 끊이지 않는다.

소박한 미소, 친근한 인상의 백제 불상도 놓칠 수 없다. 대부분 길이 10센티미터 내외의 작은 소형 불상으로, 승려들이 몸에 지니고 다니면서 부처의 가르침을 되새기고 전하는 데 쓰였다. 부여 군수리 절터에서 출토된 납석제 석조 여래 좌상보물 제329호, 높이 13.5센티미터은 살짝 고개를 갸우뚱거린 채 입가에 미소를 머금고 있으며, 같은 데서 출토된 금동 보살 입상보물 제330호, 높이 21.1센티미터은 지그시 감은 눈과 입가의 미소가 일품이다.

부여 규암리에서 출토된 금동 관음보살 입상국보 제293호, 높이 21.2센티미터도 마찬가지다. 늘씬한 체형에 무릎 아래까지 길게 내려오는 영락 장식을 하고 손에는 보주를 들고 있는데, 눈매와 입매가 서산 마애 삼존불국보 제84호, 높이 280센티미터처럼 친근하고 소박하다. 이들 백제 불상에서 느껴지는 친근함과 소박한 아름다움, 그것은 바로 사비 백제 사람들이 추구하던 아름다움일 것이다.

예술은 언제나 시대를 반영한다. 시대가 혼란하면 다채로운 양식이 공존하고, 안정되면 완숙한 문화의 경지를 이룬다. 사비 천도 이후 백제 부흥의 과업을 이룬 백제의 당당한 자신감은 일상 용품과 왕실 의례 용품, 불교 미술품 등 다방면에 반영되었다. 그러나 백제 부흥의 영광은 오래 가지 못했다. 의자왕의 실정과 나당 연합군의 협공으로 백제는 멸망했다. 그러나 소박하고 단아한 백제의 미의식은 통일 신라에 흡수되어 완벽한 비례와 균형을 자랑하는 통일 신라의 일상 용품과 불교 미술품에 면면이 이어져 내려온다.

부소산성과 궁남지, 정림사지, 능산리 고분군 등의 유적은 사비 천도 후 태평성대를 구가하던 백제의 일면을 확인할 수 있는 곳이다. 현재 부여에 남아 있는 백제의 유적지는 금강 이남에 몰려 있다. 국립 부여 박물관을 비롯해 현존하는 백제 시대의 유적이 부여읍 구시가지에 몰려 있는데, 읍내 자체가 직경 1킬로미터도 안 될 정도로 규모가 작아서 읍내에 위치한 유적지들은 길어 봤자 20여 분 정도면 서로 닿는다.

하게 둘러보면 좋아요

부소산성

위례성, 웅진성도 마찬가지지만 백제는 늘 강을 천연의 방어선으로 삼았다. S 자로 굽은 금강 변에 세운 부소산성은 산성 남쪽 기슭에 자리했던 왕궁의 방어를 위해 지어졌다. 부소산성은 숱한 유적도 유적이거니와 부여 읍내와 금강 변을 한눈에 조망하기 좋다. 부여의 8경 백제탑의 저녁노을, 수북정에서 바라보는 백마강의 아지랑이, 고란사의 풍경 소리, 부소산에 내리는 부슬비, 낙화암의 소쩍새, 백마강에 고요히 잠긴 달빛, 구룡 평야에 내려앉은 기러기 떼, 규암 나루에 들어오는 돛단배을 모두 볼 수 있는 부소산은 실은 해발 106미터의 나지막한 구릉이다.

부소산성은 성왕이 사비로 천도한 538년 무렵에 완성된 것으로 보이지만, 선대왕인 동성왕과 후대 무왕 때 다시 고쳐 쌓았다. 성의 둘레는 2495미터이고 군창지와 영일루 사이에 테뫼식으로 지은 산성이 840미터 정도 남아 있다. 성곽은 흙과 돌을 섞어 일일이 사람이 누르고 밟아 다져 축조했다. 테뫼식은 산봉우리를 중심으로 주변을 둘러싸는 방식인데, 부소산성은 테뫼식 산

낙화암에서 바라본 금강

부소산성

충청남도 부여군 부여읍 관북리 | 041-835-3006
관람료 2000원

백제의 세 충신을 모신 삼충사

성을 먼저 쌓은 다음에 주변 계곡을 포함하여 포곡식으로 다시 성을 둘렀다. 테뫼식 산성과 포곡식 산성이 만나는 등성이에 있는 누각이 바로 반월루이다.

부소산성에는 백제의 세 충신인 성충, 홍수, 계백의 위패를 봉안한 삼충사와 백제 군대의 곡식 창고로 일제 강점기에 불에 탄 쌀이 발견된 군창지, 백제의 귀족과 왕이 떠오르는 해를 맞이하며 하루 일과를 계획했다는 영일루가 있다. 좀 더 걸어 올라가면, 부소산 정상에 백제의 왕과 귀족이 하루의 국정을 되돌아보고 밤하늘의 달을 봤다는 송월대가 있는데, 이 자리에는 일제 강점기에 지은 누각인 사자루가 서 있다.

백마강이 내려다보이는 백화정 아래로는 삼천 궁녀 설화의 무대가 된 낙화암이 있고, 산길을 따라 내려가면 고란사가 있다. 부소산성은 백화정~고란사 구간을 빼고는 경사가 완만해 천천히 산책하기에 안성맞춤이다. 한 번 마시면 3년이 젊어진다는 고란사 약수도 마시고, 백화정에서 잠시 땀도 식혀 가며 천천히 산성을 돌아보는 데 2시간 남짓 소요된다. 구드래 나루에서 유람선을 타고 고란사 아래 선착장에서 내린 뒤 산성을 돌아보고 나오는 방법도 있다.

정림사지 오층 석탑과
정림사지 박물관

정림사지는 국립 부여 박물관과 지척으로 부여 읍내 한복판에 있다. 정림사지 오층 석탑국보 제9호은 익산 미륵사지 석탑과 함께 백제 시대를 대표하는 석탑이다. 탑은 늘씬한 동시에 아담하다는 인상을 풍기지만, 실제 탑의 높이는 8.33미터에 이를 정도로 거대하다. 거대한 몸집임에도 멀리서 보면 날렵하고 소박하다는 인상을 주는 이유는 정림사지 오층 석탑이 목탑의 흔적을 간직하고 있어서다.

재료는 언제나 형태에 영향을 미친다. 중국의 영향을 받아 나무로 탑을 만들던 백제의 장인은 이 석탑에 이르러서는 단단한 화강암을 어떻게 다뤄야 경쾌하면서도 장중한 목탑의 느낌을 주는지 깨달았던 것 같다. 전북 익산의 미륵사지 석탑 역시 목탑을 모방해 만들었지만 육중하고 장식적인 느낌인 데 반해, 정림사지 석탑은 한결 정돈된 느낌이다. 그 때문에 정림사지 석탑은 미륵사지 석탑보다 후대, 즉 사비 천도 이후부터 백제 멸망 이전 사이에 조성된 것으로 여겨진다. 돌을 쪼아 만들었는데도 날렵하고 경쾌한 느낌을 주는 탑의 비밀은 바로 지붕돌 모서리에 있다. 몸돌 위로 켜켜이 얹은 얇고 평평한 지붕돌의 모서리 끝을 하늘을 향해 들어 올린 형태로 반전시킨 뒤 둥글게 다듬었다. 몸돌에서 1층 지붕돌로 옮겨 가면서 높이를 반으로 줄인 뒤 지붕돌의 너비도 조금씩 줄였다. 이렇게 해서 전체적으로 늘씬하면서도 가벼운 느낌을 풍기게 됐다.

정림사지 박물관

충청남도 부여군 부여읍 동남리 정림사지길 36 | 041-832-2721 | http://www.jeongnimsaji.or.kr
관람 시간 10~3월 오전 10시~오후 5시 4~9월 오전 9시~오후 7시
휴 관 일 매주 월요일
관 람 료 어린이 700원, 성인 1500원

흔히 구할 수 있는 돌로, 목탑의 형태미를 구현한 제장 방식은 곧 수도 인근 지역으로 퍼져나갔다. 서천의 비인 오층 석탑, 부여 외산면의 무량사탑, 서산 보원사지 오층 석탑 등은 정림사지 오층 석탑과 양식적으로 유사하다. 사계절이 뚜렷한 한반도에서는 돌이 내구성이 더 좋고 구하기도 쉬워 나무 대

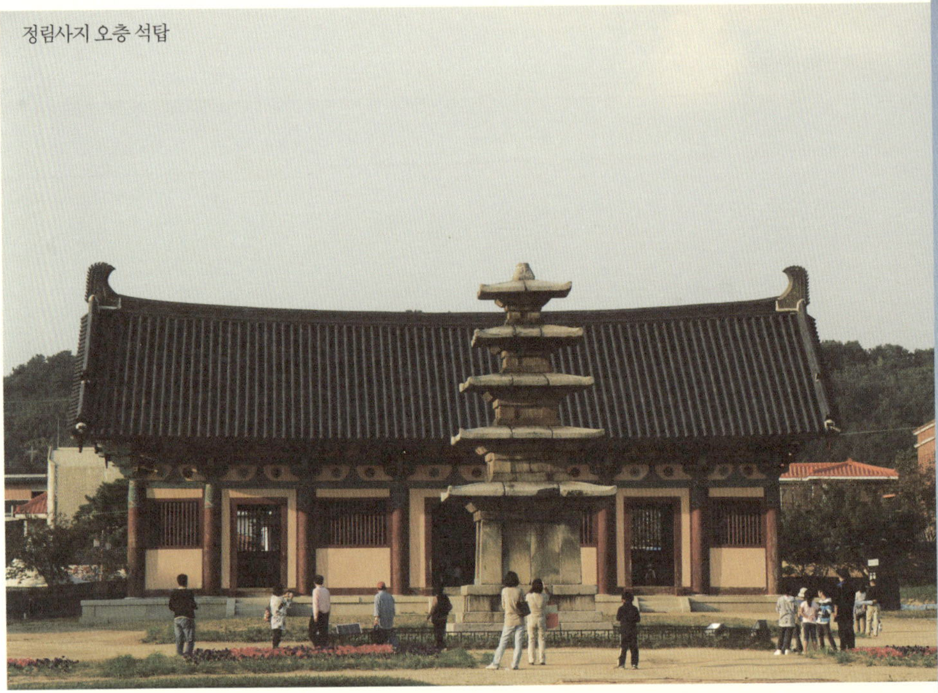

정림사지 오층 석탑

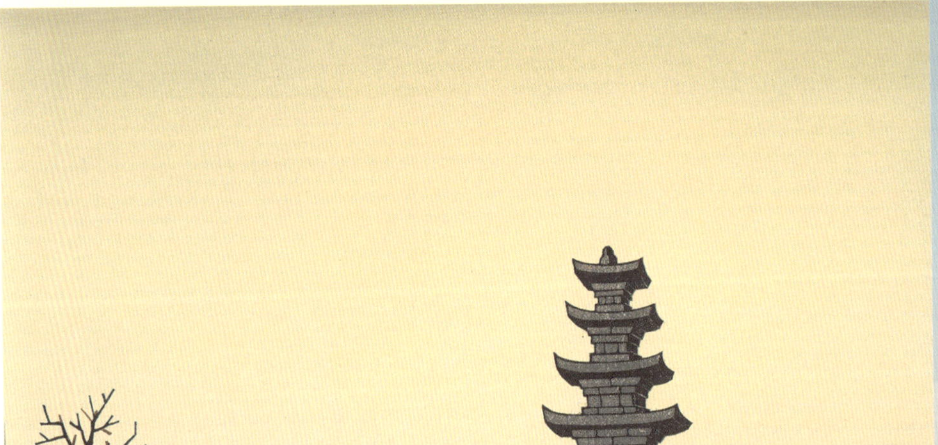

히라쓰카 운이치가 정림사지 오층 석탑을 묘사한 채색 판화 〈백제의 옛 수도〉.

하늘 위로 날렵하게 올라간 지붕돌 모서리가 경쾌한 느낌을 준다.
정림사지 오층 석탑 몸돌에는 당나라의 장군 소정방(蘇定方)이 백
제를 평정하고서 새긴 비문이 새겨져 있어 한때 백제의 정벌을 기
념한 '평제탑'으로 잘못 불리기도 했다.

신 탑을 만드는 재료로 자리 잡게 되었다. 탑을 돌로 만드는 첫 번째 혁신은 바로 실험 정신과 실용 정신이 투철한 백제 장인에게서 나타났다. 이들의 실용 정신과 돌을 나무 다루듯 주물렀던 솜씨와 예술성은 과연 신라와 일본이 탐낼 만했다.

정림사지는 입구에 동서로 판 작은 연못이 있고, 그 너머로 중문, 오층 석탑, 금당과 강당이 일렬로 배치된 1탑 1금당의 구조를 갖추고 있다. 규모나 위치로 보아 백제 시대 왕실 사찰의 기능을 담당했던 것으로 여겨진다. 정림사지는 백제 시대의 불교문화에 대해 많은 이야기를 들려준다. 2006년 개관한 정림사지 박물관은 지속적인 발굴 작업을 통해 출토된 유물을 바탕으로 한반도로의 불교 전파와 백제의 불교 수용, 석탑과 사찰의 건축, 백제의 장인 등 백제 문화의 여러 측면을 조명하고 있다. 백제 시대의 건축물에서 착안한 단아한 외관과 내부의 다채로운 공간 구성도 눈길을 끈다.

개인적으로 정림사지 하면, 대학 시절 여름방학을 맞아 친구들과 부여 답사를 나섰던 기억이 난다. 당시엔 발굴이 벌어지고 있어서 주변이 어수선했던 데다 빈터에 탑만 덩그러니 놓인 정림사지가 시시하다 생각했다. 한낮 작열하는 태양에 입구에서 오층 석탑까지 걸어갈 엄두가 나질 않아 담장 너머로 흘깃 오층 석탑을 훔쳐만 보고 자리를 떴다.

몇 년 전 20세기 초에 활동한 일본의 판화가 히라쓰카 운이치의 〈백제의 옛 수도〉1939, 국립 중앙 박물관 소장를 보고 나니 '한낮이 아니라 해질녘이었다면 달라질 수도 있겠다.'라는 생각이 들었다. 히라쓰카의 판화는 해질녘 땅거미가 드리운 가을날, 나뭇짐을 진 일꾼이 정림사지 오층 석탑을 막 지나쳐 들판을 거니는 모습을 묘사하고 있다. 한낮의 절터는 그다지 운치 없다는 것을 그땐 몰랐다. 해가 언제, 어떻게 비치느냐에 따라 석불과 석탑, 절터의 표정이 달라진다는 것을 알게 된 것은 그 이후다. 빛에 따라 이들은 그 표정을 드러내기도 하고 감추기도 한다.

정림사지 석불 좌상

정림사지는 한낮보다 해질녘이 좀 더 운치 있다. 오층 석탑도 그렇거니와 강당터에 세운 전각 안에 모신 고려 시대의 석불 좌상 보물 제108호, 높이 5.62미터에도 그 무렵이 되면 살짝 해가 비쳐든다. 비록 몸체는 심하게 닳아 없어졌지만 연꽃 대좌에는 정림사의 이름이 선명하게 새겨져 있다. 보관을 쓰고 있는 석불은 둥글넓적한 얼굴에 선묘로 새긴 이목구비만 남아 있는데, 동네 어귀 어디에서나 마주칠 법한 넉넉한 할아버지 같은 인상이다.

궁남지

●

무왕의 탄생 설화가 서린 궁남지는 현존하는 우리나라 최고最古의 인공 연못이다. 《삼국사기》에는 백제 무왕 35년634에 조성되었으며, "3월에 궁 남쪽에 못을 파고 20여 리나 먼 곳에서 물을 끌어들이고 못 언덕에는 수양버들을 심고 못 가운데는 섬을 만들었는데 방장선산方杖仙山을 모방했다."라고 기록되어 있다.

연못 한가운데 작은 섬이 있고 그 안에 누각 포룡정이 자리하며 연못가에는 버드나무가 심겨 있다. 연못 동쪽에서 주춧돌과 기와 조각이 출토되어 궁남지는 백제 별궁에 부속된 정원이었던 것으로 여겨진다. 연지의 면적만 13

궁남지 충청남도 부여군 부여읍 동남리 117 | 041-830-2512 | **관 람 료** 무료

만 제곱미터로 궁남지의 물은 능산리 동쪽 산골짜기에서 끌어왔다고 하는데, 매년 7월 중순이면 수만 송이 연꽃이 궁남지를 가득 채운다. 공원으로 조성되어 일반에 개방되어 있으며 정림사지, 국립 부여 박물관과 지척이다.

백제 문화 단지

2010년 9월 세계 대백제전이 개막하면서 문을 연 이곳은 1994년부터 무려 17년간의 준비 끝에 탄생한 역사 테마파크이다. 규모는 329만 제곱미터로 공사비만 국비와 지방비, 민자 등 총 6904억 원이 투입되었다. 백제 문화 단지 축조의 역사는 단지 초입에 들어선 백제 역사 문화관에서 확인할 수 있다. 백제의 역사는 사실 고대사에 속하기 때문에 당시의 생활 문화는 현대인의 눈에 명쾌하게 그려지지 않는다. 역사 문화 단지에 복원된 위례성과 사비궁, 생활 문화 마을은 백제인의 주거 양식을 눈앞에 사실적으로 재현한다는 점에서 둘러볼 필요가 있지만, 정확한 고증 여부가 문제시된다. 백제 문화 단지를 돌아보는 데에는 대략 1~2시간이 소요된다.

입구의 정양문을 통과하면 위풍당당한 위용을 자랑하는 사비궁이 보인다. 우리나라의 삼국 시대 왕궁 중 처음으로 복원된 사비궁은 중앙의 중궁전을 기준으로 동궁전과 서궁전으로 구성되어 있다. 동서의 궁전은 또한 외전과 내전으로 구성되어 있다. 사비궁 중앙의 천정전天政殿은 국가 의식과 외국 사신을 맞이하는 용도로 사용된 2층 규모의 전각이다. 동궁전은 왕이 평소 집무

백제 문화 단지

충청남도 부여군 규암면 백제문로 455 | 041-830-3400 | www.bhm.or.kr
관람 시간 3~10월 : 오전 9시~오후 6시, 11~2월: 오전 9시~오후 5시
휴 관 일 매주 월요일
관 람 료 성인 4000원, 청소년 3000원, 어린이 2000원 | 백제 역사 문화관 관람료 1500원

를 보는 문사전文思殿과 신하들의 집무 공간인 연영전延英殿으로 구성되어 있다. 서궁전에는 무관의 집무 공간인 무덕전武德殿과 외전인 인덕전麟德殿을 재현했다. 사비궁은 이들 전각을 포함해 총 14개 동으로 구성되어 있다.

사비궁의 우측에는 성왕의 명복을 빌고자 지은 왕실 사찰인 능사陵寺가 있다. 능사는 능산리 사찰 유적의 원형을 토대로 기둥과 기둥, 건물 간의 간격을 실제 비율로 복원했다. 국립 부여 박물관에 전시 중인 창왕명 석조 사리감이 바로 능산리 사찰 유적지에 있던 목탑의 심초석에서 발견됐다. 능사는 백제 시대의 가람 배치를 따라 중문-탑-금당-강당을 일직선으로 배치했다. 능사 안에는 국내 최초로 백제 시대의 목탑이 재현돼 있는데 높이가 38미터에 달한다. 능사 대웅전에는 목조로 새긴 삼존불을 모셨다.

능사 강당을 지나 북쪽으로 향하면 백제 시대의 묘제를 한자리에 모은 고분 공원이 있다. 문화 단지를 조성하면서 출토된 석실분 총 7기를 이전·복원한 것. 모두 사비 시대 귀족 계층의 무덤이며, 앞트기식 돌덧널무덤 1기를 빼고는 모두 굴식 돌방무덤 형태이다. 굴식 돌방무덤은 입구에 작은 통로를 내서 시신을 무덤 속으로 넣을 수 있게 만들었다.

고분 공원을 지나면 사비궁이 한눈에 들어오는 언덕 위에 누각 제향루가 있다. 그 너머에 한성 백제의 위례성과 사비 백제 시대 민간의 생활 공간을 재현한 생활 문화 마을이 있는데, 움집부터 초가를 얹은 흙집, 기와와 온돌을 깐 기와집까지 시대와 계층에 따라 다양한 백제의 주거 양식을 재현해 놓았다.

부여는 공주와 가깝다. 두 곳을 잇는 버스 편도 잦다. 자동차를 이용하면 40분가량 소요된다. 두 곳을 연계하면 훌륭한 1박 2일 코스가 된다. 웅진 시대의 백제와 사비 시대의 백제가 어떻게 다르고 비슷한지 비교해 보는 것도 공주와 부여를 즐기는 한 방법이겠다. 좀 더 여유가 있다면, 산세가 수려한 계룡산 자락에 들어선 절인 마곡사와 갑사 등에서 운영하는 템플스테이를 해 보거나, 부여군 외산면에 자리한 무량사지와 그 너머 보령시 성주면의 성주사지를 함께 돌아봐도 좋다.

치열한 삼국의 패권 다툼의 현장, 중원을 찾아서

국립 청주 박물관과 청주 일대 유적

국립 청주 박물관

충청북도 청주시 상당구 명암로 143 | 043-229-6300 | http://cheongju.museum.go.kr
관람 시간 매주 화~금 오전 9시~오후 6시
　　　　　토 · 일 · 공휴일 오전 9시~오후 7시
　　　　　매년 4월~10월 매주 토요일 오후 9시까지 야간 개장
휴 관 일 매년 1월 1일, 매주 월요일

청주 고인쇄
박물관
청주시청

국립 청주
박물관

• 상당 산성

초등학교 시절 좋아하던 책 중 하나는 바로 동화책도 위인전도 아닌 《사회과 부도》였다. 낯선 도시, 낯선 나라의 이름이 가득한 지도와 그곳에 사는 사람들, 기후, 특산물 등의 정보가 빼곡한 《사회과 부도》는 어떤 교과서보다, 쥘 베른의 《80일간의 세계 일주》보다 흥미진진했다. 심심할 때면 친구들과 책 속 세계지도를 펼쳐 놓고 누가 가장 빨리 지도에서 도시를 찾아내는가 하는 내기도 즐겼다.

《사회과 부도》에 실린 지도를 통해 우리나라와 세계에 대해 관심을 갖게 되었지만 동시에 풀리지 않는 의문도 있었다. 그중 하나가 바로 충청남도와 충청북도라는 행정구역 명이었다. 전라도와 경상도는 모두 남북으로 구분해 전라북도와 전라남도, 경상북도와 경상남도로 부르는데 왜 충청남도와 충청북도는 동서로 붙어 있는데도 '남북'이란 방위를 붙였을까? 의문점이 해결된 것은 한참 후였다. 조선 왕조는 건국 후 전국을 8도로 나누고 이를 좌우또는동서 방향으로 나눠 불렀다. 경상좌도와 경상우도, 전라좌도와 전라우도, 충청좌도와 충청우도 식으로 말이다. 좌우의 기준점은 임금이 있는 한양이었다. 그래서 조선 시대에 제작된 지도의 좌우는 4방위에 따라 제작된 현대식 지도와 달리 좌우 방향이 바뀌어 있다. 8도가 좀 더 분할된 것은 1896년이다. 청일전쟁에서 승리한 일본이 내정 간섭을 하며 전국을 8도에서 13도로 세분했다. 그때 좌우 대신 남북으로 나눠 이름을 붙였다. 대세가 이러하니 동서로 긴 충청도마저도 남북의 방위를 붙여 행정구역명이 정해졌다.

충청남도의 동쪽에 있지만 충청북도로 불리는 이 땅은, 한반도에서 유일하게 바다와 접하지 않은 내륙도이다. 음식도, 말투도 평범하다. 그래서 외지인들에게 충북은 특색 없고 심심한 땅으로 느껴진다. 하지만 충북은 삼국 시대에 치열한 격전이 치러진 한반도의 중원中原이다. 비옥한 남한강 유역을 끼고 있고, 동서남북 어느 곳으로도 진출하기 유리한 지정학적 위치 때문이었다. 고구려와 백제, 신라는 중원을 차지하려고 서로 앞서거니 뒤서거니 하며 세력을 다퉜다. 중원을 차지했을 때 나라는 제일 강성했다. 치열했던 격전의 현장은 사라졌지만 그 흔적은 충북 땅 곳곳에 남아 있다.

박물관에 꼭 유물을 보려고 가는 건 아니다. 때로는 유리 전시관 속 유물보다 잘 지은 박물관 건물이, 박물관이 들어앉은 자연환경이 감동을 준다. 어느 계절에 방문하느냐에 따라 박물관의 인상은 또 달라진다. 이 책에서 소개하는 열두 곳의 국립 박물관 중에서 개인적으로 공간 구성이 가장 재미나고, 계절에 따라 다른 인상을 주는 곳은 국립 청주 박물관이라 생각한다.

1967년 국립 부여 박물관 건물의 왜색 시비가 일어난 뒤 한국 전통 건축의 재해석은 한국 건축계의 화두였다. 1987년 충북 청주시 우암산 기슭에 세워진 국립 청주 박물관은 건축가 김수근이 지은 국립 박물관 중에서 가장 늦게

완공되었다. 국립 청주 박물관은 국립 부여 박물관과 국립 진주 박물관을 설
계한 이후 김수근이 찾아낸 '전통의 창조적인 계승'에 대한 답안이다. 그 답
안은 건물 완공 30여 년이 되어 가지만 지금 봐도 어색하거나 촌스럽지 않다.

국립 청주 박물관 건물의 포인트는 선線이다. 가파른 산기슭에 들어앉았지
만 진입로의 경사를 완만하게 설계해 안온한 느낌을 줬고, 박물관 건물 외벽
은 노출 콘크리트에 가로로 긴 줄눈을 넣어 선의 느낌을 살렸다. 이 아름다운
건물 벽에 담쟁이가 자란다. 한여름 짙푸른 담쟁이 잎이 건물을 덮고 있는 모
습도, 가을날 담쟁이 벽이 붉게 물든 모습도 아름답다. 건물 단면 역시 가로로
긴 직사각형이다. 평면도를 그려 보면 가운데 중정마당을 중심으로 직사각형

여러 개가 맞붙은 형상이다. 전시실과 전시실 사이를 잇는 통로 밖에는 장독대와 석상을 배치한 중정과 맞은편 산자락이 보여 전시를 관람하며 생기는 피로감을 풀어 준다. 박물관은 2011년에 재단장해 선사 문화실, 고대 문화실, 고려 불교문화실, 조선 유교문화실 등 4개 전시실에 유물 2300여 점을 전시하고 있다.

백제 유민이 남긴 불비상

·

고려 불교문화실 입구에는 단독으로 전시된 조그만 조각상이 하나 있다. 바로 국립 청주 박물관의 대표 유물인 계유명 전시 아미타불 삼존 석상_{이하 계유명 불비상, 국보 제106호, 높이 42.5센티미터}이다. 불상과 비석이 합쳐진 형태로 합쳐서 불비상佛碑像으로 불리는데 우리나라에서는 옛 백제 땅인 세종시 일대에서만 출토된다. 불비상은 중국에서 크게 유행한 양식이다. 중국 남북조 시대부터 시작해 당나라까지 유행했는데, 석회암이나 대리석을 재료로 해 불상과 발원문을 함께 새겨 넣었다.

계유명 불비상은 무른 납석蠟石에 새겨 마모가 심하지만 조각이 매우 정교하고 섬세하다. 특히 돋을새김 기법으로 입체감이 강한 것이 특징이다. 정면에는 대형 광배 아래 서방 극락정토를 주재하는 아미타불과 좌우에 협시 보살과 인왕상을 배치했다. 보살과 인왕 사이로 나한들이 얼굴을 비죽 내밀고

계유명 불비상 왼쪽   계유명 불비상 앞   계유명 불비상 오른쪽   계유명 불비상 뒤

있다. 불행히도 삼존불과 나한, 인왕의 얼굴은 모두 훼손되었다. 아미타불의 하단 연꽃 대좌 좌우에는 사자를 새겨 넣었으며, 그 아래에는 연꽃잎이 새겨져 있다.

이중 광배가 매우 섬세하게 표현되었다. 부처의 머리 광배와 마주 붙은 안쪽 광배는 구슬로 테두리를 두르고 불꽃무늬와 작은 부처인 화불化佛을 새겼다. 바깥쪽 광배에는 작은 비천상 아홉 구를 새기고, 광배 밖 좌우 자투리 공간에도 인동무늬와 탑을 바치고 있는 비천飛天을 새겼다. 뒷면에는 작은 부처를 다섯 구씩 4단으로 반복 배치했다. 좌우 측면에는 입을 벌린 용의 머리 위에 상하 2단으로 각 단마다 악기를 연주하는 천인天人 두 구를 새겼다.

정면 하단의 글귀는 일부 훼손되었지만, "계유년673 4월 15일에 내말 전 씨 등 50인이 국왕, 대신 및 7세 부모를 위해 아미타, 관음, 대세지 상을 만들었

한가운데 아미타불을 중심으로 여러 불보살들이 배치된 기축명 아미타 불비상.

다."라는 내용이 남아 있다. 불비상을 조성한 발원자의 이름은 측면 바탕과 뒷면의 화불 사이에 새겨져 있는데, 전 씨를 비롯해 달솔達率 진차원眞次願, 진무眞武 대사, 목木 대사, 상차 내말乃末 등의 이름이 보인다. 전씨, 진씨, 목씨 등은 백제의 지배 계급에 해당하는 씨족이다. 주목할 것은 백제의 성씨와 백제의 관직명 및 신라의 관직명이 동시에 등장한다는 점이다. 달솔은 백제의 관직명이고, 대사大舍와 내말은 신라의 관직명이다. 불비상이 조성된 계유년673은 신라 문무왕 13년으로, 백제가 신라에 망한 지 13년이 지난 시점이다. 신라는 백제를 병합한 다음에 이 지역에 살던 백제의 토착 세력을 융합하려고 이들에게 신라의 관직을 주었던 것이다.

비암사에서 나온 두 점의 불비상도 이곳에 전시 중이다. 기축명 아미타 불비상己丑銘阿彌陀佛碑像, 보물 제367호, 높이 57센티미터 불비상은 비석 상단을 둥글게 처리하고 정면에 아미타불과 여러 보살, 화불을 새겼다. 가장자리 부분이 마모되긴 했지만 불보살상이 비교적 또렷하게 남아 있다. 정면 하단에는 계단과 난간을 새겨 넣었고 연꽃 위에 앉은 아미타불을 중심으로 좌우에 보살과 나한을 배치해 극락세계를 표현했다. 뒷면에는 "기축년689 2월 15일 칠세 부모를 위해 내○○○○○가 아미타불과 보살상을 공경해 만들다."라고 쓰여 있다.

다른 한 점의 불비상은 미륵보살 사유 반가비상彌勒菩薩思惟半跏碑像, 보물 제368호, 높이 40.5센티미터 으로 비석 형태에 더 가깝다. 한 덩어리의 돌에 반가 사유상을 비롯하여, 비석 덮개와 비석 좌대까지 한꺼번에 새겼다. 비석에 해당하는 정면 양측 테두리에 두 개의 기둥을 새워 비석임을 표시하고, 반가 사유상을 새겼다. 다른 두 점과 달리 조성 연대나 조성자를 알 수 있는 명문이 새겨져

미륵보살 사유 반가비상

있지 않다. 보살의 얼굴은 훼손되었으나, 의자에 앉아 오른쪽 다리를 왼쪽 무릎에 걸치고 오른쪽 팔꿈치를 오른쪽 무릎에 대고 손으로 턱을 고여 깊은 생각에 잠긴 보살의 모습은 저 유명한 백제의 반가 사유상 그대로다. 반가 사유상 아랫단에는 향로와 공양을 하는 인물을 좌우 대칭형으로 새겼다. 측면에는 구슬 장식을 든 보살을, 뒷면에는 탑을 새겼다.

세종시 일대에서는 이와 같은 유형의 불비상이 무려 일곱 점이나 출토되었다. 세종시 조치원읍의 서광암, 서면의 연화사에서도 불비상이 출토되었다. 제작 시기는 대부분 백제가 멸망한 지 10여 년 뒤 무렵으로 재료도 기법도 비슷하다. 많은 불보살이 등장하고 불보살의 살집과 의복 등이 매우 도드라져 보이는 조각 기법과 재료 역시 동일하여 백제계 불상의 전통을 잇고 있다. 그래서 이들 불비상은 세종시의 이전 이름인 연기군에서 따와 '연기파燕岐派 불상'이라 불리기도 한다. 세종시 일대가 백제 부흥 운동이 일어났던 곳인 만큼 이들 불상이 백제식 불상의 계보를 잇는 것은 당연한 일이다.

특히 이들 불상이 불교의 이상향인 서방 정토를 관장하는 아미타불과 자비를 베푸는 관세음보살, 지혜를 상징하는 대세지보살 또는 어지러운 시절 하늘에서 내려오는 미륵보살 등을 소재로 택했다는 것이 주목할 만하다.

이는 당시 백제 유민이 처한 정치적 상황과 밀접한 관련이 있다. 660년 나당 연합군에게 백제가 멸망한 후 당나라는 옛 백제 땅에 웅진 도독부를 설치했다. 677년 신라가 이를 완전히 회복하기 전까지 백제 유민은 신라와 당의 이중 간섭을 받았다. 비록 나라는 쓰러져 어쩔 수 없이 당과 신라의 지배를 받게 되었지만, 백제 유민은 지금 살고 있는 이승이 아닌 죽은 후 내세의 안녕을 바라며 이와 같은 불상을 만들었던 것이다.

청주 흥덕사와 사뇌사 출토 유물

청주는 백제 때 상당현으로 불리다가, 통일 신라 때는 서원경西原京이 설치되었고, 고려 시대에 이르러 청주목이 되었다. 통일 신라에 이어, 국교를 불교로 삼은 고려 시대에는 청주 도심에도 절이 제법 세워졌다. 청주 운천동에서 출토된 범종보물 제1167호, 높이 64센티미터은 상원사 동종, 성덕 대왕 신종과 함께 원형이 남아 있는 몇 안 되는 통일 신라의 범종이다. 그리 크지 않지만, 옷자락을 휘날리는 비천상이 새겨져 있으며 군더더기 없이 깔끔하고 소박하다.

고려 시대에 이르러 청주는 공예술로 이름을 얻었다. 1377년 현존 최고最古

운천동 출토 동종

흥덕사 쇠북

사뇌사 청동 향로

사뇌사 쇠북

의 금속 활자본인 《직지》를 인쇄한 흥덕사興德寺와 수준 높은 고려 불교 공예의 첨단을 보여 주는 사뇌사思惱寺가 청주에 있었다. 이곳에서 금속 공예가 활발하게 꽃피울 수 있었던 것은 가까운 충주에 철을 전문적으로 다루는 다인철소多仁鐵所라는 철기 제작소가 있었기 때문이다.

그간 문헌상으로만 알려진 흥덕사의 존재를 알린 것은 측면에 흥덕사란 명문이 새겨진 쇠북이었다. 금고金鼓라고도 하는데, 절에서 식사 시간을 알리거나 대중을 불러 모을 때에 사용했다. 옆면에 매달 수 있게 고리를 달았는데, 연꽃무늬를 가운데 배치하고 국화꽃 모양의 테두리 장식을 새겼다. 측면에는 "갑인년 오월 청주의 흥덕사 금고를 고쳐 만드는 데 32근의 구리가 들어갔다."라고 새겨져 있어 흥덕사의 존재가 확인되었다.

또 황통皇統 10년이라는 연호가 새겨진 청동 발우도 출토되었다. 그릇 바깥에 "황통 10년 경오년 4월고려 의종 4년, 1150년 극락왕생하려고 흥덕사 불발을 만들었는데 구리 2근 2량이 들어갔다."라고 새겨져 있다.

사뇌사지 유물은 청주를 가로지르는 무심천 제방에서 출토되었다. 고려 시대 이후 큰 전쟁을 치르면서 절에서 사용했던 물건을 임시로 묻어 둔 것으로 여겨진다. 전쟁이 끝나기를 기약하며 묻었던 유물이 수백 년 세월이 지나 20세기 후반에 발굴되어 화려했던 고려 금속 공예의 면면을 밝혀 주었다. 사뇌사 출토 유물은 불교 의식에 사용된 공예품과 생활용품 등으로 나뉘며 종류도 다양하거니와 수량도 400여 점에 이른다.

천장에 매다는 청동 향로는 기하학적인 형태와 독특한 고리 모양이 눈길을 끈다. 불교 의식이 발달한 고려 시대에는 다양한 형태의 향로가 발전했으며 밥그릇 모양의 몸체에 다리를 붙인 향완도 유행했다. 향완에는 만든 시기, 시주자, 봉안 사찰, 발원문, 장인 등이 기록되어 고려 시대 불교문화와 금속 공예의 양상을 살피는 데 보탬이 된다. 돋을새김 기법으로 악귀를 밟고 있는 사천왕과 구름을 타고 있는 범천, 제석천 상을 6개 면에 새긴 금강령이며 물고기 모양의 탁설이 달린 금강령이 독특하다. 기름을 재는 용기인 유두油斗 등 우리나라에서 처음 발굴된 출토 유물도 상당수 나왔다.

신봉동 출토 손잡이 잔

●

한반도의 중원답게 충북 지역은 삼국이 서로 차지하려고 힘을 겨룬 곳이어서 백제, 고구려, 신라의 유물과 유적이 다양하게 발굴되었다. 고대 문화실에는 중원 지역에서 발굴된 고구려, 백제, 신라 삼국의 생활 유물이 함께 전시되어 있다.

중원은 삼국 문화의 공유 지대였지만, 토기류는 삼국의 차이를 확연히 보여 준다. 가장 먼저 중원을 차지한 백제의 토기는 두드림 무늬가 많고 장식성이 없다. 5세기 무렵 이 일대를 고구려가 차지했을 때는 표면을 문지르고 넓적한 띠 모양 손잡이를 단 고구려 계통의 토기가 많이 제작되었다. 마지막에 중원을 통일한 신라의 토기는 장식성이 좀 더 강한 편이다. 그러나 통일 신라로 통합되면서부터는 누름 무늬를 찍어 아름다움을 살리면서도 실용성이 강한 토기가 제작되었다.

신봉동 출토 손잡이 잔

전시 중인 토기 중에서 가장 눈길을 끄는 것은 청주 신봉동 백제 유적에서 발굴된 손잡이 잔이다. 오늘날 계량컵이나 머그잔과 그 생김새가 꼭 닮았는데, '사발 커피 잔' 수준을 넘어선 초대형 '점보 머그잔'이다. 이와 같은 대형 손잡이 잔은 청주를 비롯해 충북 일대에서 집중적으로 출토되었는데, 용량이 일정하고 손잡이 잔 상단부에 가로로 선이 들어가 있어서 곡물의 부피를 재는 도량형 용기로 쓰였던 것으로 보인다. 그 이유는 부피를 측정한 결과 종류가 크게 두 가지로 나뉘었기 때문이다. 작은 것은 용량이 2400~2600밀리리터였고, 큰 것은 3400~3600밀리리터였다. 이는 당시 중국 양나라에서 1말斗, 2456~2612밀리리터에 해당하는 부피로 이 컵들은 각각 1말과 1말 5되를 측정하는 용기였다. 이를 통해 당시 중국의 도량형을 갖다 썼음을 알 수 있다. 이렇게 유물들은 옛사람들의 생활상을 복원하는 단서가 되기도 한다.

한반도의 복판에 자리 잡은 청주. 딱히 청주를 보려고 또는 박물관을 보고자 청주를 들를 일은 많지 않을 것이다. 대개 충북의 볼거리라 하면 보은의 속리산 법주사, 충주의 월악산 자락 미륵 절터 등을 꼽는다. 보은에는 삼년산성과 99칸 한옥집인 선병국 가옥 등이 있다. 또 우암 송시열이 일생을 마감한 괴산의 화양 구곡, 예로부터 명승지로 이름 높았던 단양도 그리 멀지 않다. 이들 명승지 및 유적지와 연계해 오가는 길에 국립 청주 박물관에 들른다면 유적과 유물에 대한 이해가 커질 것이다. 여기서는 청주 시내에서 함께 둘러볼 만한 유적지를 중심으로 소개한다.

상당산성

바다가 없는 대신 깊은 산과 골이 자리한 충북에는 유난히 산성이 많다. 우리나라의 성곽은 90퍼센트 이상이 산성이며, 산성은 중원 문화를 대표하는 유적이다. 그중 청주시에 자리한 상당산성上黨山城, 사적 제212호은 보은의 삼년산성과 함께 충북을 대표하는 산성으로 꼽힌다.

우리나라의 산성은 축조된 지형에 따라 산봉우리를 중심으로 성벽을 쌓아 두른 테뫼식머리띠식 산성과 포곡식 산성 그리고 이 둘이 결합된 복합식 산성으로 구분된다. 테뫼식 산성은 산 정상부에 머리띠를 두르듯 쌓은 것이고 포곡식 산성은 성벽이 골짜기를 싸고 있는 형태다.

상당산 자락에 들어앉은 상당산성은 산과 계곡을 끼고 들어앉은 포곡식 산성이다. 상당은 백제 때 청주 일대를 가리키는 지명이다. 삼국 시대에 흙을 다져 만든 토성이었는데, 조선 후기에 서산에 있던 충청 병마절도사영이 청

주로 옮겨 오고, 산성의 중요성이 부각되면서 1716년부터 4년간 석성으로 개축했다.

성의 둘레는 4.4킬로미터로, 네모반듯하게 다듬은 화강암을 차곡차곡 쌓아 올렸다. 상당산성은 북쪽은 가팔라 문이 없고, 남동서 세 방향에 세 개의 문이 있다. 정문 역할을 하는 남쪽에 공남문, 서쪽에 미호문, 동쪽에 진동문이 있고, 적에게 보이지 않게 숨겨 만들어 유사시 사람이 드나들거나 음식물을 나른 암문暗門이 두 개, 성벽 가까이 붙은 적을 공격하고자 성벽 바깥으로 살짝 내민 형태의 치성雉城이 세 개, 포를 설치해 쏠 수 있게 만든 포루砲樓가 15개가 남아 있다. 성안에 있던 관사와 창고 건물 등은 사라졌지만 지휘관이 전투 지휘를 하는 장대將臺 두 곳은 복원했다. 성안은 분지 지형인데, 작은 저수지와 대부분 음식점으로 변한 민가 30여 채가 남아 있다. 조선 후기에는 사찰도 두 곳을 지어 유사시에 승려를 병사로 활용했다 한다.

조선 단종端宗, 재위 1452~1455 폐위 후 세상을 떠돌던 시인 매월당 김시습金時習, 1435~1493이 이곳에 들러 〈유산성遊山城〉이란 시를 남기기도 했으며, 이인좌의 난1728을 일으킨 세력이 이곳을 근거지로 삼기도 했다. 이인좌의 난은 즉

위 4년 만에 급작스럽게 경종景宗, 재위 1720~1724이 세상을 떠나자 그 뒤를 이은 영조英祖, 재위 1724~1776의 정통성을 문제 삼아 노론에 반대하던 소론과 남인의 일부 세력이 밀풍군 이탄인조의 아들 소현 세사의 승손자을 왕으로 추대하며 일으킨 난이다. 난을 일으킨 이인좌 등 주요 세력은 1728년 3월 15일 청주성을 점령하고 한양으로 북상하다 안성과 죽산에서 관군에 패했으며, 상당산성에 남은 세력도 청주 유생이 중심이 된 창의사와 관군에게 진압당했다.

상당산성을 천천히 한 바퀴 도는 데 걸리는 시간은 대략 한 시간 내외. 성 북쪽을 제외하고는 그리 가파른 곳이 없고 남문인 공남문을 따라 서쪽으로 돌다 보면 발치 아래 청주시 일대와 증평 평야가 훤히 내려다보인다. 성벽을 따라 걸을 수도 있고 성벽 길과 나란히 난 소나무 숲길로 걸어도 좋다.

청주 고인쇄 박물관과 흥덕사지

인간을 동물과 구별 짓는 가장 중요한 차이는 언어와 문자의 사용이다. 언어로 정보를 주고받고, 문자로 이를 기록하고 보관·이전하는 일이 가능해지면서 지금의 인류사가 가능해졌다. 특히 지식과 정보의 대량 보급으로 급속한 사회 변동과 문화 발전을 가져온 사건 중 하나는 바로 금속 활자의 발명이다. 이를 가리켜 3차 정보 혁명이라 부른다. 그리고 흔히 서구에서는 그 기점을 1450년 무렵 독일인 구텐베르크가 금속 활자를 이용해《42행 성서》를 발간한 사건으로 잡는다.

청주 고인쇄 박물관과 흥덕사지

충청북도 청주시 흥덕구 직지대로 713(운천동) ┃ 043-200-4515 ┃ http://jikjiworld.cjcity.net/main/jikjiworld
관람 시간 오전 9시~오후 6시 ┃ **휴 관 일** 매주 월요일, 1월 1일, 설날, 추석
관 람 료 무료

1950년대 우리나라에서 활판 인쇄할 때 사용하던 활자 보관 책상. 활자를 뽑아 상자에 담고
규격대로 판을 짠 뒤 인쇄했다.

각종 활자

금속활자 가지쇠

그보다 70여 년이나 앞선 1377년 청주에서 현재 전하는 세계 최고最古의 금속 활자 인쇄물이 발간되었다. 바로《백운 화상 초록 불조 직지심체요절白雲和尙抄錄佛祖直指心體要節》, 줄여서《직지直指》라 불리는 책이다. 고려 시대 문헌에 따르면 이보다 앞서 금속 활자 인쇄본《고금상정예문古今詳定禮文》1230년경이 발간되었다고 하지만, 이 책은 현재 전하지 않는다. 백운은 고려 말 국사를 지낸 고승 경한景閑, 1299~1374의 호이다. 그는 전해 내려오는 불조사의 어록을 수록한《불조 직지심체요절》중에서 중요 대목만 가려 뽑아《직지》를 엮었으며, 이후 흥덕사에서 이를 금속 활자로 인쇄했다. 직지란 '직지인심견성성불直指人心見性成佛'을 줄인 말로 참선해 사람의 마음을 바르게 볼 때 그 마음의 본성이 곧 부처의 마음을 깨닫게 된다는 뜻이다.

《직지》의 존재가 세상에 알려진 것은 불과 40여 년밖에 안 되었다. 프랑스 파리 국립 도서관에서 사서로 근무하던 박병선 박사가 처음으로《직지》를 발견했고, 1972년 '세계 도서의 해' 기념 전시회에서 세계 최고의 금속 활자본으로 인정을 받았다. 이어 2001년에는 유네스코 세계 기록 유산으로 등재되었다. 이국을 떠도는 숱한 우리 문화유산 뒤에는 가슴 아픈 역사가 숨겨져 있다.《직지》역시 마찬가지다.《직지》는 본디 상하권으로 이뤄졌으나 현재 프랑스 국립 도서관에는 하권만 소장되어 있다. 구한말 프랑스 대리 공사로 서울에 근무하던 콜랭 드 플랑시가 한국에서 책을 수집한 뒤 프랑스로 가져갔고, 이후 물품 경매 때 골동품 수집가인 앙리 베베르에게 소유권이 넘어갔다. 이후 베베르가 자신의 수집품을 프랑스 국립 도서관에 기증하면서 오늘에 이르게 된 것이다.

오랫동안 직지를 인쇄한 홍덕사의 존재는 《직지》 마지막 장에 실린 "선광 7년 정사 칠월에 청주목 교외의 홍덕사에서 글쇠를 만들어 인쇄했다."라는 문헌으로만 알려져 있었다. 그러다 1984년 운천동에서 택지 조성 공사를 하던 중 절터가 발견됐고, 이곳에서 홍덕사란 명문이 새겨진 쇠북金鼓과 청동 발우가 발견되면서 이곳이 《직지》를 인쇄했던 홍덕사임이 알려졌다. 발굴된 홍덕사 유물은 현재 국립 청주 박물관 고려 불교문화실에 전시되어 있으며, 홍덕사지에는 금당과 석탑이 복원돼 있다. 1992년에 청주 고인쇄 박물관이 그 옆에 문을 열었다. 고려 시대 금속 활자를 비롯해 인쇄 문화의 모든 것을 일목요연하게 정리해 놓은 아기자기한 박물관이다. 직지 금속 활자 공방은 금속 활자 제작 과정을 실물 크기의 움직이는 인형을 통해 7단계로 나눠 재현했다. 밀랍과 주물을 이용한 금속 활자 주조법도 실물을 통해 제시하고 있다. 인쇄 문화실에는 세계에서 가장 오래된 목판 인쇄물인 《무구정광 대다라니경》 복제본을 비롯해 현대의 인쇄물과 인쇄기에 이르기까지 다양한 인쇄 문화의 산물을 전시하고 있으며, 서양의 인쇄 문화도 비교해 살펴볼 수 있도록 동서 인쇄 문화실을 따로 됐다.

그 외 청주의 볼거리

•

서울에서 청주는 차로 2시간 남짓 걸린다. 요즘은 중부 고속도로 오창 나들목을 통해 청주를 진입하곤 하지만, 경부 고속도로를 타면 청주 나들목에서 빠

플라타너스 길

져나와 청주 시내로 진입하다 보면 아름드리 플라타너스 나무가 줄지어선 도로를 지나친다. 이 길은 1940년대 말 약 1500그루의 플라타너스 나무를 심어 조성되었으며 '한국의 아름다운 길 100'에 꼽히기도 했다.

　청주시는 충청북도의 도청 소재지로 일제 강점기에 지은 근대 문화유산이 꽤 남아 있다. 청주 시내 우암산 자락의 대한 성공회 청주 성당은 한옥과 양옥을 적절히 섞어 지은 절충식 건물로 1935년 완공되었다. 벽돌과 시멘트 모르타르, 팔작지붕과 창살이 있는 전통 창호가 어우러진 모습이 이채로우면서도 시간의 더께가 내려앉아 어색하지 않다.

선사시대와 불교의 땅

국립
춘천 박물관과
춘천 일대 유적

국립 춘천 박물관

강원도 춘천시 우석로 70 │ 033-260-1500 │ http://chuncheon.museum.go.kr
관람 시간 매주 화~금 오전 9시~오후 6시
　　　　　토·일·공휴일 오전 9시~오후 7시
　　　　　매년 4월~10월 매주 토요일 오후 9시까지 야간 개장
휴 관 일 매년 1월 1일, 매주 월요일

청평사
소양강댐
의암호
중도
강원도청
국립 춘천
박물관
김유정 문학촌

• 　　　경춘선의 시점은 이제 청량리역이 아니라 지하철 7호선과 환승되는 상봉역이다. 복선 전철이 2010년 말 개통한 후 이제 서울에서 춘천으로 가는 들머리는 상봉역으로 바뀌었다. 가는 길은 더 편해지고, 더 빨리 닿을 수 있게 되었으며, 심지어 더 저렴해지기까지 했다. 단돈 2600원이면 편도로 춘천에 닿을 수 있으니 말이다.

'춘천 가는 기차' 대신 춘천 가는 전철을 타고 나선 길. 전철에는 울긋불긋 등산복을 입은 등산객이 가득하다. 전철을 타고 춘천 가는 길에 보이는 북한 강 변 풍경은 그대로인데, 엠티 떠나는 대학생들 대신 등산객들이 열차 안을 채우고, 강변에는 보트 대신 캠핑장이 들어섰다.

자연은 말이 없으나 삶의 풍경은 시시각각 달라진다. 전철을 더 이상 타고 가다 보니 과거 기차가 서던 역들은 사라지거나 그 위치가 바뀌었다. 전철은 경강역에 서지 않으며, 조그만 간이역이던 김유정역은 으리으리한 한옥 역사로 바뀌었다. 절벽 아래 터널에 플랫폼이 있어 북한강이 훤히 내다보이던 강촌역도 위치가 바뀌었다. 국립 춘천 박물관과 가까운 남춘천역도 위치가 바뀌었다. 복선 전철이 놓이고 서울과 가까워지면서 일대에는 아파트촌이 형성

국립 춘천 박물관

박물관 내부

박물관 정원

됐다. 옛 남춘천 기차역 앞에 서울행 기차를 기다리며 들어갔던 70년대 풍의 곤계란 집이 아직 남아 있다고 들었지만, 언젠가 그곳도 사라질 것이다.

어느새 전철이 남춘천역에 닿았다. 서울과 이어진 전철은 춘천의 풍경을, 강원도의 풍경을 또 어떻게 바꿔 놓을까. 대학 시절 엠티의 추억을 떠올리며, 봄의 도시 춘천을 걷는다.

국립 춘천 박물관은 남춘천역에서 차로 5분 거리에 있다. 석사동 주택가 한적한 언덕에 들어선 박물관 진입로 양편에 소나무 숲이 우거졌다. 그 너머로 연한 살굿빛 타일로 마감한 직사각형의 박물관 건물이 나타난다. 진입로 중간께 다리를 지나니 아래에 석탑과 문인석, 석등, 정원수 등으로 꾸며진 야외 정원이 펼쳐져 있다. 박물관 로비로 들어서니 풍경이 다시 달라진다. 환한 빛이 천정에서 끝도 없이 들어온다. 건물 한가운데 원통 모양의 파티오스페인 주택의 중정으로 실내의 연장으로서 거실 또는 식당이 되도록 설계된 중정을 일컫는다. 가장자리로 난 나선형 계단을 따라 전시실이 연결된다. 2002년에 문을 연 국립 춘천 박물관은 2003년 한국 건축가 협회가 선정하는 '올해의 우수 건축물'로 선정되기도 했다.

빛이 잘 들어오는 환한 공간이기 때문일까. 국립 춘천 박물관을 방문할 때마다 아이들이 늘 건물 중앙 파티오를 가득 채우고 있다. 국립 춘천 박물관은 어린이들을 위한 체험 프로그램과 휴식 공간이 많다. 아이들은 이곳에서 아이스크림을 사 먹고, 그림을 그리고, 책을 읽는다. 체험 학습 프로그램도 잘되어 있다. 직접 종이에 탁본을 떠 보고, 신사임당의 〈초충도〉를 본뜬 종이에 색칠하기 등을 해 보도록 공간을 꾸며 놨다. 동네 도서관에서 볼 수 있는 풍경이다. 박물관을 놀이터 삼아 유년 시절을 보낸 아이들은 커서도 박물관을 어렵고 따분한 곳이라 여기지는 않을 것이다. 지역에 자리한 박물관이 어떻게 지역 공동체와 소통하고 지역 주민과 어우러질 수 있는지를 잘 보여 주는 곳이다.

국립 춘천 박물관은 강원도 지역의 역사와 문화를 '선사 문화', '고대 문화', '불교와 왕실', '인물과 생활'이라는 4개의 주제로 나눠 전시하고 있다. 산 깊고 골짜기 깊은 땅이어서 늘 중앙 중심의 역사와 문화에서 밀려났지만, 전시실을 훑다 보면 이 땅에 살던 사람들이 남긴 흥미로운 자취를 마주하게 된다.

기품 있는 미소를 간직한
한송사지 석조 보살 좌상

●

박물관 2층 3전시실에는 유난히 명찰이 많은 강원도 지역의 불교 미술품이 한 자리에 모여 있다. 백미는 한송사지 석조 보살 좌상寒松寺址石彫菩薩坐像, 국보 제124호, 높이 92.4센티미터이다. 우리나라 문화재의 상당수가 불교 미술품이며 시대마다 아름다운 불상이 한두 점이 아니지만, 이 보살상은 절로 '미스 한송'이라 부르고 싶어진다. 그야말로 '우윳빛깔' 한송사지 석조 보살 좌상의 미소는 우아하고 자태는 단아하다. 좀 더 화려한 수사를 덧붙이고 싶지만, 단아함과 우아함이야말로 이 보살상이 지닌 아름다움을 표현하는 최상의 단어다.

한송사지 보살상처럼 우윳빛을 띤 불상은 우리나라에서 찾아보기 힘들다. 우리나라의 불상은 대부분 살굿빛 또는 회색 화강암으로 만들어졌다. 화강암이 가장 구하기 쉬운 재료였기 때문이다.

한송사지 석조 보살 좌상

한송사지 보살상은 부분적으로 때가 탔지만, 흰색 대리석으로 만들어졌다. 대리석은 유리질 성분이 많아 조명 아래서 반짝거리고, 색과 무늬가 아름다워서 건축 자재나 조각의 재료로 많이 쓰이는 돌이다. 이탈리아 르네상스 시대 조각의 재료로도 즐겨 쓰였다. 이탈리아를 대표하는 조각가 미켈란젤로, 베르니니의 작품은 대부분 대리석을 쪼아 만들었다. 대리석은 화강암보다 경도가 낮아 조각하기가 쉽다. 우리의 옛 석공들이 위대한 이유가 바로 여기 있다. 그 단단한 화강암을 쪼아 석굴암을 만들고, 장엄한 석탑과 불상을 만들고 절벽에 부처를 새겼다. 한데 이 석공은 화강암보다 훨씬 다루기 쉬운 대리석을 가지고도 기교를 뽐내려 하기보다는 절제했다.

신복사지 석조 보살 좌상

막 깨달음을 얻은 기쁨의 순간을 경험한 듯,

미소를 머금은 보살상의 얼굴은 평화롭다. 바라보는 관람객의 얼굴에도 자연스레 미소가 밴다. 보살은 머리에는 원통형의 긴 모자인 보관寶冠을 쓰고 반결가부좌 자세를 취했다. 이마 한가운데 무량세계를 비추는 백호白毫가 다소 파손되긴 했지만 나머지 부분은 원형 그대로다. 눈썹 안쪽을 깊이 깎아 내 이마와 눈썹의 경계가 날카롭고, 반쯤 감은 눈매가 깊다. 그러나 전체 얼굴 길이에 비해 아담한 코, 얇은 입술, 도톰한 볼살과 턱 때문에 앳되어 보이는 동시에 온화한 기품이 서려 있다. 손 모양도 독특하다. 오른손에는 연꽃을 쥐고 왼손은 마치 연꽃 봉오리를 받치는 듯 세웠으며 왼손 검지를 곧게 펴고 있다. 불교에서 연꽃은 지혜의 상징인 문수보살의 지물地物이다. 그 때문에 학자들은 이 보살상을 문수보살로 추정하고 있다.

눈여겨볼 것은 원통형의 긴 모자이다. 한송사는 강릉 근처에 있었다고 하는데, 이 보살상뿐 아니라 강릉 일대에서 출토된 보살상은 서로 비슷한 생김새를 하고 있다. 무릎을 세우고 두 손을 가슴 앞에 모은 자세를 취한 강릉 신복사지 석조 보살 좌상보물 제84호과 평창 월정사 팔각 구층 석탑 앞 석조 보살 좌상보물 제139호도 볼살이 통통한 앳된 얼굴인 데다 원통형의 긴 보관을 쓰고 있다. 이들 불상 역시 고려 초기에 제작된 것으로 보살들의 얼굴 표현이 비슷해 강릉 일대에서 유행한 양식으로 여겨진다.

한송사지 석조 보살 좌상의 아름다움은 역으로 수난의 대상이 됐다. 1912년 일본에 밀반출돼 일본 도쿄 제실 박물관현 도쿄 국립 박물관에 진열되었다가 1966년 한일 협정 때 반환 문화재에 포함되어 겨우 고국으로 되돌아왔다.

올망졸망 귀여운
창령사지 나한상

●

텔레비전과 함께 자란 영상 세대라면 미국의 만화가 찰스 슐츠가 그린 〈피너츠〉는 몰라도 스누피 또는 찰리 브라운이라 하면 머릿속에 금세 등장인물을 떠올릴 것이다. 찰리, 루시, 라이너스 등 개성 있는 꼬마 철학자들의 일상을 그린 이 만화는 텔레비전 애니메이션으로도 제작되어 인기를 끌었는데, 영월 창령사지蒼岺寺址에서 출토된 석조 나한상을 볼 때마다 스누피와 그의 친구들이 떠오른다.

올망졸망한 크기의 나한상 30여 점은 기존의 엄숙하고 경건하거나 또는 우아하거나 단아한 불상, 보살상과는 느낌이 다르다. 어느 것 하나 얼굴 표정이며 자세가 같지 않다. 대부분 키는 30~45센티미터이고 무릎 너비는 24~30센티미터인데, 두건을 뒤집어쓰고 있거나 가사를 입은 모양새다. 옷 선은 단순하고 표정이 순박하면서도 해학적이다. 두 손의 모양도 가지각색이어서 합장을 하고 있기도 하고 다소곳하게 무릎에 내려놓는가 하면 소매를 걷어 올리는 등 역동적인 자세를 취한 나한상도 있다. 바위틈에서 마치 숨바꼭질을 하듯 살짝 얼굴을 내민 나한상도 인상적이다. 입술에 붉은 색이 남아 있는 것으로 미뤄 채색을 했던 것 같다. 화강석 덩어리를 다듬어 만든 창령사지의 나한상은 표면의 마무리는 거칠고 뭉툭하지만 동글납작해 귀엽다는 느낌이 강하다.

2001년에 발굴된 이 나한상들은 조선 전기에 제작된 것으로 추정되는데,

올망졸망 만화 캐릭터처럼 생긴
창령사지 나한상

발굴 당시 296점의 나한상과 이들을 봉안했던 나한전羅漢殿터가 함께 발견되었다. 나한은 아라한阿羅漢이라고도 불리는데, 불교의 수행자로 소승불교에서는 수행자로 오를 수 있는 최고의 경지를 뜻한다. 나한은 불법을 지키고

대중을 구제하며 신통력을 갖고 있어 복을 불러오는 존재로 여겨졌으며, 특히 고려 시대에 나한 신앙이 융성했다.

보통 불상을 그림이나 조각으로 표현할 때는 불경 속에 언급된 부처의 신체적 특징인 '32상 80종호'에 바탕을 두고 제작한다. 부처의 목에 있는 세 줄의 삼도나 소라 껍데기처럼 틀어 올린 나발과 정수리 부분에 상투처럼 튀어나온 살덩이인 육계, 발바닥의 바퀴 무늬 등이 그것이다. 보살상은 부처와 비슷하면서도 좀 더 인간적인 모습으로 장신구를 걸치거나 법의 대신 화려한 천의를 입고 있다. 반면 나한상은 특별한 규정이 없다 보니 제작자의 개성이 적극 반영된다. 사찰의 나한전을 방문해 보면 알 수 있다. 창령사지 나한상처럼 돌에 새긴 것, 돌이나 나무로 만든 뒤 금칠을 한 것을 비롯해 크기도 제각각이어서 등신대 크기로 표현되기도 하는 등 재료도 크기도 다양하다. 보통 열여섯 나한을 봉안하기도 하지만, 오백 나한이라고 해서 작은 크기의 나한상을 봉안하기도 한다. 대개 오백 나한은 평범한 사람들의 얼굴을 표현한 듯 표정이 소탈하고 해학적이다. 창령사지 나한상은 아마도 오백 나한으로 조성되었던 것으로 보인다.

조선 성리학의 유토피아,
조세걸의 〈곡운 구곡도〉

●

조선 시대 임진왜란과 병자호란 이후 사회와 경제가 안정되기 시작하면서 사대부들 사이에 명승 유람 풍토가 유행했다. 이와 함께 중국에서 수입된 화보畵譜를 통해 이를 모사하는 관념 산수화가 아니라 조선의 산수를 그리려는 시도가 나타났다. 특히 금강산과 관동 팔경은 조선시대 가장 '핫' 한 여행지였다. 숱한 문인들과 화가들이 강원도 일대를 찾았다. 국립 춘천 박물관에는 정선과 김홍도 등 불세출의 화가들이 그린 산수화는 없지만, 조선의 산수를 담은 실경 산수화 〈곡운 구곡도谷雲九曲圖〉1682, 종이에 채색, 세로 42.5센티미터, 가로 64센티미터와 지역 화가들이 그린 금강산이나 관동팔경 그림이 있다.

〈곡운 구곡도〉는 지금의 강원도 화천군 삼일리와 사창리 일대 용담천의 풍경을 그린 화첩이다. 17세기 후반 노론老論을 대표하는 성리학자인 김수증金壽增, 1624~1701은 동생 김수항과 송시열이 유배되자 세상과 인연을 끊고 사화士禍를 피해, 화천 땅에 들어가 이곳을 곡운이라 부르고 곡운정사谷雲精舍와 농수정籠水亭을 지었다. 그러자 용담천 아홉 굽이의 풍경을 꼽아 1682년 화가 조세걸曺世傑로 하여금 9폭의 그림을 그리게 하고 자신과 아들, 조카들, 외손 등 아홉 명에게 풍경마다 시를 짓게 해 화첩을 완성했다. 조카 김창협이 쓴 발문에 따르면 "곡운 노인이 화사 조세걸을 계곡 현장에 데려가서 계곡마다 실제 경치를 보고 사생寫生하도록 하되 거울에 비친 물상物像을 취하듯 했다."라고 쓰여 있다. 오늘날 사진을 찍듯, 곡운 구곡의 경치를 그림으로 정밀하게 담아

곡운 구곡도

내려 했던 것이다. 실제 오늘날 화천 곡운 구곡의 경관과도 일치해, 송림 사이로 가까운 곳에서부터 먼 곳의 경치를 한 화면에 담아내는 동양의 원근법에 근거해 개성적으로 그려 냈다.

구곡도는 중국에서 유래했다. 성리학을 집대성한 남송의 주희朱熹, 1130~1200가 은거하던 푸젠 성 우이 산무이산에 있던 아홉 구비의 좋은 경치를 시로 읊고 이를 그림으로 그린 〈무이 구곡도武夷九曲圖〉가 바로 그 시원이다. 〈무이 구곡도〉는 조선에 수입되면서 그대로 모사되기도 했지만, 조선 중기 이후 조선의 산천 속에서 성리학적 이상을 찾아 명승지를 새로 꼽고 이를 그림과 시로 노래하려는 시도가 나타나면서 조선 후기 문예 발전에 기여했다.

6·25 전쟁은 문화재의 적

한국사는 종종 수난의 역사로 기억된다. 끊임없는
외세의 침탈에 맞서 싸우며 역사는 흘러왔다. 박물
관 답사를 다니다 보면 처참하게 일그러진 유물들
을 마주하게 될 때가 있다. 크게는 대몽골 항쟁과
임진왜란, 6·25 전쟁이 없었다면 한국의 역사는
물론이거니와 한국 미술사도 새로 쓰였을 것이다.

불타 버린 선림원지 출토
동종편

　박물관 1층 전시실 입구에 진열된 양양 선림원지
禪林院址 출토 동종편銅鐘片 역시 전쟁으로 인한 상흔을 안고 있다. 불에 타 심하
게 일그러져 종잇조각처럼 펼쳐진 동종의 본래 크기는 높이가 122센티미터,
종 입구 지름이 68센티미터였다. 이 동종은 통일 신라 시대 양양 미천골에 선
종禪宗 사찰로 융성했던 선림원지에서 1948년에 발견되었다. 804년에 조성했
다는 명문이 남아 있지만, 이후 오대산 월정사로 옮겨져 보관되었다가 6·25
전쟁 때 불에 타 버렸다. 불에 타 심하게 일그러지긴 했지만 피리와 장구를
연주하는 천인天人의 모습은 비교적 형체를 알 수 있게끔 남아 있다. 화마를
피했다면 동종의 모습이 얼마나 수려했을지 짐작이 간다. 파손된 동종 옆에
는 전통 밀랍 주조 공법으로 복원한 동종을 함께 전시하고 있다. 결가부좌를
하고 악기를 연주하는 천인의 모습은 현존하는 가장 오래된 종인 오대산 상
원사 동종에 새겨진 주악 비천상이나 국립 경주 박물관에 있는 성덕 대왕 신
종에 새겨진 비천상에 비해 한결 간결해진 느낌이다.

국립 춘천 박물관에는 양양 선림원지에서 출토된 불교 미술품이 상당수 전시 중이다. 강원도의 불교 미술은 통일 신라 말 강원 지역에 융성했던 선종의 영향을 깊이 받았다. 경주를 중심으로 한 교종敎宗과는 사상적 뿌리가 달랐기에 양양 선림원지와 진전사지 그리고 구산선문九山禪門 중 하나였던 강릉 굴산사지 등 강원 지역의 대표적인 절터에서 출토되는 불상과 불탑, 동종 등은 통일 신라의 수도였던 경주 인근에서 나오는 불교 미술품과는 도상의 형태나 제작 기법이 조금씩 다르다. 사상이 달라진 만큼 이를 반영하는 시각도 달랐던 것이다.

선림원지 석탑 봉안 소탑

강원도는 강릉·양양을 위시한 동해 권역과 춘천을 위시한 북한강 내륙 권역, 원주를 중심으로 한 남한강 내륙 권역, 평창을 중심으로 한 오대산 권역으로 나눌 수 있다. 교통이 편해졌다고는 하나 한반도의 척추 역할을 하는 강원도 곳곳에 자리한 곳곳을 한꺼번에 돌아보기는 쉽지 않다. 따뜻한 봄날, 나들이 삼아 춘천에 들렀을 때 돌아볼 만한 곳을 추려 소개한다.

청평사

호반의 도시 춘천에서 호수 속 춘천의 이미지를 만끽할 수 있는 곳은 청평사淸平寺다. 차로도 갈 수 있지만, 청평사 가는 길은 소양호에서 배를 타야 제맛이다. 춘천역 앞에서 소양강댐으로 가는 버스12-1번를 타고 구절양장 산길을 돌아 오르면 소양강댐 정상이 나타난다. 댐 정상에서 물길은 두 갈래로 나뉘어 왼쪽 물길을 따라가면 청평사가 나오고, 오른쪽 물길을 따라 가면 양구 이 일대이다. 매시 정각 출발하는 배를 타고 10분이면 청평사 입구 선착장에 도착한다. 선착장에서 절까지는 2킬로미터 남짓. 넉넉잡아 두 시간이면 계곡을 따라 오르고 산책과 절 관람을 마칠 수 있다. 청평사는 이름난 문인들이 찾는 명승지였다. 매월당 김시습을 비롯해 조선 숙종 때 전국을 유람하고《산중일기》를 남긴 정시한과 정약용도 이곳에 다녀가 글을 남겼다. 선착장에 내려서 계곡을 따라 20여 분 정도 산책하는 기분으로 오르다 보면 7미터 높이의 구성폭포를 비롯해 공주와 상사뱀에 얽힌 전설을 바탕으로 한 조각상 등을 만

선사 시대와 불교의 땅
국립 춘천 박물관과 춘천 일대 유적

청평사

강원도 춘천시 북산면 오봉산길 779 | 033-244-1095
왕복 도선료 6000원 | **사찰 입장료** 2000원

청평사 입구의 구성폭포

청평사에서 가장 오랜된 건물인 회전문

이자현이 조성한 영지

이자현 부도비

대웅전 앞 소맷돌

나게 된다. 개울 건너 산등성이에 오르면 아담한 삼층 석탑, 일명 공주탑이 나타난다.

절 입구에는 청평사라는 이름의 유래가 된 고려 시대의 학자 진락공 이자현李資玄, 1061~1125의 부도가 있다. 이자현은 '이자겸의 난'을 일으킨 이자겸의 사촌이다. 청평사는 973년 창건 당시 백암 선원이라 불리는 참선 도량이었으나 얼마 안 가 폐사되고, 이자겸의 아버지 이의李顗가 절을 짓고 보현원普賢院이라 했던 것을 이자겸이 문수원文殊院이라 이름을 바꾸고 절을 가꾸었다. 뒷산도 자신의 호인 청평 거사에서 따와 청평산이라 불렸다. 20대 후반 벼슬을 거부하고 이곳에 들어와 베옷을 입고 나물밥을 먹으며 선禪을 행했다는 이자현은 왕의 부름도 물리쳤다. 그의 담백한 생애를 닮아서일까? 그의 부도는 아무런 장식 없는 팔각 원당형이다.

부도 밭 맞은편에는 이자현이 조성한 고려 시대 정원의 흔적인 영지影池가 있다. 평범한 연못으로 보이지만, 이 연못은 현재 남아 있는 가장 오래된 고려 정원의 일부이다. 사다리꼴로 석축을 쌓고 계곡물을 끌어왔다. 연못 안에 큰 바윗돌 세 개를 놓고 갈대를 심었다. 영지 너머로 오봉산 봉우리가 보인다. 구성폭포에서부터 청평사를 지나 오봉산 자락 식암에 이르기까지 3킬로미터에 달하는 계곡 전체가 모두 이자현이 계획적으로 조성한 문수원 정원에 포함된다. 이자현은 일대에 견성암, 선동암 등 8개의 암자를 세우고, 전각과 정자도 새로 짓는 등 절과 정원을 정비했다. 자연을 최대한 끌어들이고 인공의 손길을 최소화하는 한국 전통 정원의 흐름은 이미 그 무렵 존재했다.

부도 밭과 영지를 지나 오르면 오봉산 봉우리 아래 청평사가 드디어 모습을 나타낸다. 지속적인 불사를 통해 청평사는 10여 년 전 찾았을 때 비해 전각도 늘어나고, 절집의 모양새도 많이 단정해졌다. 석축 위로 일주문 노릇을 하는 잣나무가 곧게 뻗어 있고, 그 너머로 천왕문 역할을 하는 회전문廻轉門, 보물 제 164호이 보인다. 이 회전문은 조선 명종 때 보우 대사가 청평사로 이름을 바꾸고 중건할 당시에 있던 전각이다. 정면 3칸, 측면 1칸 규모로 맞배지붕을 이고 있는데, 6·25 전쟁으로 인해 국보로 지정되었던 극락전이 불타면서 회전문이 청평사에서 가장 연혁이 오래된 전각이 되었다. 불타 버린 극락전 위에 대웅전을 새로 지었다. 계단 소맷돌은 그대로 남아 있다. 큰 바윗덩어리를 무지개 모양으로 공글리고 계단 소맷돌 바깥쪽으로는 연꽃잎에 태극무늬를, 안쪽으로는 태극무늬를 넣어 반전을 줬다. 대웅전 너머 왼쪽 언덕에는 1970년대 후반에 소실된 극락전을 복원한 극락보전이 있다. 사라진 극락전에는 미치지 못하지만, 40여 년 세월의 더께가 내려앉아 예스럽고 꽃창살이 단정하다.

복원한 극락보전

김유정 문학촌

나의 고향은 강원도 산골이다. 춘천읍에서 한 이십 리가량 산을 끼고 꼬불꼬불 돌아 들어가면 내닿는 조그만 마을이다. 앞뒤 좌우에 굵직굵직한 산들이 뻑 둘러섰고 그 속에 묻힌 아늑한 마을이다. 그 산에 묻힌 모양이 마치 옴폭한 떡시루 같다 해 동명을 실레라 부른다. ─ 김유정,《오월의 산골작이》

춘천이 낳은 문인이 여럿 있지만 〈봄봄〉, 〈동백꽃〉 등 한국 단편소설의 거장인 김유정1908~1937이 가장 유명한 춘천 사람이 아닐까? 심지어 김유정 생가가 자리한 동네 초입의 기차역 이름마저 신남역에서 김유정역으로 바뀌었

김유정 생가

김유정 문학촌
강원도 춘천시 신동면 실레길 25 | http://www.kimyoujeong.org/
관람 시간 동절기 화~일 오전 9시 30분~오후 5시, 하절기 화~일 오전 9시~오후 6시
휴 관 일 매주 월요일, 1월 1일, 설날, 추석 당일

으니 말이다. 김유정역은 우리나라 철도역 중 유일하게 사람 이름을 가져다 쓴 곳이기도 하다. 김유정 문학촌은 김유정역과 지척이다. 문학촌에는 김유정이 나고 자란 ㅁ자형 초가집이 그대로 복원되어 있으며, 생애와 문학 활동을 살펴볼 수 있는 기념 전시관으로 구성되어 있다. 김유정 문학촌은 김유정 추모제와 김유정 문학제, 청소년 문학 축제, 문학 캠프, 백일장 등 다양한 기념행사를 활발히 열고 있다.

김유정의 단편소설을 읽고 방문한다면 답사는 좀 더 생생해질 것이다. 문학촌이 자리한 실레 마을에는 그의 단편소설 속에 등장하는 배경의 실제 공간을 따라 조성한 실레 이야기길이 있다. 〈동백꽃〉의 점순이가 '나'를 꼬시던 동백숲길, 〈산골 나그네〉의 덕돌이가 장가가던 산바람길, 〈만무방〉의 응칠이가 송이 따먹던 송림길, 김유정이 코다리 찌개를 먹던 주막길 등 길을 따라 걷는 데 1시간에서 1시간 30분이 걸린다.

춘천 일대 선사 유적

춘천에는 중도, 공지천 등의 유원지가 많은 데다 드라마 배경으로도 등장해 관광 도시의 이미지가 강하다. 춘천으로 나들이를 온 유람객이라면 아무래도 의암호 주변을 빼놓을 수 없다. 북한강과 소양강에 둘러싸인 춘천은 의암댐을 지으면서 호반의 도시로 떠올랐다. 의암호 안에는 상중도 · 하중도 · 중도 · 위도 등 네 개의 섬이 있는데, 이들 섬은 본래 육지였지만 의암댐 공사 후

의암호 중도 고인돌 유적

섬으로 변했다. 중도는 과거 유원지로 요즘은 캠핑장으로 유명하지만, 선사 시대인의 주요 거주지이기도 하다. 바닷가가 아닌 내륙에 선사 시대 유적지라니 조금 뜬금없어 보이기도 하지만, 중도에서 춘천 일대를 바라다보면 춘천은 태백산맥의 지맥으로 둘러싸인 분지이다. 비옥한 충적 지대여서 선사 시대인이 거주하기 적당했다. 중도 유원지에서는 선사 시대 거주지 유적이 나왔다. 고인돌과 돌무지무덤이 나왔고 빗살무늬 토기와 민무늬 토기도 출토되었다. 초기 철기 시대 유적과 함께 청동기 시대 거주지 유적도 나왔다. 중도 유원지 입구에는 중도 일대에서 발굴한 고인돌과 돌무지무덤, 선사 시대 움집 등을 복원해 놨다. 중도 유원지에 간 김에 유적지를 돌아본다 생각하고 호수 속 섬 산책을 즐기면 어떨까. 중도 또는 근화동 선착장에서 배를 타고 10분이면 도착한다.

조선 왕조를
세운
큰 뜻은?

국립
전주 박물관과
전주 일대 백제와
조선 유적

국립 전주 박물관

전라북도 전주시 완산구 쑥고개로 249(효자동 2가) | 063-223-5651 | http://jeonju.museum.go.kr

관람 시간 매주 화~금 오전 9시~오후 6시
　　　　　 토·일·공휴일 오전 9시~오후 7시
　　　　　 매년 3월~10월 매주 토요일 오후 9시까지 야간 개장

휴 관 일 매년 1월 1일, 매주 월요일

미륵사지
왕궁리 오층 석탑　　● 전주시청
　　　　　　　　　　● 국립 전주
　　　　　　　　　　　 박물관
　　　　　　　　　　　　● 경기전
　　　　　　　　　　　　　　　● 한옥 마을
　　　　　　　　　　　　● 최명희　● 오목대
　　　　　　　　　　　　 문학관
　　　　　　　　　　　　　　　● 전주향교
풍남문
　　　　● 전동 성당

전주에는 2000년대 초에 처음 가 봤다. 그때 전주 출신 문인들이 문청의 꿈을 키웠다는 홍지서림과 고소한 땅콩 전병이 유명한 빵집 풍년제과에 들렀다. 서너 해 전 여름, 저 유명한 덕진 공원의 연꽃을 보고, 국립 전주 박물관을 둘러보려고 다시 전주를 다시 찾았다. 10여 년의 시차를 두고 찾았건만, 전주에 대한 인상은 처음과 달라진 게 없다.

이 도시에서 시간은 느리게 흘러간다. 전주는 견훤이 세운 후백제의 수도이자 조선 왕업의 발상지이다. 조선을 건국한 태조 이성계李成桂, 1335~1408는 함경도 영흥에서 태어났지만 그의 선조는 대대로 전주의 토호로 군림했다. 또 전주 이씨는 자신들의 뿌리인 전주에 조선의 창업을 기념하는 건물인 경기전을 세우고 제사를 모셨다. 그래서 왕조 창업과 관련된 유적지가 전주 곳곳에 흩어져 있다. 또한 조선 왕실은 자손이 태어나면 이들의 태를 묻는 길지로 전주를 택했다.

조선 시대 전주는 전라도와 제주도를 총괄하는 전라 감영이 설치돼 호남의 정치와 문화를 이끄는 중심지였다. 조선 왕조의 발상지라는 자긍심은 도시의 기품, 사람들의 성정에도 영향을 미쳤을 것이다. 조선 왕조는 쓰러졌지만, 지

국립 전주 박물관

금도 전주 사람들은 전통 문화의 수호자, 왕조의 발상지에 산다는 자부심이 가득하다.

　전국의 국립 박물관은 각기 고유한 성격이 있다. 대부분의 박물관 상설 전시실은 선사 시대에서 출발하지만 전시의 마무리 지점은 각기 다르다. 백제와 신라, 가야의 고도에 들어선 박물관은 역사·고고 전문 박물관이어서 선사 시대부터 해당 시대까지만 아우른다. 그래서 고려와 조선의 도자기, 서화류를 골고루 볼 수 있는 곳은 의외로 많지 않다. 국립 전주 박물관은 국립 광주 박물관과 함께 뛰어난 도자기와 서화류를 갖춘 박물관이다. 2009년 초 미술실을 개편하면서 고려시대의 청자뿐 아니라 조선 왕실의 서화 문화를 적극 조명하고 있다. 조선의 국왕을 그린 어진御眞과 국왕이 직접 쓴 글씨와 그림, 왕실 종친 화가들의 그림을 한자리에 모았다. 조선 태조와 영조의 힘찬 글씨, 선조가 그린 대나무 그림과 정조가 그린 단정한 사군자 병풍에서 한 나라의 군주가 아니라 글과 그림을 통해 인격을 수양하던 왕의 인품을 느낄 수 있다.

또한 전북 출신으로 스스로 그림을 그려 먹고산 직업 화가임을 당당히 드러낸 18세기의 화가 최북崔北, 1712~1786?의 산수화, 휘몰아치는 포도 줄기가 인상적인 병풍 그림의 작가인 최석환崔奭煥, 1808~?의 그림도 만날 수 있다. 이들 작품은 늘 전시실에서 만날 수 있는 것은 아니어서 대표 유물에서 제외했지만 운이 좋아 볼 기회가 있다면 꼼꼼히 둘러보기를 권한다.

왕궁리 오층 석탑과 사리함

전주와 지척인 익산시 금마면 왕궁리 일대에는 옛날 왕궁이 있었다 하여 왕궁리라 불리는데 특히 백제 30대 무왕武王, 재위 600~641과 관련된 유적지가 여럿 있다. 우리나라에 남아 있는 사찰 중 가장 규모가 큰 왕궁리 미륵사지, 왕궁리 오층 석탑을 비롯해 무왕의 능으로 여겨지는 쌍릉, 무왕이 창건한 제석사 등이 그것이다. 이 일대는 20여 년에 걸친 발굴 조사가 진행되었고, 그 결과 무왕이 도읍을 옮기려고 조성했던 왕궁임이 확인되었다.

1965년 왕궁리 오층 석탑국보 제289호, 높이 8.5미터을 해체 보수하던 중, 현재 국

순금판에 새긴 왕궁리 오층 석탑 출토 금강경판

왕궁리 오층 석탑 출토 사리함

남원 출토 사리 장치

왕궁리 오층 석탑 출토 금동불 입상

립 전주 박물관에 전시 중인 사리함국보 제123호이 나왔다. 아무런 장식이 없는 사리함 안에서는 정교한 새김 기법으로 장식한 사리 내함높이 10.5센티미터과 녹색 유리 재질의 사리병, 순금 판 19매에 경전을 새긴《금강 반야 바라밀경》1매당 14.8×17.8센티미터이 나왔다.

사리 내함 각 면에 무늬를 새겨 넣고 뚜껑 한가운데에는 얇은 금판을 오려붙여 연꽃 손잡이를 부착했을 뿐 별다른 장식은 없다. 사리 내함의 각 면은 사각형의 테두리를 두르고 안에 장식으로 동심원 무늬를 새기고, 한가운데에는 연꽃 봉우리를 배치했다. 전국 박물관에 소장된 사리 장치 여러 점을 봤지만, 그중에서 가장 단아하고 절제미가 돋보인다. 이 왕궁리 오층 석탑 출토 사리 장치는 단아한 미소를 간직한 백제의 불상이나 산수 무늬 벽돌에서 보이는 소박하고 정제된 백제의 미감과 맞닿아 있다.

이 지역에 전해 내려오는 백제의 미감은 2층 미술실에 전시 중인 불교 미술품에서도 확인된다. 왕궁리 오층 석탑 기단에서 나온 작은 금동 여래 입상높이 17.4센티미터과 남원에서 출토된 통일 신라 시대의 사리 장치, 전북 김제에서 발견된 자그마한 동판불 등을 보면 당시 웅진, 사비를 중심으로 이뤄졌던 백제 불교 미술의 영향력이 전북 일대까지 퍼져 있었음을 알 수 있다.

남원에서 나온 사리 장치는 연꽃 대좌 위에 네모난 사리함을 얹어 놓은 형태인데, 사리함은 화려하게 맞새김 기법으로 장식 무늬를 새겼다. 또한 연꽃 대좌에서 뻗어 나온 꽃줄기마다 창과 검을 들고 있는 사천왕상을 놓았다. 사천왕은 불법의 수호자로 흔히 사찰 입구 천왕문에서 볼 수 있다. 대개는 눈을 부릅뜨고 위엄 있는 모습으로 표현되는데, 남원 출토 사리기에 안치된 신장

김제 출토 동판불

상은 앙증맞은 모양새다.

김제에서 나온 동판불은 총 4매로 얇은 동판 위에 부처를 새겼다. 동판불은 그 자체가 예배의 대상이었던 것이 아니라 그 위에 얇은 판을 대고 두드려서 다량으로 판불을 생산하기 위해 제작됐다. 일부 마모되기는 하였으나 동판에 새겨진 부처는 서산 마애 삼존불에서 보듯 동글동글한 얼굴에 순박한 미소를 머금고 있다. 부처를 본존으로 한 삼존상 1매7.8×7.3센티미터, 반가부좌를 튼 채 생각에 잠긴 모습을 표현한 반가 사유상을 가운데 배치한 삼존상 1매, 4명의 존자를 묘사한 사존상 1매, 승려의 모습을 새긴 승상 1매로 구성되어 있다.

이들 유물을 통해 삼한시대 마한의 중심지였던 익산이 백제 수도 사비에 버금가는 높은 수준의 금속 공예 기술을 보유하고 있었으며, '백제의 미소'로 불리는 고유의 미감을 공유하고 있었음을 알 수 있다.

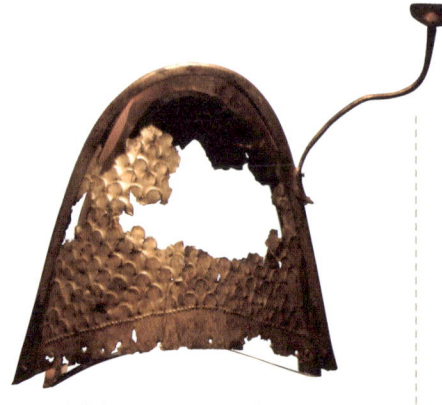
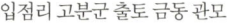

입점리 고분군 출토 금동 관모   입점리 고분군 출토 금동 신발

항해의 안전을 기원하며 제사를 지내던 부안
죽막동 제사 유적

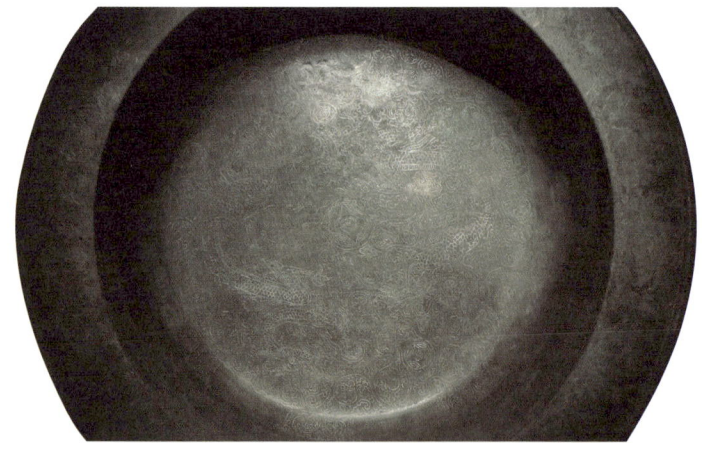

용무늬 대야

백제의 지방 통치와
국제 교류를 보여 주는 금동관

•

규모가 큰 왕릉급 무덤에서 나오는 유물 중 하나가 바로 금동관과 금동 신발이다. 이들은 무덤에 묻힌 이의 지위가 높고 세력이 상당했음을 알려 준다. 현재 알려진 백제의 왕릉에서 왕관은 나오지 않았지만 백제가 통치하던 지역에서 금동관이 서너 점 출토되었다.

박물관 1층 고대 문화실에도 신라의 금관과는 다른 유형의 독특한 금동 관모가 전시 중이다. 익산 입점리 고분에서 출토된 이 금동 관모높이 13.7센티미터는 비늘무늬를 새겨 놓은 금판 2장을 고깔 모양으로 맞붙여 놓고 나팔 모양의 장식을 붙였다. 금동 관모와 함께 관 꾸미개, 관 드리개 장식도 출토되었는데, 관 꾸미개에는 두드림 기법으로 봉황과 연꽃 무늬를 새겼다. 또 무령왕릉에서 발견된 것과 유사한 금동 신발길이 30.2센티미터, 높이 9.3센티미터도 나왔다. 신발 바닥에는 뾰족한 창을 달고, 겉면에는 마름모꼴의 사방 연속무늬 안에 연꽃을 새겼다.

익산 입점리 금동 관모와 비슷하게 생긴 관이 공주 수촌리 고분과 가야의 세력이 미치던 경남 합천, 일본 구마모토에서도 나왔다. 모두 백제의 영향력이 미치던 곳이다. 공주 수촌리 고분과 익산 입점리 고분에서 나온 나팔 모양의 금동 관모는 5세기 중후반에 제작된 것으로 추정되는데, 이들은 백제의 중앙에서 만들어 지방의 수장에게 내린 하사품, 즉 위세품이다. 비슷한 모양의 관모가 백제, 가야, 일본에서 출토되었다는 것 역시 이들 지역 또한 백제의 세력권 안에 들어 있으며 양측 간에 활발한 교류가 있었음을 시사한다.

　문화 전파에 열성적이었던 백제의 면모는 국내 최초로 발굴된 해양 제사 유적인 부안 죽막동 유적 전시물에서도 확인된다. 죽막동 유적은 4~6세기 항해의 안전을 기원하던 제사 유적으로, 제례에 사용되는 다양한 모양의 항아리와 독, 쇠창, 쇠화살촉, 청동 방울이 출토되었다. 또 독 안에는 작은 크기로 제작한 도끼와 거울, 손칼 등의 생활용품이 담겨 있었다. 출토 유물 가운데에는 중국에서 제작된 구슬류와 도자기도 포함되어 있어 당시 중국 남조, 왜, 대가야 등과 교류했던 무역 대국 백제의 일면을 엿볼 수 있다.

강진 청자와 더불어 고려청자를 대표하는 부안 청자

●

불교를 국교로 삼은 고려에서는 차를 마시는 일이 유행했다. 찻물이 새지 않고 아름다운 찻물의 색을 볼 수 있는 중국의 청자는 고려인의 '위시 리스트 1호'였다. 토기가 아니라 한층 업그레이드된 자기 기술을 보유하고자 애쓰던 고려는 10세기 후반 드디어 청자 생산에 성공한다. 내소사와 채석강이 있는 전북 부안은 전남 강진과 더불어 고려 시대 대표적인 청자 생산지다. 송나라 때 고려를 방문한 서긍徐兢은 《고려도경高麗圖經》이라는 책에서 고려청자의 비색翡色을 예찬했는데, 부안에서는 아름다운 비색의 청자색이 돋보이는 순청자와 청자 표면을 칼로 긁어 낸 뒤 다른 색깔의 흙으로 메워 유약을 발라 구운

다양한 장식 기법이
활용된 부안 청자

상감 청자를 다량 생산했다. 또 고려 무신 정권 시기인 12~13세기에 세련된 귀족의 취향을 반영한 최상급의 청자도 만들어졌다. 특히 부안 유천리 가마에서 이와 같은 최상품의 청자가 다수 제작되었다.

자기를 만들 수 있는 질 좋은 흙과 서해를 낀 물류의 편리함 덕분에 부안과 강진은 가장 융성한 고려청자 생산지가 될 수 있었다. 이렇게 만들어진 청자를 실은 배는 청자 운반선에 실려 서해안의 조운 항로를 따라 고려의 수도인 개경開京으로 운송되었다. 청자 운반선은 종종 고군산군도나 태안반도 등 서해안 연안을 지나다 조류에 휘말려 침몰하기도 했다. 2층 미술실에는 부안 가마터와 군산 앞바다 비안도와 십이동파도 등 서해에서 건져 낸 청자를 전시 중이다.

전시 중인 청자들은 색이나 형태, 무늬 어느 것 하나 빠지는 게 없다. 아름다운 비색이 돋보이는 매병과 연꽃 모양으로 테두리를 다듬은 접시는 담박한 순청자의 매력이 돋보인다. 화려한 투조 기법으로 만든 붓꽂이, 시가 새겨진 병, 표주박 모양의 주전자는 고려 귀족의 세련된 취향을 엿볼 수 있다. 청자를 사용하던 귀족의 낭만뿐 아니라 이들의 낭만을 그릇에 구현한 고려 장인의 솜씨와 감각도 놀랍다. 곡면인 그릇을 마치 평면의 캔버스처럼 자유자재로 활용해 청자 표면에 국화와 모란, 포도, 연꽃, 여지 무늬를 다양한 기법으로 장식하는 동시에 여백의 미 또한 놓치지 않았다. 물가 무늬 풍경이라든가 대나무와 학 등을 상감 기법으로 꾸민 매병 등에는 시정詩情이 듬뿍 느껴진다.

한지, 비빔밥, 콩나물국, 국제 영화제의 공통점은? 바로 앞에 전주全州라는 지명이 붙어야 고유의 정체성이 생긴다는 것이다. 또한 이곳은 판소리의 본고장이자 비빔밥, 한정식, 막걸리 등 전통 음식 문화가 잘 살아 있는 곳이기도 하다. 백제와 후백제와 관련된 사찰, 조선 시대에 세워진 역사 속 유적이 일대에 상당수 남아 있으니, 전주 시내와 일대를 연결해 돌아본다면 알찬 여행이 될 것이다.

함께 둘러보면 좋아요

경기전과 어진 박물관

경기전慶基殿, 사적 제339호은 1410년태종 11년에 조선을 건국한 태조 이성계의 초상화인 어진御眞을 봉안하고 제사를 지내려 지은 전각이다. 이러한 전각은 전주 말고도 수도인 한양, 태조가 출생한 함경도 영흥, 경상도 경주, 평양도 평양, 황해도 개성 등에 세워졌다. 이들 전각은 임금의 초상화를 봉안했다 해서 어용전御容殿이라 불렀으나, 세종 때 소재지마다 이름을 달리 붙이기로 하고 전주의 어용전에는 경기전이라는 이름을 붙였다.

경기전에는 어진을 봉안한 진전眞殿과 태조 이성계의 22대조이자 전주 이씨의 시조인 이한李翰 공의 위패를 봉안한 조경묘肇慶廟, 《조선왕조실록》을 보관했던 전주 사고 등의 유적이 남아 있다. 그러나 현재의 규모는 대폭 줄어들었다. 일제 강점기에 일제는 경기전 서쪽 부지와 부속 건물을 철거하고 소학교를 세우면서 조선 왕조의 위상을 깎아 내리려 했다. 그 결과 경기전의 규모도 줄어들고 일부 전각도 사라졌다.

조선 태조의 이성계의 초상화인 〈태조 어진〉을 모신 경기전 입구

경기전 본전

어진 박물관

경기전과 어진 박물관

전라북도 전주시 완산구 태조로 44 | 063-231-0090
http://www.eojinmuseum.org/
관람료 무료

어진을 나르는 데 사용된 가마, 신연

〈태조 어진〉은 1410년 경기전 창건 당시부터 본전에 봉안되었다. 왕조의 고향을 지키는 관리들과 선비들은 전란이 닥치면 어진을 이곳저곳으로 옮겨 지켜 냈다. 실제로 임진왜란 당시 함경도 영흥과 전주의 어진만이 온전하게 보존됐다. 조선 왕실은 어진이 낡거나 훼손되면 이를 새로 베껴 그리고 원본을 폐기했다.

현재 전하는 〈태조 어진〉국보 제317호, 151×220센티미터도 19세기 새로 베껴 그린 이모본移模本이다. 1443년 그린 어진을 바탕으로 고종 때인 1872년 조중묵, 박기준, 백은배 등 8명의 화사가 다시 그렸다. 그림 상단에 고종이 친필로 1872년 이모했다고 썼다.

〈태조 어진〉은 노년의 모습을 그린 전신 초상화이다. 그림 속에서 태조 이성계는 청색 곤룡포를 입고 익선관을 쓴 채 붉은색 어좌 위에 앉아 있다. 굳게 다문 입술, 형형한 눈빛, 당당한 자세에서 왕조를 개창한 시조의 강렬한 위엄이 풍긴다. 곤룡포의 가슴과 어깨 부분에 금니로 그린 용무늬 역시 기세를 내뿜으며 초상화에 위엄을 더하고 있다.

〈태조 어진〉은 아무 때나 볼 수 없다. 어진 박물관의 어진실에 전시 중인 왕의 초상화는 대부분 사진 복제본 또는 모사본이다. 빛에 민감하기 때문에 진본은 특별전이나 기획전이 열릴 때나 볼 수 있다. 조선 시대에는 태조 어진을 비롯해 역대 왕들의 어진이 그려졌으나 현재 남아 있는 어진은 극소수이다. 임진왜란, 6·25 전쟁 등으로 인해 모두 소실되어 버렸다. 영조의 반신상 어진과 철종 어진 등 일부 어진이 부분적으로 남아 있지만, 온전하게 전하는 것은 경기전의 〈태조어진〉이 유일하다.

어진은 곧 임금 자체였으므로 한양의 화원이 그린 어진을 전주로 옮기는 데는 특별히 제작된 가마가 사용되었다. 어진을 옮기는 데 사용된 가마는 신연神輦이라 부르는데, 가마 좌우에서 각각 50여 명의 장정이 이를 들고 날랐다고 한다.

박물관 가마실에는 신연과 어진을 옮길 때 함께 옮겨지던 위패, 향로 등을 나르는 데 사용된

태조 어진

가마를 전시 중이며, 역사실에는 제례 용기와 각종 유물을 전시하고 있다. 또 닥종이 인형으로 어진 봉안 과정을 재현해 이해를 돕고 있다.

어진을 통해 보는 조선 시대의 초상화

어진을 이해하려면 조선 시대 초상화에 대한 이해가 필요하다. 서양의 초상화는 살아 있는 이들의 주문을 받아 그려진 것이 대부분이지만, 조선 시대에 초상화는 세상을 먼저 뜬 조상을 기리고 제의를 지내고자 제작되었다. 유교 문화가 보급되면서 죽은 사람의 위패를 모신 신주神主 대신 죽은 자의 생전의 모습을 기록한 초상화가 제의에서 중요해졌다. 이들의 초상화는 공개된 장소가 아니라 사당에 모셔졌다.

조선 시대 왕족과 사대부의 초상화는 극사실주의의 극치를 보여 준다. 초상화가는 "터럭 하나라도 같지 않으면 그 사람이 아니다."라고 해 엄격한 사실성을 요구받았으며 더불어 전신 사조傳神寫照라고 해서 인물의 외형뿐 아니라 인품과 정신도 그림 속에 드러내야 했다.

조선 시대 초상화의 특징 중 하나는, 얼굴은 생생하게 묘사되지만 의복이나 배경 등은 극도로 양식화해 표현된다는 점이다. 대개는 화려한 화문석 위 의자에 앉아 오사모를 쓰고 단령을 쓴 관복 차림으로 묘사된다. 그림은 은은한 색깔을 내도록 비단 뒤에서 채색하는 배채 기법으로 채색되었다.

영조 어진
보물 제32호, 국립 고궁 박물관 소장

전주 한옥 마을과
그 주변 이목대와 오목대,
전동 성당

•

전주를 가리켜 풍패지향豊沛之鄉이라 한다. 풍패豊沛는 한나라 고조 유방의 고향인데, 이후 나라를 건국한 시조의 고향을 풍패 또는 풍패지향이라 불렀다. 그래서 조선 시대 전주성에도 사방의 출입문마다 이를 본떠 이름을 지었다. 서문은 패서문沛西門, 남문은 풍남문豊南門, 보물 제308호이라 불렀다. 구한말 전주 읍성이 헐리면서 사라지고 현재 풍남문만 남아 있다. 조선 시대에 전주와 호남 일대를 돌아본 관리들이 머물던 전주 객사보물 제583호에도 풍패지관豊沛之館이라는 현판이 붙어 있다.

경기전과 풍남문 일대에는 한옥 650여 채가 밀집한 전주 한옥 마을이 있다. 한옥마을은 1970년대 한옥 보존 지구로 지정되면서 전통의 도시인 전주를 대표하는 장소가 되었다. 골목길을 따라 개성 있는 가게와 전통 문화 체험이 가능한 문화 공간이 들어서 있으며 숙박이 가능한 게스트 하우스도 상당수다. 대하소설《혼불》의 작가 최명희를 기리는 최명희 문학관, 부채 문화관, 전주 전통 한지원, 전주 전통 술 박물관이 있고, 판소리의 고장답게 전주 한옥 생활 체험관에서는 주말마다 판소리 공연이 펼쳐진다.

한옥 마을 인근에는 이성계와 관련된 유적도 있다. 남쪽 언덕에는 이성계가 남원 황산리에서 왜구를 무찌르고 승리한 뒤 전주에 들러 종친과 연회를 가진 오목대梧木臺와 태조 이성계의 5대조인 이안사가 살던 이목대梨木臺가 있

오목대에서 내려다본 한옥 마을

최명희 문학관

오목대

호남 지역에서 가장 오래된 서양식 건축물인 전동 성당.

전동 성당 내부

다. 전주 향교와 전라 관찰사가 머물렀던 동헌, 운치 있는 정자 한벽당寒碧堂도 가깝다.

한옥 마을 입구의 전동 성당사적 제288호도 여행객이 많이 찾는 명소다. 호남 지방에 있는 서양식 근대 건축물 중에서 역사가 가장 오래됐다. 본디 이 자리 는 우리나라 최초의 천주교 순교지였다. 구한말 천주교가 허용되면서 들어온 프랑스 외방 전교회 소속 신부들이 터를 구입하고 1908년부터 짓기 시작해 1914년에 완공했다. 명동 성당을 완성한 프와넬 신부가 로마네스크 양식으로 설계했고, 화강암에 붉은 벽돌을 쌓아 올려 지었다. 일제 강점기 풍남문 근처 의 전주 성벽을 해체하면서 나온 석재를 가져다 성당 주춧돌로 썼다는 사실 을 알고 나면 조금 씁쓸한 기분이 들기도 한다. 해질 무렵 석양이 스며드는 성당의 스테인드글라스가 아름답다.

익산 미륵사지

●

백제의 왕들은 나라가 위태로울 때마다 수도를 옮겼고, 이를 통해 정치적 안정을 확보했다. 국가의 안위가 해결된 다음에는 정치적·사회적 안정을 바탕으로 찬란한 문화의 꽃을 피웠다. 과거 금마金馬로 불린 익산 일대는 〈서동요〉의 주인공인 백제 제30대 무왕이 자란 곳이자 그가 도읍으로 삼으려 했던 곳이다. 무왕은 아버지인 위덕왕이 세상을 뜬 뒤에 귀족에 밀려 왕권이 약해진 시기에 왕위에 올랐다. 정세를 타개하고 국력을 하나로 모으기 위한 묘책으로, 무왕은 금강 아래 마한 세력의 중심지이자 드넓은 평야가 펼쳐진 금마로 수도를 옮길 계획을 세웠다. 왕궁리에는 별궁을 짓고, 인근에는 호국 사찰인 미륵사도 지었다.

미륵사지는 현재 우리나라에 남아 있는 사찰과 폐사지 중에서 가장 규모가 크다. 동서 260미터, 남북 640미터로, 면적만 15만 제곱미터에 달한다. 동아시아 최대의 구층 목탑이 있었다고 전해지는 경주 황룡사지보다 두 배나 크다. 《삼국유사》에 따르면 무왕은 신라 진평왕의 딸인 선화 공주를 부인으로 맞아들이고 왕비와 함께 사자사獅子寺에 가는 길에 용화산 밑 큰 연못에서 미륵 삼존을 만나고서는 연못을 메워 미륵사를 만들고 법당과 탑 그리고 회랑을 세웠다.

실제로 미륵사는 용화산 남쪽 기슭에 남향으로 배치되었다. 발굴 조사 결과 《삼국유사》의 창건 설화대로 늪을 메워 만들었으며 3개의 구역으로 구성되어 있음이 확인되었다. 가운데에 중문-목탑-금당을 배치한 중원과 이를 둘러싼 회랑, 중원 양옆에 다시 중문-석탑-금당을 배치한 동원과 서원의 3금당 3탑식 구조다. 기록에 따르면, 사찰은 조선 태종 때까지만 해도 건재했으나 갑작스레 무너졌다. 목조 건물은 사라지고 화강암을 깎아 만든 석탑과 당간 지주, 석등을 받치는 연꽃 모양의 석등 하대석만이 빈터에 덩그러니 남아 있다.

두 기의 석탑 중에서 동탑은 언제 무너진지도 모른 채 사라져 1990년대 복원했지만 절터와 어울리지 않는 이질적인 모습 때문에 여전히 논란이 많다. 반쪽만 남아 무너져 가던 서탑국보 제11호, 높이 14.24미터은 1915년 일본인들이 콘크리트로 메웠으나, 제 모습을 찾아줘야 한다는 여론과 안전 진단 결과 붕괴 우려가 있어 1998년부터 석탑을 해체하기 시작했다. 국립 문화재 연구소의 주도로 석공들이 일일이 콘크리트를 망치로 두드려 깨고, 실측 조사 및 기록을 거쳐 해체 복원 작업 중이다. 서탑은 6층 규모로 현재 전하는 우리나라 최고最古 최대의 석탑이다. 남아 있는 부분의 높이만 14.24미터인데, 본래는 구층탑이었던 것으로 추정된다. 미륵사지 석탑은 중국의 목탑이 한국의 석탑으로 전환되는 과정을 보여 주는 귀한 건축물이다. 탑 기단부에는 사방에 문을 마련해 내부로 출입할 수 있게 되어 있고, 탑 중앙의 교차점에는 사각 기둥을 세워 탑을 지

미륵사지 석탑

복원된 동탑

해체 복원 작업 중인 미륵사지 석탑

미륵사지 | 전라북도 익산시 금마면 미륵사지로 428 | 063-290-6799 | http://www.mireuksaji.org
관람 시간 화~일 오전 9시~오후 6시 | **휴관일** 매년 1월 1일, 매주 월요일 | **관람료** 무료
교 통 편 익산역과 익산 시외버스터미널에서 41, 60번 버스 이용. 또는 전주 공용 버스 터미널에서 금마행 직행버스를 타고
금마 터미널에서 41, 60번 버스를 타거나 택시 이용(소요 시간 5분, 요금 5000원 정도).

탱하게 했다. 2012년 현재 미륵사지 서탑은 전부 해체되었다. 복원 프로젝트를 주관하는 국립 문화재 연구소는 2016년까지 화강암으로 새로운 부재를 만들어 석탑을 복원하기로 했다. 비록 지금은 탑을 볼 수 없지만, 탑이 복원되는 과정을 지켜보는 것 또한 살아 있는 역사 공부이다.

한편, 해체 과정에서 귀한 유물도 발견됐다. 2009년에 탑 기단부 중앙에서 발견된 사리공에서는 연꽃과 인동, 당초문으로 화려하게 장식한 금동제 사리 외호와 금제 사리 내호, 사리를 봉안하게 된 연유를 기록한 금제 사리 봉안기, 은제 관식과 곡옥과 유리구슬 등이 담긴 청동 합, 사리 공양에 참가한 시주자에 관한 명문이 새겨진 금제 소형 판 등 총 19종 683점의 유물이 나왔다. 특히 금제 사리 봉안기는 미륵사지의 비밀을 벗기는 열쇠가 됐다. 총 194자의 발원문이 새겨진 사리 봉안기에는 미륵사지의 창건 배경과 탑의 건립 배경, 발원자에 관한 내용이 실려 있었다. 발원문에 따르면 639년에 백제의 왕후가

미륵사지 출토 금제 사리 봉안기

미륵사지 출토 금동 향로

미륵사지 출토 사리 장엄구

탑을 조성했다. 특히 학계를 놀라게 한 것은 탑을 조성한 백제의 왕후가 진평왕의 딸인 선화 공주가 아닌 백제의 귀족 가문인 사택적덕의 딸이라는 것이다. 애당초 《삼국사기》와 《화랑세기》 등에도 선화공주에 대한 언급 자체가 없는 데다 미륵사지 사리 봉안기가 발견되면서, 선화 공주의 존재는 미궁에 빠져 버렸다.

현재 미륵사지에서 나온 다양한 유물은 1997년에 문을 연 미륵사지 유물 전시관에서 볼 수 있다. 동물 얼굴 모양의 다리가 달린 금동 향로보물 제1753호와 탑 또는 건물 처마에 매달았던 금동 풍탁, 사찰 지붕에 올리는 장식 기와인 치미, 고려 시대에 사용되던 청자 등이 전시 중이다. 2009년에 발견된 사리 장엄구 유물은 2012년 현재 국립 문화재 연구소에서 보존 처리 중이며, 2012년 안으로 보관 장소가 결정될 예정이다.

왕궁리 오층 석탑과
왕궁리 유적지

국립 전주 박물관에 전시 중인 단아한 금동 사리 장치와 금강경 판이 나온 왕궁리 오층 석탑국보 제289호, 8.5미터은 왕궁리 유적에 우뚝 서 있다. 왕궁리 유적은 마한 것이냐 백제 것이냐는 논란이 있었으나, 발굴 조사 결과 백제 말기에 지은 왕궁이라는 것이 정설로 굳어졌다. 왕궁리 오층 석탑은 부여 정림사지 오층 석탑과 닮았다. 멀리서 보면 늘씬하고 가벼운 느낌인데, 가까이서 보면

왕궁리 오층 석탑과 왕궁리 유적지

전라북도 익산시 왕궁면 궁성로 670 | 063-859-4632 | http://wg.iksan.go.kr
관람 시간 화~일 오전 9시~오후 6시
휴 관 일 1월 1일, 매주 월요일

단단하면 장중한 느낌이다. 지붕돌 모서리는 정림사지 석탑의 지붕돌과 마찬가지로 하늘로 살짝 들려 있다. 그래서 백제 시대에 지은 탑이라는 설도 있고, 백제 지역에서 이어져 오던 양식을 계승해 고려 초기에 지은 탑이라는 견해도 있다.

드넓은 터에서 제 홀로 남아 자리를 지키고 있는 탑을 보면 대견하다는 생각과 적막한 기분이 교차한다. 1400여 년 전 이곳은 사비의 뒤를 이어 백제를 새롭게 끌어갈 수도로 조성되었다. 남북 490미터, 동서 245미터 규모의 왕궁리 유적지에 들어선 건물터 총 21곳 중 백제 시대 건물지가 14곳이다. 백제의 궁성을 뜻하는 수부首府 명이 새겨진 기와가 다량 출토되었고, 백제 시대에 조성된 정원터와 우리나라에서 가장 오래되고 과학적으로 설계된 대형 화장실 터가 발견되었다. 또한 궁에서 사용되는 금, 유리 제품을 만들기 위한 공방터도 발견되었다.

무왕 이후 의자왕義慈王, 재위 641~660이 즉위하고, 신라와의 전쟁에서 승리하는 듯 보이던 백제는 한순간 쓰러졌다. 무엇이 화려한 문화의 꽃을 피운 백제를 멸망의 길로 이끌었을까. 무왕이 야심차게 건립했던 왕궁이 사찰로 그 용도가 바뀐 것은 대략 백제 말기라 한다. 왕궁에서 사찰로 용도가 바뀐 유적지를 지키고 선 오층 석탑을 보며 혼란스러웠던 백제 말기를 떠올려 본다.

왕궁리 유적 입구에는 2008년에 왕궁리 유적 전시관이 세워져 정원 유적과 화장실 유적을 모형으로 재현했으며, 수부 명이 새겨진 기와와 수막새, 토기, 공방터에서 나온 금 고리, 금판, 금실 및 도가니 등 300여 점의 유물을 전시하고 있다.

왕궁리 일대에는 무왕의 흔적이 가득하다. 미륵사지뿐 아니라 서동 생가터, 무왕이 세운 제석사지, 무왕의 능으로 추정되는 쌍릉이 있다. 인근에 들판을 마주 보고 서 있는 고도리 석불 입상도 재미난 볼거리다.

보물선에 실린 도자기와 호남의 풍류를 찾아서

국립
광주 박물관과
조선 선비
문화 유적

국립 광주 박물관

광주광역시 북구 하서로 110(매곡동) | 062-570-7000 | http://gwangju.museum.go.kr/
관람 시간 화~금 | 오전 9시~오후 6시
토·일·공휴일 | 오전 9시~오후 7시
3월~10월 매주 토요일은 오후 9시까지 야간 개장
휴 관 일 매년 1월 1일, 매주 월요일

영산강 유역의 비옥한 곡창 지대와 바닷가를 끼고 있는 전라남도는 물산이 풍부해 예로부터 먹거리 문화가 발전했다. 동시에 전라도는 예향藝鄕이자 풍류의 고장이기도 하다. 동서양을 막론하고 사회와 경제가 안정을 구가할 때, 그 시대의 예술이 풍성해졌음을 떠올린다면 호남이 예향으로 불리는 까닭도 쉽게 이해할 수 있을 것이다. 뛰어난 감각의 소유자들은 대체적으로 모든 감각에 예민하다. 남다른 미각을 가져서일까. 남도 어디를 가든 남도 사람들은 구성진 노래 한 가락을 풀어 놓을 줄 알며 즐길 줄 안다. 남도 사람들의 넘치는 신명, 예술 의지는 어디서 비롯된 것일까. 어쩌면 이번에는 그 실마리를 찾을 수 있지 않을까 기대해 보며 광주로 길을 떠난다.

미안한 이야기지만, 전국 국립박물관 중 외관 디자인으로 치자면 가장 심심하고 재미없는 건물이 국립 광주 박물관이라는 생각이다. 1978년에 개관한 국립 광주 박물관은 1970년대 당시 공공건물을 지을 때 기와, 처마 등 전통 건축의 요소를 반영할 것을 요구한 군사 독재 정권의 지침을 어쩔 수 없이 따라 지어졌다. 그 결과 '무늬만 한옥'이 되었지만, 박물관 내부를 채우고 있는

국립 광주 박물관

소장품은 선사 시대부터 조선 시대까지 전 시대를 아우르면서 양이나 질에서 절대 뒤떨어지지 않다.

국립 광주 박물관은 또 대한 제국 말기 및 일제 강점기에 세워진 국립 공주 박물관, 국립 부여 박물관, 국립 경주 박물관을 제외하고 대한민국 건국 후 우리 손으로 지은 첫 번째 박물관이기도 하다. 그러나 국내 수중 고고학을 태동시킨 신안 앞바다에서 중국 청자 보물선이 발견되지 않았다면 국립 광주 박물관은 한참 뒤에 문을 열었을지도 모른다. 1976년 신안 앞바다에서 발굴이 본격적으로 진행되면서 숱한 유물이 쏟아져 나오자 이들 유물을 보관하고 전시할 공간이 필요해져 광주에 국립 박물관을 세웠다.

동시에 박물관은 호남 지역의 역사 전문 박물관이기도 하다. 드넓은 호남의 곡창 지대는 2000여 년 전 고대인들에게도 풍요로운 수확의 기쁨을 안겨줬다. 박물관 1층의 농경 문화실은 호남의 곡창 지대에서 새롭게 발굴된 유물을 통해 고대의 농경의 문화를 조명하고 있다. 그 밖에 국립 광주 박물관은 강진 청자와 광주 분청사기粉靑沙器, 남도 화단을 이끈 예인 가문의 그림을 한자리에 모아 예향 호남을 적극 조명하고 있다.

팔주령과 신창동 유적

팔주령八珠鈴은 참으로 오묘하다. 우선 별이나 불가사리를 떠올리게 하는 형태가 그러하고, 두 번째로는 검푸른 빛이 나는 표면에 빗금과 고사리무늬가 새겨진 것이 예사 물건이 아님을 알겠다. 그러나 섬세하게 문양을 새긴 이 기묘한 물건이 2400여 년 전 청동기 시대의 유물이라는 것이 믿기지가 않는다. 팔주령은 여덟 개의 가지 끝에 방울을 매단 것으로 검푸른 색 표면에 예리한 선을 그어 팔각형 비슷한 기하학적 문양을 조밀하게 새기고 방울 끝에는 좌우 대칭형의 고사리무늬를 새겼다. 팔주령은 전남 화순 대곡리에서 세형동검, 청동 잔무늬 거울, 청동 자루, 쌍두령, 청동 도끼와 새기개 등 청동기 11점과 함께 나왔다. 화순 대곡리는 청동기 시대 고인돌이 산재한 곳이다.

이들 유물은 1971년에 우연히 발견되었다. 장마철 농부가 집 뒤편 담장에서 배수로를 파다가 우연히 금속 조각을 발견했으나 대수롭지 않게 여겨 금속 조각을 동네 엿장수에게 팔았는데, 눈 밝은 엿장수가 이를 전남 도청에 신고했다. 이후 고고학자들이 파견되어 일대를 조사하면서 청동기 유물 11점을 발견했다. 그러고 나서 2008년에 농부의 집 근처 담장을 다시 조사했다. 그랬더니 땅속에서 통나무를 깎아 만든 목관과 청동 검 2점이 더 나왔다. 농부의 집은 청동기 시대 이 지역 최고 지도자의 무덤 위에 들어섰던 것이다.

알다시피 청동기 시대는 제정일치 시대이다. 부족의 수장이 제사장을 겸했다. 청동기 시대에 제사장은 하늘과 땅의 매개자로 양손에는 팔주령 또는 쌍두령을 쥐고 가슴에는 청동 거울을 달고 태양의 빛을 반사하며 제천 의식을 행했다. 팔주령 표면의 빗금은 둥근 원을 따라 팔방으로 뻗은 햇살을 추상화한 것이다. 팔주령은 비슷한 시기의 중국이나 일본에서는 출토되지 않은 한반도 고유의 유물이다. 방울이 달린 청동기 시대의 의례 용구로는 팔주령 외에 쌍두령이 있다.

세형동검

현악기 슬

팔주령

신창동 출토 식기

신창동 출토 농기구

팔주령이 청동기 시대 제정일치의 사회상을 보여 준다면, 1992년부터 순차적으로 발굴 중인 광주 신창동 유적의 유물은 2000여 년 전 초기 철기 시대의 생활상을 보여 순다. 신창동 유적은 집터와 토기 가마터, 배수 시설, 독무덤 등이 함께 나온 복합 농경 유적이다. 농경뿐 아니라 토기 제작, 칠기 제작, 직조 기술 등을 보여 주는 유물이 함께 나와 고대의 '테크노시티'라는 별명이 붙었다. 신창동 유적은 광주 북서쪽 강변의 구릉에서 국도를 직선화하는 과정에서 발견되었다. 여기에는 아홉 평 남짓한 습지대가 포함되어 있었는데, 이 습지대는 고대의 타임캡슐 노릇을 톡톡히 했다. 그간 우리나라에서 발견되지 않던 생활용품 유물이 습지에서 다수 발견됐다. 옻칠한 목기와 현악기인 '슬', 나무로 만든 빗, 그릇 뚜껑, 물고기를 잡는 통발, 옷감을 만드는 베틀의 부속구인 바디, 괭이, 수레바퀴, 괭이와 자귀 등의 농기구, 볍씨, 오이씨, 불에 탄 쌀 등이 쏟아져 나왔다. 습지대의 진흙 속에 묻혀 있었기에 오랜 세월 썩지 않고 보존되었다. 반 토막만 남았지만 원래는 10개의 현이 달려 있던 악기 슬은 현전하는 한국 최고最古의 악기로, 가무를 좋아하는 한민족의 성정을 보여 준다.

고대의 식문화를 보여 주는 조리 도구도 재미나다. 구멍이 숭숭 뚫린 시루와 국자, 세발 달린 솥을 보면, 2000여 년 전이나 지금이나 굽기, 찌기, 삶기 등 음식을 만드는 기초 조리법은 달라진 게 없다는 사실을 깨닫는다. 아이들의 소꿉 장난감처럼 앙증

신창동 출토 식기들

맞은 크기의 토제 식기는 대접과 잔의 원형이라 할 수 있다.

이들 유물을 바탕으로 추정하면, 신창동 유적의 고대인은 영산강 유역에 농사를 짓고 풍성한 수확물을 거두었다. 또 토기와 칠기, 옷감 제작 등 고급 기술을 보유했으며 풍요로운 경제력을 바탕으로 발달된 식문화를 즐기고 현악기를 만들어 예술을 즐기는 수준 높은 생활을 영위했다.

영산강 유역을 호령한 권력자의 상징인 신촌리 금동관

삼국 시대 유물 중 빠지지 않는 것 중 하나는 바로 관이다. 금동관은 중앙 집권 체제를 이룬 상태에서 왕이나 또는 지역의 수장이 사용했던 것으로 각 나라마다 조금씩 차이가 있다. 나주 신촌리의 대형 독무덤에서 나온 금동관국보 제295호, 높이 25.5센티미터은 금동 신발과 함께 출토되었다. 영산강 유역에서 나온 독무덤옹관은 입이 벌어질 정도로 어마어마한 크기다. 대체로 독무덤은 어린 아이를 묻거나 사람의 뼈만 수습해 매장하는 세골장에 사용되지만 독특하게도 이 일대에서는 대형 독무덤 여러 기가 나왔다. 항아리 두 개를 맞붙여 놓은 독무덤은 길이만 4미터에 달한다. 한반도 곳곳에서 부족의 수장을 매장하려고 고인돌을 만들 때, 이 일대에서는 대형 옹기를 맞붙여 무덤으로 썼다.

현재 백제의 관으로는 공주 수촌리 고분에서 출토된 금동관과 익산 입점리 고분 출토 금동관이 전하는데, 신촌리 금동관은 내관과 외관이 함께 전하는

신촌리 출토 금동관

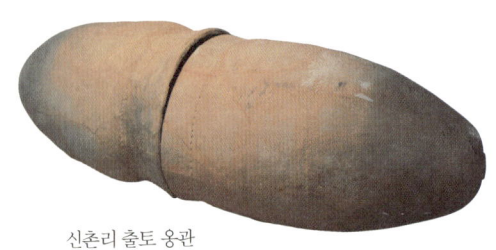

신촌리 출토 옹관

귀한 유물이다. 금동판 2개를 맞붙여 만든 내관에는 소박한 연꽃무늬를 두드려 새겼고, 외관에는 불꽃무늬와 흡사한 세로 장식을 3개 달았다. 또 금동판으로 만든 달개와 구슬을 매달아 화려함을 보탰다. 그러나 신라의 금관에 비하면 단순하고 소박한 편이다.

금동관이 나온 영산강 일대의 고분은 독무덤 위를 흙으로 덮은 대형 봉분의 형태로 길이가 30~50미터, 높이가 5~9미터에 달해 백제 왕실의 봉분보다도 더 크다. 특히 금동관이 나온 신촌리 9호분은 12개의 독무덤이 함께 묻혀 있어 가족묘로 보인다. 둥근 고리 칼이 나온 것으로 보아 나주 신촌리 금동관의 주인은 영산강 유역이 완전히 백제의 세력으로 편입되기 전까지 이 일대에서 백제의 왕에 맞먹는 독자적인 세력을 구축하고 있었던 것으로 보인다. 대형 독무덤은 3세기 후반 나타나 5세기 중반까지 조성되었다. 대형 독무덤은 이후 백제의 전형적인 무덤 양식인 돌방무덤으로 바뀌는데, 이는 이 지역이 백제의 세력권에 편입됐음을 방증한다.

보물선에 실린 중국과
호남의 명품 도자기

1970년대 중반 전남 신안 앞바다에서 어부의 그물에 청자가 걸려 올라왔다. 이후 1976년부터 시작된 8년간의 발굴은 바닷속 깊숙이 묻혀 있던 보물선의 존재를 알리게 되었다. 신안 해저에 묻힌 배는 1323년 중국 저장성 닝보寧波에서 출발해 일본 교토京都로 가던 청자 운반선이었다. 당대 최고의 명품 자기가 한가득 실려 있던 보물선은 어떤 이유에서인지 항로를 이탈해 목포 앞 신안 앞바다에서 침몰했다. 발굴 결과, 중국 도자기 2만여 점과 동전 28톤, 자단목 1000여 개, 배의 파편과 선원들이 사용하던 맷돌, 바둑판, 식기, 씨앗, 생약재 등의 생활용품이 인양되었다. 바닷속에서 보물이 나온다는 소식에 도굴꾼들이 몰려들어 야밤에 몰래 불법으로 인양하다 적발되는 촌극이 벌어지는 등 당시 신안 해저 유물 발굴은 전 국민의 관심사였다.

1980년대 중반까지 신안 해저 유물을 보려면 반드시 국립 광주 박물관에 가야 했다. 현재는 국립 중앙 박물관 아시아관 신안 해저 문화재실로 대부분 이관되어 몇몇 명품과 호남 일대에서 제작된 도자기가 전시되고 있다. 국립 광주 박물관 2층 도자실에 전시 중인 신안 유물은 중국 저장성 용천요에서 만

도자실

용천요 청자 병

경덕진요 백자 병

길주요 흑요 매병

자주요 백요

분청사기 물고기 문양 편병

든 청자를 위시해 경덕진요에서 만든 백자, 건요와 길주요에서 만든 흑유 자기, 자주요에서 만든 백유 자기 등 중국 도자사의 명품으로 구성되어 있다. 고대 청동기로 만든 제기의 형태를 본떠 연꽃과 모란으로 화려하게 장식한 화병, 병 입구 양측에 용무늬 손잡이가 달린 청자 병 등 중국 원나라 때의 청자는 고려청자보다 좀 더 녹색 기운이 강하고 훨씬 장식적이다.

화려한 신안 유물보다 더 눈길이 가는 것은 고려청자와 조선 분청사기다. 전남 강진은 고려 시대 왕실과 귀족층이 사용하던 아름다운 비색 청자를 생산하던 도요지다. 버드나무 아래 춤을 추는 학과 동자를 표현한 청자 매병과 포도 넝쿨 아래 노니는 동자를 상감 기법으로 표현한 청자 주전자와 받침에서 고려 귀족의 유유자적한 낭만을 느낄 수 있다. 박물관 정원 동쪽에 강진 용운리 가마가 복원되어 고려 시대의 청자 가마를 직접 확인할 수 있다.

이 지역에서는 조선 초기 자유분방하고 대담한 분위기의 분청사기도 생산했다. 분청사기는 한국의 미술 사학을 일으킨 우현 고유섭1205~1944이 고안한 단어로 분장회청사기粉粧灰靑沙器의 줄임말이다. 여말 선초 나라가 혼란하고 왜구들의 침입으로 강진, 부안 등 바닷가에 있던 청자 가마에서 더 이상 자기를 구울 수 없게 된 장인들이 내륙으로 이주해 구운 도자기가 바로 분청사기다. 도자기의 바탕흙이 바뀌고 도자기를 굽는 데 소요되는 물자가 전처럼 원활히 공급되지 않다 보니 회청색이 나는 청자가 나왔다. 나라의 안위는 그와 관련 없어 보이는 듯한 도자기에마저 영향을 미쳤던 것이다. 그래서 장인들은 탁한 회청색 자기 표면을 흰색의 백토로 덧발라 말 그대로 분장을 시키고 다시 상감, 조화, 박지, 귀얄, 덤벙 등 다양한 기법으로 장식했다.

광주 충효동 가마에서 구운 분청사기는 항아리, 편병, 장군 등 서민적인 취향이 반영된 그릇 형태가 많고, 문양 역시 얽매임이 없이 자유롭다. 대상이 지닌 형태를 압축적으로 전하면서도 해학적이다. 밝게 웃고 있는 모습의 물고기 세 마리가 아래로 헤엄을 치는 모습을 새긴 분청사기 편병이 대표적이다.

윤두서와 허련 일가의 예술혼

전라도는 조선 시대 후기 이름난 화가를 배출한 호남 화단의 근거지이다. 조선 후기 공재 윤두서尹斗緖, 1668~1715 일가와 진도 허씨의 화맥을 연 소치 허련許鍊, 1808~1893이 바로 이 지역 출신이다. 알려져 있다시피 윤두서는 조선 중기 〈어부사시사漁父四時詞〉를 쓴 가사 문학의 대가 고산 윤선도尹善道, 1587~1671의 증손이다. 윤두서가 실제로 해남에서 산 것은 말년의 몇 해뿐이지만 그의 화맥은 아들 윤덕희尹德熙, 1685~?, 손자 윤용尹熔, 1708~?에게로 이어졌다. 윤두서는 유형원, 이익, 이옥 등 조선 중후기를 대표하는 실학자나 문인과 친밀하게 교류했으며, 이와 같은 가문의 분위기는 외손자인 다산 정약용丁若鏞, 1762~1836에 이르러 실학의 꽃을 피웠다.

윤두서는 섬뜩할 정도로 사실적인 자화상을 그린 화가로 더 잘 알려져 있지만, 그는 그림뿐 아니라 경학과 천문 지리, 역사, 병법 등 다방면에 해박한 르네상스 인이었다. 윤두서가 남긴 그림은 그 종류도 다양해 인물화, 영모도, 풍속화, 지도를 아우르는데, 특히 그는 〈자화상〉에서 보이듯 대상을 면밀히 관찰하고 인물의 정신성을 담아낸 인물화에 뛰어났다.

윤두서가 그린 〈심득경 초상〉보물 제1488호, 비단에 채색, 85×159센티미터은 조선 시대 사대부의 꼿꼿하고 맑은 기상을 보여 주는 대표적인 인물화다. 심득경沈得經, 1673~1710은 고산 윤선도의 외증손으로 윤두서와 친척뻘로 막역한 사이였다. 이 초상화는 심득경이 서른여덟 젊은 나이에 세상을 떠나자 윤두서가 그를 추모하며 그린 것이다. 초상화 아래 윤두서는 "삼가 재계하는 마음으로 그리다."라고 공손한 마음을 표현했다. 윤두서는 초상화의 주인공 심득경이 의자에 앉아 얼굴을 오른쪽으로 살짝 튼 모습의 전신상을 그렸다. 그는 동파관을 쓴 선비의 옷차림에 두 손을 가지런히 앞으로 모으고 있다. 굳게 다문 입술, 앞을 바라보는 눈빛에서 굳은 심지, 맑은 기상이 느껴진다. 조선 후기의 문인 남태응南泰膺, 1687~1740이 남긴 《청죽화사聽竹畵史》에 따르면, 심득경의 가족들은 수염의 터럭 한 올 한 올까지 섬세하게 묘사한 윤두서의 초상화를 보고 죽은 이가 되살아온 듯 똑같이 그렸다며 깜짝 놀라 울었다고 한다.

아들 윤덕희가 제목을 쓴 《가물첩家物帖》1708, 비단 및 종이에 수묵은 윤두서의 그림 23면과 글씨 등 총 30면으로 구성된 수묵 화첩이다. 산수, 인물, 화조, 초충, 사군자 등 다양한 주제가 담겨 있는데, 중국 화보풍의 그림부터 필치의 수준이 높은 그림이 다양하게 실려 있으며, 중국의 절파화풍과 남종화풍을 적절히 변용한 윤두서의 필력을 확인할 수 있다. 산수화와 도석 인물화, 말 그림 등으로 구성된 《연옹화첩蓮翁畵帖》은 아들 윤덕희의 작품으로 구도와 필치, 인물 묘사에서 아버지 윤두서의 영향이 엿보인다. 손자 윤용도 대상을 세밀히 관찰해 그리는 초충도와 남종화풍의 산수화를 잘 그렸다고 한다.

심득경 초상

가물첩

채과도첩

연옹화첩

오늘날까지 5대째 이어지는 진도 허씨의 화맥은 조선 말기 남종화가인 허련에서 시작됐다. 그는 추사 김정희金正喜, 1786~1856 밑에서 남종 문인화를 배웠다. 김정희는 허련을 아껴 원말 사대가 중의 대치 황공망의 호에서 따와 직접 '소치'라는 호를 지어 주고 "압록강 동쪽에 이만 한 그림이 없다."라고 칭송했다. 허련은 산수화와 사군자, 인물화에 능했는데 전시 중인《채과도첩菜果圖帖》1839, 종이에 수묵, 18.2×22.5센티미터은 오늘날로 치면 허련의 드로잉 연습장이다. 여지, 완두콩, 무, 연밥, 죽순, 석류 등 온갖 과일과 채소를 먹으로 담박하게 그린 그림을 모았는데, 중국의 화보를 임모해 그린 것으로 김정희의 심사를 받았다는 인장이 찍혀 있다. 〈무이 구곡도武夷九曲圖〉1878, 종이에 수묵, 122×30센티미터는 남송의 성리학자 주희가 지은 〈무이 구곡도가〉를 그린, 허련의 말년에 제작된 총 10폭의 수묵담채화다. 8점으로 구성된《산수화첩山水畵帖》19세기경, 종이에 담채, 27×43센티미터은 원나라 예찬倪瓚의 화법을 따라 그린 것으로 푸르스름한 담채와 윤기를 머금은 먹의 사용에서 허련의 필력이 무르익었음을 확인할 수 있다. 허련은 스승 김정희가 세상을 뜨자 고향 진도에 내려와 운림산방을 지었다. 그의 화맥은 아들 미산 허형許瀅, 1861~1938, 손자 남농 허건許楗, 1907~1987, 방계인 의재 허백련許百鍊, 1891~1977에게로 계승되었다.

국립 광주 박물관은 과거 전국의 국립 박물관 중에서 유일하게 서화실을 갖추고, 회화 중심의 기획전을 다수 열었을 만큼 뛰어난 서화를 갖추고 있다. 그러나 서화류의 특성 때문에 일정 기간 전시되고 나면 수장고에 들어가거나 다른 박물관에 대여되어 자리를 비우는 경우가 종종 있다. 그래서 언급된 그림을 아무 때나 볼 수 있는 것은 아니다.

예부터 '답사 1번지'로 꼽힌 전라남도. 전라남도의 중앙에 위치한 광주는 사통팔달로 전남 어느 지역과도 차로 1~2시간이면 닿는다. 남도의 여행지는 무궁무진하다. 가사 문학의 산실인 담양은 광주와 지척이며, 나주와 영암 일대에는 작고 고즈넉한 절과 절터들이 즐비하다. 해남과 강진, 진도에도 대흥사, 미황사 등 아름다운 절이 자리하며, 해남 윤씨 종가인 녹우당, 허련이 세운 운림 산방 등에는 운치가 넘친다. 또 순천에는 조계산을 사이에 두고 송광사와 조계사 등 두 명찰이 마주하고 있으며, 장흥에는 구산선문 중의 하나인 보림사가 있다. 남도의 아름다운 자연을 보며 누리는 복은 덤이다. 남다른 맛과 멋의 고장, 남도를 여행하면서 처음 또는 일정을 마무리할 때 광주와 국립 광주 박물관을 들러보기를 권하며, 여기서는 광주 시내와 지척인 담양의 유적지를 소개한다.

광주 무등산 자락
증심사와 의재 미술관

•

광주의 진산, 무등산 자락으로 가는 길은 언제나 등산객들로 만원이다. 산자락 입구에 있는 증심사는 통일 신라 시대에 철감 선사 도윤이 창건했다고 전해지는 소박한 절이다. 그러나 고려부터 조선, 현대를 거치며 전쟁으로 인해 전각이 소실되고 중수하기를 반복한 끝에 오늘날에 이르렀다. 그나마 화마를 피한 전각 중에서 오백전은 무등산에 남아 있는 절 내 건물 중에서 가장 오래된 것이다. 전각 내의 오백 나한상과 10대 제자상은 조선 세종 때 절을 중수할 당시 조성된 것이라 전해진다. 비로전에는 통일 신라 시대 때 제작된 철조 비로자나불 좌상보물 제131호, 높이 90센티미터이 안치되어 있다.

보물선에 실린 도자기와 호남의 풍류를 찾아서
국립 광주 박물관과 조선 선비 문화 유적

증심사 철조 비로자나불 좌상

증심사 광주광역시 동구 운림동 56
의재 미술관 광주광역시 동구 운림동 85-1
062-222-3040 | http://www.ujam.org/
관람 시간 오전 9:30-오후 5시(매주 월요일 휴관)
관 람 료 성인 2000원/학생 1000원
광주 시내에서 증심사행 버스(9, 35, 50, 51, 54, 76번) 종점에서 하차 후 20분 도보

증심사에서 계곡을 따라 10여 분 정도 올라가면 소치 허련의 화맥을 이은 의재 허백련을 기리는 의재 미술관이 나타난다. 그는 진도 출신으로 일본에서 유학하다 그림으로 전향했다. 1930년대 조선 미술 전람회에 수석 입선하며 화단에 등장한 그는 가문의 남종화풍을 이으며 당대 최고의 남종화가로 인정받았다. 동시에 허백련은 예술가 이상의 인물이다. 2001년에 세워진 미술관이 그해 한국 건축 문화 대상을 수상했다는 소식을 듣고 의재 미술관을 찾은 적이 있다. 당시 허백련에 대해 아는 바가 없었지만, 미술관과 일대에 남아 있는 그의 자취를 더듬으며, 허백련이 하늘과 땅, 삶을 사랑하자는 삼애三愛 사상을 주장하고 겸허하고 청빈한 삶을 살아가면서 자신의 사상을 삶과 예술 속에 일치시키고자 끊임없이 노력한 데 큰 감동을 받았다. 허백련은 광복

직후 광주에 정착해 세상을 뜰 때까지 작품 활동과 동시에 삼애 학원을 설립해 광주 농업 고등 기술학교 교장을 지내며 농촌 지도자를 양성하고 무등산 자락에 차나무를 길러 춘설 다원을 경영했다. 미술관 주변에 그가 거처하며 그림을 그리던 춘설헌과 손수 가꾸던 차밭, 차를 덖던 삼애헌 등이 남아 있다.

미술관은 허백련의 대표 작품과 낙관, 사진과 편지 등 유품을 전시하고 있으며 자체 기획전을 연다. 노출 콘크리트와 강화 유리, 목재 패널을 덧대 마무리한 미술관 건물은 관람자의 시선이 동선을 따라 무등산의 풍경 속에 머물도록 설계되었다.

정자 문화의 보고, 담양 일대 정원

국립 광주 박물관과 담양 읍내는 불과 차로 30여 분 거리다. 광주호에서 창계천을 따라 담양에 이르는 길에는 조선 중후기 가사 문학의 산실인 독수정, 소쇄원, 취가정, 환벽당, 식영정과 같은 아름다운 정자들이 줄지어 서 있으며, 담양에 가면 더 많은 정원을 볼 수 있다. 아름다운 경치가 바라보이는 자리에 들어선 이 정자들은 중앙에서 밀려나거나 또는 정치에 뜻을 두지 않은 이들이 자신의 이상향을 투영해 지은 별서別墅, 곧 일종의 별장이다. 마루와 온돌을 설치하고 아름다운 꽃을 심고 기이한 모양의 돌을 수집해 정원해 배치해 바라보는 것이 이들의 낙이었고, 뜻 맞는 손님을 맞아 풍경을 즐기며 시를 읊고 거문고를 연주하는 즐거움은 덤이었다.

광주호 일대의 초창기 정자들은 새로운 왕조의 탄생에 반대하고 고려에 충성한 선비들이 지었다. 무등산 자락의 독수정獨守亭은 일대 정자 중 가장 먼저 지어진 곳으로, 고려 말 공민왕 당시 병부상서를 지낸 전신민全新民이 고려에 충절을 지키겠다는 의미로 개경을 향해 북향으로 지었다. 전신민은 매일 아침 개경을 향해 절을 했다고 한다.

2세대 정자는 조선 중기 사림士林의 등장 및 사화士禍의 산물로 한국식 정원의 백미로 일컬어지는 소쇄원瀟灑園, 명승 제40호이 대표적이다. 소쇄원을 세운 양산보梁山甫, 1503~1557는 17살 젊은 나이에 과거에 급제했지만, 스승 정암 조광조趙光祖, 1482~1519가 기묘사화1519로 유배되어 죽자 벼슬길이 막혔다. 이후 낙향한 그는 은일하며 처사의 길을 걸었다. 그가 10여 년에 걸쳐 지은 원림이 소쇄원이다. 현실 앞에서 좌절한 처사는 이곳에서 송순, 김인후, 기대승, 고경명, 김성원 등 당대의 대학자, 문인 등과 교류하며 맑고 소탈한 소쇄원의 아름다움을 함께 나눴다.

소쇄원은 시선이 닿는 곳마다 시가 되고 풍경이 되는 곳이다. 입구의 대나무 밭은 세상과 소쇄원을 분리해 주며, 입구의 정자 대봉대에서는 소쇄원이 한눈에 보인다. 기와를 얹은 토담 밑으로 계곡물이 흐르게 하고 너럭바위를 배치했다. 아담한 규모의 광풍각과 제월당 등의 누각과 당우는 소쇄원의 풍경을 거스르지 않고 자연스럽게 어우러진다.

담양호 일대의 정자는 풍류의 공간이자 동시에 교육의 공간이기도 했다. 송강정松江亭, 환벽당環碧堂, 식영정息影亭은 조선 가사 문학의 3대 대가 중 한 사람인 송강 정철鄭澈, 1536~1593과 관련이 깊다. 정철은 한양 출신이지만 젊은 시

소쇄원

식영정

명옥헌

관방제림

절 담양에 10여 년간 머물며 식영정과 환벽당 등에서 송순, 임억령 등에게 학문을 배웠다. 당쟁에서 밀려날 때마다 그는 담양을 찾아 〈사미인곡〉, 〈속미인곡〉 등의 아름다운 가사를 써 내려갔다. 남다른 시심의 소유자들은 정자마다 시정 가득한 이름을 붙였다. 식영정은 그림자도 쉬어 가는 정자라는 뜻이고, 환벽당은 푸른 대나무가 둘러싼 집이라는 뜻이다. 여름날 정자 앞 배롱나무가 아름다운 명옥헌鳴玉軒, 정극인의 〈상춘곡〉과 함께 호남 가사 문학의 원류가 된 〈면앙정가〉의 작가 송순宋純, 1493~1582이 담양 들판이 굽어보이는 언덕에 지은 면앙정俛仰亭도 꼭 찾아가 보길 권한다.

담양 읍내를 관통하는 담양천을 따라 제방이 무너지는 것을 막으려고 조선 후기에 심은 활엽수들이 우거진 관방제림官方堤林, 천연기념물 제45호도 함께 거닐어 보기를 권한다. 서어나무, 푸조나무, 팽나무 등 이름도 예쁜 활엽수들이 2킬로미터가량 늘어서 있어 계절마다 각기 아름다움을 뽐낸다. 담양 읍내의 관방제림 시작점에는 작은 미술관인 대담 미술관061-381-0081이 있어 쉬어 갈 만하며, 관방제림의 끝은 전국에서 가장 아름다운 길로 꼽힌 메타세콰이어 길과 이어진다.

뭍과는 다른 삶, 제주도

국립
제주 박물관과
제주도
섬 유적

국립 제주 박물관

제주특별자치도 제주시 일주동로 17 | 064-720-8000 | http://jeju.museum.go.kr
관람 시간 매주 화~금 오전 9시~오후 6시
　　　　　 토·일·공휴일 오전 9시~오후 7시
　　　　　 3월~10월 매주 토요일은 오후 9시까지 야간 개장
휴 관 일 매년 1월 1일, 매주 월요일

　　"이 비행기는 잠시 후 제주 국제공항에 착륙합니다."

　까무룩 잠이 들었나 보다. 김포 공항을 이륙할 때만 해도 비가 쏟아져 내렸는데, 구름 낀 한라산과 코발트블루 빛 바다가 보이는 걸 보니 제주도는 화창한 모양이다. 제주의 오름과 바다는 언제나 색다른 모습으로 여행객을 유혹한다. 오늘날 제주도는 독특한 지형과 이국적인 풍광 등 천혜의 자연환경 덕분에 우리나라 최고의 관광지로 꼽힌다. 하지만 여행객들이 반하는 아름다운 제주도의 모습은 제주 사람들의 삶을 끊임없이 위협하는 요소이기도 했다. 뭍과는 다른 삶의 조건을 가진 제주도에서 산다는 것은 어떤 의미였을까.

　검은 현무암에 푸른 파도가 부서지는 풍경을 보고 부드러운 오름의 능선을 따라 걷다 보면 언어와 문화, 자연 어느 것 하나 뭍과 같지 않은 제주 땅에 대해 강렬한 호기심과 의문이 솟아난다. 대체 이 땅은 어떻게 생겨났으며 제주도의 역사와 문화는 육지와는 어떻게, 왜 다를까.

　관광지가 아닌 사람이 사는 섬, 제주도의 역사는 4만여 년이 넘는다. 그 오래된 역사의 퍼즐을 맞추는 데는 국립 제주 박물관이 안성맞춤이다. 2001년 6월에 개관한 국립 제주 박물관은 제주도의 역사를 보여 주려는 목적으로 문

국립 제주 박물관

고산리 토기

좀돌날몸돌

고내리 토기

을 연 고고 · 역사 전문 박물관이다. 박물관 건물은 제
주도 고유의 전통 초가지붕에서 모티프를 따왔다.
2009년 7월 대대적으로 전시실을 개편해 지난 10여
년간 제주도에서 실시된 발굴 성과를 반영하는 유물
을 전진 배치하고, 제주도의 역사와 문화를 대표하는
유물 30선도 선정했다. 또한 최근에는 동아시아의 섬

국립 제주 박물관을 지키는
돌하르방

문화와 해양 문물 교류사를 다루는 전문 박물관으로 자리매김하고 있다.

제주도의 토기

토기는 신석기 시대를 대표하는 표지 유물이다. 신석기 시대 토기라 하면 빗
살무늬 토기를 연상하지만, 현재 전하는 가장 이른 시기의 신석기 시대 토기
는 신기하게도 제주도에서 제작된 것이다. 제주도의 대표적인 신석기 유적인
고산리에서 나온 토기는 한반도에서 만들어진 어느 토기보다도 제작 연대가
가장 앞선다. 고산리 토기는 지금으로부터 약 1만 년 전, 즉 기원전 8000년경
제작된 것으로 추정된다. 토기의 발달사에 따르면 빗살무늬 토기가 나타나기
전, 강도를 높이려고 토기 아가리에 띠를 붙인 덧무늬 토기가 먼저 나타났다.
강원도 양양 오산리에서 발견된 덧무늬 토기는 기원전 6000년경에 제작되었
고, 이어 한반도 전역에서 발견되는 도토리 모양의 빗살무늬 토기는 기원전
4000년경에 제작되었으니 고산리 토기는 이보다 한참 앞서 만들어졌다.

어떻게 외따로 떨어진 제주도에서 한반도보다 더 앞서 토기 제작이 가능했을까? 제주도의 토기는 신기하게도 러시아와 중국·몽골 국경을 흐르는 아무르 강 유역에서 출토되는 토기와 닮았다. 또한 토기와 함께 출토되는 화살촉과 좀돌날몸돌 등도 아무르 강 유역에서 발견된 것들과 제작 방식이 유사하다. 이 말인즉슨 1만여 년 전 신석기 시대에 제주도에 거주하던 이들의 고향은 시베리아라는 뜻이다. 학자들은 시베리아 이주민이 따뜻한 남쪽을 찾아 제주도에 정착하면서 토기 기술이 옮겨 온 것으로 본다. 별스럽지 않은, 그저 구운 흙덩어리에 불과한 것처럼 보이는 토기가 실은 인류의 이동을 밝히는 비밀 열쇠였던 것이다. 지형과 토질은 인간의 삶의 조건을 가장 극명하게 결정짓는 요소이다. 화산섬이라는 제주도의 특수성은 토기를 비롯해 다양한 유물에 반영되어 있다. 제주도 고산리식 토기는 바탕흙이 좋지 않으므로 빗살무늬 토기처럼 똑떨어지는 외곽선과 정교하고 섬세한 마무리를 기대할 수 없기에 투박하고 거칠다. 겉면이 거친 건 점토의 점성을 보강하려고 풀잎 등을 넣어 구웠기 때문이다.

  한반도보다 앞서 토기가 제작되었지만, 이후 제주도 토기의 발전 속도는 더뎠다. 국립 중앙 박물관이나 기타 국립 박물관을 둘러보다 보면 3~4세기까지 시대의 흐름에 따라 토기 제작 기술의 발전 양상이 드러나지만 제주도의 토기는 시대에 따른 발전상이 두드러져 보이지 않는다. 물론 그 나름의 차이는 있다. 청동기 시대 유적, 곽지리 출토 토기들은 2세기경에 제작된 것으로 굵은 모래를 섞은 흙으로 두껍게 빚어 견고하다. 조금 더 후대로 내려가면 철기 시대 유적인 고내리 출토 토기는 바닥을 먼저 만든 뒤 몸체를 붙이고 겉면을 마무리했다. 섬이라는 제주의 지리적 조건은 고유의 문화를 보존하기에는 용이했지만, 외부의 문물을 받아들여 체계적으로 발전해 나가기에는 어려움이 있었던 것이다.

300여 년 전 제주 속으로, 《탐라 순력도》

•

《탐라 순력도耽羅巡歷圖》보물 제652-6호, 종이에 채색, 36.4×56.8센티미터는 1702~1703년 제주 목사 이형상李衡祥, 1653~1733이 제작한 기록 화첩이다. 그가 제주 목사로 있는 동안 실시한 가을 순력과 다양한 행사, 여행 풍경을 41개 그림에 담아냈는데, 18세기 초 제주도의 행정과 지리가 소상히 담겨있다. 박물관의 탐라 순력도실은 바로 이 화첩에 수록된 41개 장면을 상세히 소개하고 있다. 탐라 순력도실은 전국의 국립 박물관 중에서 유일하게 화첩 한 권만을 집중적으로 소개하는 전시실로 그만큼 제주도의 역사에서 《탐라 순력도》가 갖는 의미가 각별함을 알 수 있다.

　순력巡歷은 조선 시대 관찰사가 자신이 관할하는 행정 구역을 봄가을에 돌아보며 도정을 살피던 일이다. 그러므로 《탐라 순력도》는 탐라, 곧 제주도를 순력하고 그린 그림이라는 뜻이다. 순력도라는 이름이 붙은 그림은 조선 시대 회화를 통틀어 이 화첩이 유일하다. 제주 목사로 부임한 이형상은 1702년 가을 제주목을 출발해 총 21일에 걸쳐 정의현과 대정현 및 해안가에 쌓은 9개

진성을 순력하고 화공 김남길로 하여금 이를 그리게 했다. 이형상은 그림 하단에 행사의 내용과 관련 기록을 글로 남겼다.

이형상의 기록에 따르면, 현재 성읍 민속 마을이 자리한 정의현에는 당시 80세 이상 노인이 17명, 90세 이상 노인이 5명이나 되었다. 일반인에 비해 영양 상태가 좋았던 조선 시대 왕의 평균 수명이 47세였다고 하니, 그에 비하면 제주도 사람들은 꽤 장수한 편이다. 18세기 초 제주읍에는 7319호가 거주했고, 창고에 보관된 곡식은 3만여 섬이었다. 이뿐 아니다. 이형상은 인구, 군사, 행정 시설 등 제주도에 관한 상세한 데이터베이스를 구축했다. 겨울이면 제주도의 특산품인 귤을 진상하는 것이 제주 목사의 주요 임무 중 하나였는데, 이를 그림으로 남긴 〈감귤봉진柑橘封進〉에는 종류별로 귤을 몇 상자씩 보냈는지가 기록되어 있다. 당금귤, 금귤, 동정귤, 산귤, 청귤, 등자귤, 유자 등 귤의 종류도 다양할뿐더러 그 수량도 꼼꼼히 기입했다. 그의 철저한 기록 정신 덕분에 우리는 18세기 초 제주

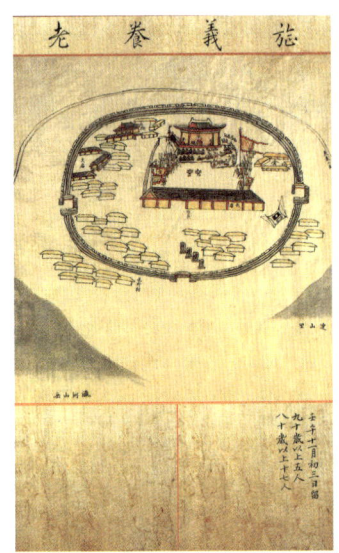

정의양로

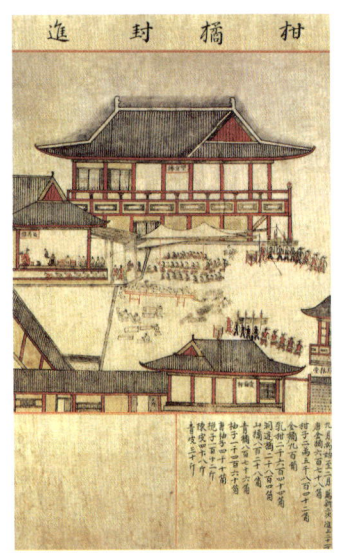

감귤봉진

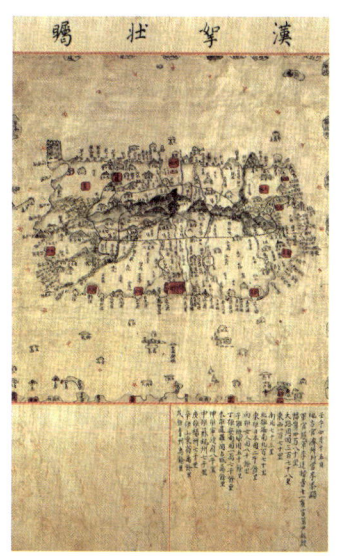

한라장촉

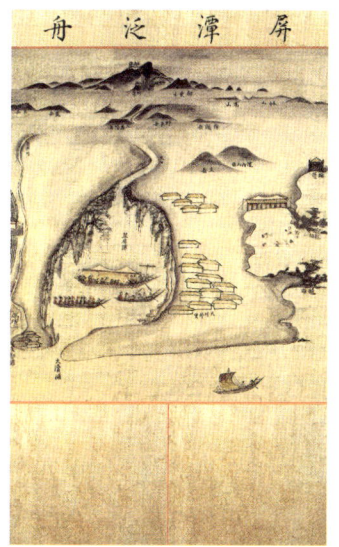

병담범주

도의 상황을 소상히 알 수 있게 됐다.

원근법에 익숙한 현대인들에게는 화첩의 그림이 평면적으로 여겨지며, 김홍도나 신윤복 등 당대의 유명화가들이 그린 그림에 비하면 격조도 떨어진다. 그러나 기록화의 특성상 하나의 화면에 다양한 내용을 압축적으로 전달하려 했기 때문에, 개별 그림을 꼼꼼히 들여다보면 다양한 이야기와 재미난 표현 기법을 발견할 수 있다. 화면에서 가장 중요한 인물인 제주 목사는 다른 인물보다 크게 그려 강조하고 관기나 기생은 아주 작은 크기로 그려 놓는 등 인물의 크기로 신분의 차이를 드러냈으며, 용두암 근처 용연에서 벌어진 뱃놀이를 기록한 〈병담범주屛潭泛舟〉는 목사 일행의 뱃놀이와 더불어, 바다에서 물질하는 해녀의 모습 또한 사실적으로 담아냈다. 또 성산 일출봉에서 일출을 관람하는 장면이나 김녕굴, 정방 폭포, 천지연 폭포, 천제연 폭포 등을 둘러보는 그림을 보노라면, 300여 년 전이나 지금이나 사람들이 즐겨 찾는 제주의 명소는 크게 다르지 않았음을 알 수 있다.

제주도의 역사:
해양 왕국 탐라와 제주군의 설치

섬은 지정학적으로 고립되기 쉬우면서도 밖으로 진출하고 앞선 해양 문화를 받아들이기에 유리하다는 양면적 속성을 갖고 있다. 고산리 유적에서는 200여 점에 달하는 돌로 만든 화살촉이 출토되었다. 대부분은 화산암인 제주도 특산의 돌을 가공해 뗀석기 방식으로 만든 것이지만, 흑요석이나 수정처럼 제주 바깥에서 구한 돌로 만들어진 화살촉도 있어서 당시 사람들이 외부와 활발히 교류했음을 알 수 있다.

이후 제주도에는 독자적인 정치 체제를 갖고 있던 '탐라'가 등장하는데, 해양 국가였던 만큼 주변국과도 활발하게 교류했다. 제주시 용담동 유적에서는 철로 제작한 화살촉과 철검, 철도끼 등이 출토됐는데, 이들은 황해도, 평안도, 경상도 지역에서 발견되는 초기 철기시대 유물과 동일한 것으로 밝혀졌다. 즉 이들 유물도 외부와의 교역으로 얻어진 것이다. 또한 중국의 월주요 도자기 파편과 유리옥 등이 발견되어 한반도뿐 아니라 중국, 일본 등과도 교류했음을 알 수 있다.

독립국으로 고유의 역사와 문화를 간직했던 탐라에 변화가 일기 시작한 것은 고려 시대부터다. 탐라국의 태자 고말로高末老가 938년 고려 왕조에 입조한 이후 탐라군이 되었으며, 1153년부터는 탐라현으로 개편된 후 중앙에서 현령이 파견되었다. 탐라는 자치권을 잃었고, 이 땅의 이름은 제주濟州, 즉 '바다 건너의 고을'로 바뀌었다. 그 후 제주의 역사는 수난의 역사나 다름없었다. 고

탐라 지도 병서(일부)

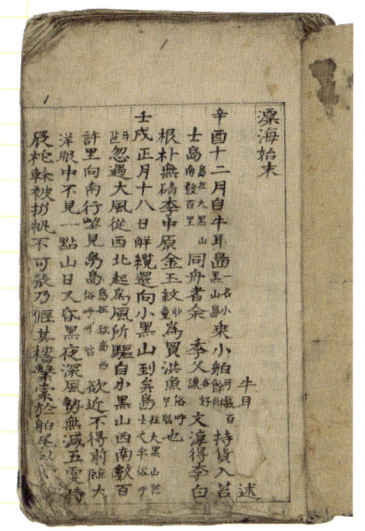

표해록

려 왕조의 힘이 미약해지면서 삼별초가 마지막 항쟁지로 제주도를 택했으나 2년여 만에 여몽 연합군에게 붕괴되고 제주도는 원의 지배를 받았다. 원이 물러간 이후에는 조선 왕조의 강력한 중앙 집권 체제가 시작되었다.

박물관의 탐라실과 고려실, 조선실은 이처럼 독립국이었다가 중앙에 편입되면서 겪게 된 제주의 변화를 보여 주는 유물로 채워져 있다. 특히 조선실은 지도와 이곳에 유배 또는 부임했던 이들의 기록물을 위주로 당시 조선과 서구의 눈에 비친 제주도를 보여 준다. 1709년 제작된 대형 목판본 지도인 〈탐라 지도 병서〉와 과거를 보러 떠났다가 조류에 떠밀려 일본 오키나와와 전남 청산도 일대를 표류한 경험을 글로 옮긴 장한철의 《표해록漂海錄》1771, 역시 제주도에 표류하게 된 네덜란드 상인 헨드릭 하멜 등과 관련된 고문서를 전시하고 있다.

비행기가 드나들기 전, 제주도는 배를 통해서만 닿을 수 있던 외딴 섬이었다. 바닷가 동네가 대개 그러하듯 제주도 역시 미신과 무속이 유교 질서보다 앞서는 곳이었다. 고립된 까닭에 제주도의 독자적인 문화는 어느 곳보다 보존이 잘 되었고 토착 사상 또한 강하게 뿌리내렸다. 제주도 사람들의 삶을 구속했던 거친 바다와 척박하고 곤고한 삶의 상징이던 화산 지형은 이제 여행객의 눈을 사로잡는 멋진 관광 자원이 되었다. 그러나 그 풍경 너머 척박한 환경에서도 삶의 끈을 놓지 않고 독자적인 문화와 풍속을 끌어나갔던 제주인의 기상과 제주의 본질을 이해하지 않고는 제주의 속살을 봤다고 말할 수 없다.

제주목 관아와 관덕정

박물관에서 만난 《탐라 순력도》 속에 가장 많이 묘사된 곳이 바로 제주목 관아사적 제380호다. 조선 초기 지어진 제주목 관아는 당시 규모가 406칸에 달할 정도로 으리으리했지만, 일제 강점기에 제주 읍성이 해체되면서 관아 또한 규모가 줄어들었다. 지난 10여 년간 복원 사업을 펼치기는 했지만 오늘날의 관아지의 규모는 왜소하다. 그림 속에서 망경루 너머로 흰 포말을 일으키며 넘실댔을 검푸른 제주도의 바다는 빽빽하게 들어선 주택과 상가에 가려 보이지 않는 데다가, 관아지의 중앙에 위치한 관덕정觀德亭, 보물 제322호 왼편에는 제주 시내를 관통하는 도로가 지난다. 그림 속 관덕정 왼편의 건물들은 거개가 자취를 감춘 대신 빌딩들이 빽빽하게 들어섰다. 과거 제주도의 정치와 문화의 중심이던 이곳이 300여 년 뒤 이렇게 초라한 모습으로 바뀔 줄 조선 시대

사람들은 짐작이나 했을까.

제주도에 현존하는 건물 중에서 가장 오래된 관덕정은 1448년 병사의 훈련과 무예 수련장으로 사용할 목적으로 지어졌다. 관덕觀德은 《예기禮記》의 "활을 쏘는 사람은 평소에 마음을 바르게 하고 훌륭한 덕을 쌓는다射者所以觀盛德也."라는 구절에서 따온 이름이다. 건축 초기에는 안평 대군安平大君, 1418~1453이 편액을 썼다 하나 화재로 소실됐다. 현재는 선조 때 영의정을 지낸 이산해李山海, 1539~1609가 쓴 편액이 걸려 있다. 《탐라 순력도》에 보이듯 관덕정 앞마당에서 별시제주도에서 특별히 시행된 과거와 활쏘기, 관리들의 치적을 심사하는 전최 행사 등 규모가 큰 공적인 행사가 치러졌다.

제주목 관아에는 관덕정을 중심으로 우측에 목사의 동헌과 부속 건물인 좌측 목사를 보필하던 판관이 관련된 관아 시설이 들어서 있었다. 지난 10여 년간 복원된 제주목 관아지 전각은 관덕정 오른편의 종루를 지나면 볼 수 있다. 목사의 집무실인 연희각과 망경루, 연희각, 홍화각, 망경루, 귤림당 등이 복원되어 있으며, 제주 읍성에 있던 과원도 있다. 예나 지금이나 제주의 특산 작물인 귤은 조선 시대 귀하게 여겨져 관아에서 직접 관리했다. 현재 복원된 과원은 《탐라 순력도》에서 겨울철 수확기에 풍년을 자축하며 한바탕 연회가 벌어졌던 북과원이다.

제주목 관아는 화재로 인해 여러 차례 중수하기는 했지만 규모 자체가 달라지지 않았다. 크게 훼손된 것은 일제 강점기 당시다. 1910년 읍성 철폐령이 내려지면서 제주 읍성과 함께 목관아 문루가 헐렸다. 그리고 1925~1928년 제주항을 축조하면서 제주 읍성의 성벽 돌담을 가져다 바다를 매립하면서 읍

제주목 관아와 관덕정

제주특별자치도 제주시 관덕로 25(삼도2동 43-3) | 064-728-8665~7 | http://mokkwana.jejusi.go.kr/
관람 시간 오전 9시~오후 6시
관 람 료 성인 1500원, 청소년 800원, 어린이 400원성 대부분이 해체되었다. 현재 제주 읍성의 자취는 제주의 학문 발전에 기여한 다섯 학자를 기리는 오현단五賢壇, 제주시 이도1동 부근에 일부 남아 있을 뿐이다.

정의현성과 성읍 민속 마을

제주도 읍성 마을의 원형이 비교적 잘 보존된 곳이 바로 정의현성이다. 정의현청은 본래 제주도 동부의 해안가 마을인 성산면 고성리에 있었지만, 잦은 왜구의 침입과 태풍으로 인한 피해 그리고 현청이 바닷가 쪽에 치우쳐 있는 결함을 극복하고자 1423년에 이곳으로 현청을 옮겼다. 이후 1914년에 군현제가 폐지되기 전까지 정의현청이 유지되었다. 6·25 전쟁 이후 급속도로 제주도의 관광 산업이 진행된 해안가와 달리 중산간에 위치한 이곳은 개발의 파고를 비껴 가, 조선 시대 읍성의 전형을 보여 주는 곳으로 남았다. 성읍 민속 마을에는 초가와 와가 등 가옥 5채가 중요 민속자료로 지정되어 있을 정도로 조선 시대부터 현대까지 제주도 민가 건축의 변화상을 엿볼 수 있다. 정의향교와 일관헌 등의 공공건물도 복원되어 있다.

이곳은 걸어서 돌아다녀야 재미를 느낄 수 있다. 마을의 전체 모습을 조망하고 싶다면 남문 망루 옆 계단을 따라 성벽에 올라가 보는 것도 좋다. 초가 담장 아래 채마밭이며 나무를 잘라내지 않고 에둘러 돌을 쌓아 만든 담장 등 천천히 거닐며 마주치는 풍경 모두가 살뜰하게 느껴진다.

정의현성의 자취는 정의현감이 정사를 보던 일관헌과 객사 등에서 확인할

정의향교 대성전 전경

성읍 민속 마

성읍 민속 마을 돌하르방

정의현성과 성읍 민속 마을

제주특별자치도 서귀포시 표선면 성읍리 812-1
관리사무소 064-760-3578
성읍민속마을보존회 064-787-1179
http://seongeup.nowenter.co.kr/

수 있지만 건물보다 눈길이 가는 것은 오백여 년 가까이 읍성을 지키고 있는 아름드리 팽나무와 느티나무다. 또 하나, 동문과 서문, 남문 앞을 지키고 서 있는 돌하르방이 각각 4개씩 총 12개인데, 문마다 달리하고 있는 돌하르방의 표정을 비교해 보는 것도 재미나다. 성읍은 중산간의 오름이 가까워서 표선 읍, 구좌읍 일대의 오름과 함께 둘러보면 좋다.

해녀 박물관
●

돌과 바람과 여자의 섬, 제주도. 제주도의 여성들은 유난히 생활력이 강하기로 유명한데, 이는 제주도의 창조 설화에도 깊숙이 배어 있다. 바로 치마에 흙을 퍼 날라 한라산을 만든 거대한 몸집의 설문대할망이다. 오름과 산방산, 우도 등도 역시 설문대할망이 만들었다고 전해진다. 설문대할망의 피를 타고나서일까, 아니면 섬의 특성상 고되고 신산스러울 수밖에 없는 삶 때문이일까. 제주의 여성들은 바다를 놀이터 삼아 자랐고, 노동력이 귀한 이곳에서는 10대만 되어도 물질을 통해 먹을거리를 조달해야 했다. 제주 해녀는 이렇게 해서 탄생했다. 오늘날 해녀는 전 세계적으로도 제주도와 일본에서만 발견될 정도로 희귀하다.

북제주의 검푸른 세화 바다가 유리창 너머로 보이는 언덕배기에 자리한 해녀 박물관은 작지만 알찬 생활사 박물관이다. 2006년 개관한 이곳은 총 3개 전시실에서 '해녀들의 삶', '해녀들의 일터', '바다'를 주제로 해녀들의 일상

해녀 박물관
제주특별자치도 제주시 구좌읍 해녀박물관길 26(하도리) ┃ 064-782-9898 ┃ http://www.haenyeo.go.kr/
관람 시간 오전 9시~오후 6시
관 람 료 성인 1100원, 청소년 500원
휴 관 일 매년 1월 1일, 매주 월요일

사를 다루고 있다. 바다를 삶의 터전으로 삼았던 해녀의 생활을 의식주를 통해 보여 주고, 바닷가마다 들어섰던 해녀들의 공동 작업장과 이들이 물질할 때 입었던 물옷인 물소중이와 물적삼, 수중에서 해산물을 채취하는 데 필요한 테왁과 망사리, 호미와 작살, 성게채, 족쉐눈 등을 전시하고 있다. 특히 눈여겨볼 것은 일제 강점기 해녀의 활약이다. 제주도에서 물질이 어려워지자 이들은 중국, 일본, 러시아에까지 진출했으며, 또한 제주도에서 벌어진 항일 운동에 앞장섰다.

우리는 제주도의 가이없는 해녀들 / 비참한 살림살이 세상이 안다 / 추운 날 더운 날 비가 오는 날에도 / 저 바다에 물결 우에 시달리던 이에 몸 // 아침 일찍 집을 떠나 황혼 되면 돌아와 / 어린 아이 젖 주면서 저녁밥을 짓는다 / 하루 종일 하였으나 버는 것은 기막혀 / 살자 하니 근심으로 잠도 안 오네 // 이른 봄 고향 산천 부모 형제 이별코 / 온가족 생명줄에 등에다 지고 / 파도 세고 물결 센 저 바다를 건너서 / 기울산 대마도로 돈벌이 가요.

당시 해녀뿐 아니라 제주도 사람이면 누구나 불렀던 〈해녀 항일가〉의 노랫말이다. 이 노래는 일과 살림을 병행해야 하는 제주 해녀의 고달픈 삶과 더불어 나라의 주권을 빼앗겨 힘없는 식민지의 백성으로 전락하자 돈을 벌기 위해 나라 밖으로 떠날 수밖에 없는 비통함이 담겨 있다. 제주 해녀는 물질로 번 돈으로 6·25 전쟁 이후 사라진 초등학교를 세울 정도로 교육과 사회 운동에도 앞장서기도 했다. 이들의 학교 운영비를 대려고 물질하던 바다는 '학교 바당'으로 불리기도 했다. 그러나 수산업의 현대화, 남녀평등 교육이 이뤄지면서 '바당의 어멍'바다의 어머니은 사라져 가고 있다. 그들의 삶을 되새기는 해녀 박물관이 소중한 이유가 여기에 있다.

해녀들의 작업 모습 재현

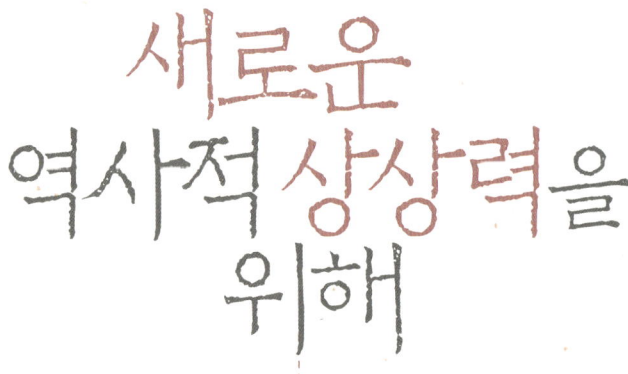

새로운
역사적 상상력을
위해

국립
중앙 박물관

국립 중앙 박물관

서울특별시 용산구 서빙고로 137(용산동 6가) | 02-2077-9000 | www.museum.go.kr
고객 지원팀 안내 데스크 02-2077-9045~7, 9085
관람 시간 화·목·금 오전 9시~오후 6시 수·토 오전 9시~오후9시 일요일·공휴일 오전 9시~오후 7시
휴 관 일 1월 1일, 매주 월요일
관 람 료 무료
교 통 편 수도권 지하철 4호선 및 중앙선 이촌역 2번 출구, 0018번 버스, 502번 버스
주 차 승용차 2시간 3000원(초과 시 매 30분당 500원), 1일 최대 1만 원

    ●   책상 위에 십 수 년 넘게 올려둔 벽돌만 한 크기의 화강암 조각이 있다. 1996년 12월 말 일제 잔재 청산의 일환으로, 국립 중앙 박물관으로 쓰였던 조선 총독부 청사가 완전히 철거된 것을 기념하고 경복궁의 무사 복원을 기원하는 자리에 갔다가 들고 온 돌조각이다. 한때 박물관의 일부였으며 20세기 오욕의 한국사가 아로새겨진 살굿빛 화강암 조각은 이후 줄곧 내 책상 위를 지켜왔다. 돌조각을 보며 이따금 생각한다. '어쩌면 이 돌조각이 나와 우리 문화의 끈을 이어준 것은 아닐까.'

    국립 중앙 박물관에 처음 간 건 중학교 여름방학 무렵이었다. 지방의 소도시에 살던 내게 국립 중앙 박물관은 무척 크고 넓었다. 사실 유물보다 반짝이는 우윳빛 대리석 계단과 옛 조선 총독부 건물의 위용에 더 감탄했다. 반짝이는 대리석 계단과 창문의 아치를 통해 쏟아지던 여름날의 햇살은 한 장의 흑백 사진처럼 각인되어 있다. 대학 시절 교양으로 한국 미술사 수업을 들으며 경복궁 서쪽, 지금의 국립 고궁 박물관 자리에 있던 국립 중앙 박물관도 관람했지만 청자와 백자가 즐비하게 진열되어 있던 도예실만이 가물가물 기억날 뿐이다. 국립 중앙 박물관을 열심히 찾기 시작한 것은 미술사 공부를 시작하

국립 중앙 박물관

면서부터다. 고백하자면 나 역시도 십여 차례 찾은 끝에야 용산 새 박물관의 전시실을 모두 돌아볼 수 있었다. 아이러니하게도 국립 중앙 박물관에 관한 얄팍하고 단편적인 나의 경험은 국립 중앙 박물관이 지난 세월 겪은 신산스러운 역사를 고스란히 반영하고 있다.

국립 중앙 박물관의 역사는 지난한 한반도의 근현대사와 궤적을 같이한다. 우리나라 근대 박물관의 역사는 1908년 세워진 한국 최초의 근대 박물관인 제실 박물관에서 시작된다. 순종 황제는 창경궁 안에 제실 박물관과 동물원, 식물원을 세우고 1909년부터 일반에 박물관을 공개했다. 당시 박물관의 전시품은 고려청자, 불교 공예품과 조선 시대의 회화 위주로 구성되었다. 1910년 일제의 국권 침탈로 제실 박물관은 이왕가 박물관으로 격하되었다. 일제는 1915년 조선 총독부 박물관을 개관하고 식민지 조선에 대한 문화재 조사를 실시했으며, 1938년 덕수궁 석조전에 최초의 미술관인 이왕가 미술관을 열었다. 미술관이 건립되면서 이곳으로 이왕가 박물관의 유물이 통합되었다.

국립 박물관은 1945년 광복 이후에 출범했다. 조선 총독부 박물관의 유물 4만여 점을 인수했고 경주와 부여, 개성의 박물관도 국립 박물관으로 편입되었으나 박물관의 이삿짐 싸기는 계속되었다. 6·25 전쟁이 발발하면서 부산으로 피난 갔다가 전쟁이 끝나고 서울로 올라온 뒤에도 50여 년 동안 남산, 덕수궁, 경복궁 이쪽저쪽으로 7차례나 옮겨 다녔다. 덕수궁의 이왕가 미술관도 덕수궁 미술관으로 이름이 바뀌었다가 1969년에 국립 중앙 박물관에 통합되었다. 광복 60주년, 개관 60주년을 맞은 2005년 비로소 최신 설비를 갖춘 전용 건물에 영구 안착하였다. 국립 중앙 박물관은 이제 소장 유물만 15만여 점에 전시와 교육, 다양한 휴식·문화 공간을 갖춘 명실상부한 한 나라의 으뜸 박물관으로 거듭났다.

국립 중앙 박물관은 북으로는 남산을, 남으로는 한강을 끼고 있는 배산임수의 명당에 들어섰다. 이 자리 역시 상처 가득한 한국의 현대사와 관련이 깊다. 일제 강점기에는 일본 군대가, 광복 이후에는 50여 년 가까이 미군 기지가 들어서 있다. 상흔의 역사 위에 문화의 터전을 더욱 견고히 하고자 세워진 박물관은 전통 한옥의 마당의 개념을 빌려 와 한가운데 마당을 중심으로 동관과 서관으로 나뉜다. 동관은 상설 전시실로, 서관은 특별 전시실과 도서관 그리고 행정 시설 등으로 꾸며져 있다. 동관 내부에 들어서면 환한 빛이 쏟아지는 중앙 홀과 통로인 역사의 길을 기준으로 좌우에 전시실이 늘어 서 있다. 1층은 한반도의 역사에 따라 선사·고대관과 중·근세관으로 통사 체제에 따라 전시실을 꾸몄다. 2층은 기증관과 서화관, 3층은 조각·공예관과 아시아관으로 구성되어, 6개 관 50개 전시실에 총 1만 1340여 점의 유물이 전시하고 있다.

한국사를 따라 둘러보는
1층의 선사·고대관과 중·근세관

•

1층은 한국사의 흐름에 따라 구성한 고고·역사관의 구성을 띠고 있다. 선사 시대부터 조선 시대까지 각 시대의 사회상과 문화를 보여 주는 대표 유물이

전시 중이다. 역사의 길을 중심으로 우측에는 구석기실, 신석기실, 청동기·
고조선실, 부여·삼한실, 고구려실, 백제실, 가야실, 신라실, 통일 신라실, 발
해실 등 10개의 전시실로 구성된 선사·고대관이 있으며, 좌측에는 고려와
조선의 역사와 문화를 보여 주는 전시실 10여 개로 구성된 중·근세관이 있다.

구석기실

인류가 최초로 사용한 도구인 뗀석기를 중심으로 전시하고 있다. 인류의 진
화에 따라 석기의 제작 방법도 발달하는데, 경기 연천 전곡리에서 나온 주먹
도끼길이 15센티미터는 동아시아에서 최초로 발견된 주먹도끼로 한반도의 구석
기 시대 전기70만 년 전~12만 년 전 제작된 것으로 여겨진다. 자연석을 부분적으
로 떼어내고 가장자리 끝부분을 날카롭게 가공했다. 현대인의 눈에는 기술이
라 할 수도 없지만 당시 호모 에렉투스에게 뗀석기는 혁명적인 도구였다.

　이 주먹도끼는 유럽의 구석기 문화인 아슐리안 말기에 제작된 석기와 비슷
하다. 이전까지 동아시아에서는 아슐리안 석기가 발견되지 않았지만, 전곡리

전곡리 주먹도끼

아슐리안 석기

슴베찌르개

구석기 한반도의 주먹도끼 분포도

에서 이 주먹도끼가 발견되면서 동아시아의 구석기인도 서구에 뒤지지 않는 선진적인 주먹도끼 제작 기술을 보유하고 있었음을 알려 준 자랑스러운 유물이다. 한반도와 일본 열도를 중심으로 출토되는 슴베찌르개는 나무 자루에 결합해 창처럼 썼던 도구로 사냥에 사용되었다.

신석기실

신석기 시대로 진입하면서 인류는 정착 생활을 시작했다. 집터와 무덤, 조개더미 등에서 출토된 유물들은 토기를 비롯해 장신구 등 다양하다. 부산 동삼동 조개더미에서 나온 덧무늬 토기는 신석기 시대 토기 중 가장 이른 시기 나

타나는 토기인데, 인류가 불을 사용할 수 있
게 되면서 최초로 화학적 변화를 이용해 만든
물건이 바로 토기다. 토기에 액체를 저장하고
음식을 조리하면서 인류는 구석기 시대와는
비교할 수 없는 높은 수준의 식생활을 영위할
수 있었다. 덧무늬 토기부산 동삼동 출토, 높이 45센
티미터는 겉면에 진흙 띠를 붙이거나 손끝으로
눌러 문양을 만든 것이다. 덧무늬 토기 이후
한반도 전역에서는 도토리 모양의 빗살무늬
토기서울 암사동 출토, 높이 38.1센티미터가 사용되었
다. 곡면의 토기에 점과 선을 기하학적으로
새긴 데서 신석기 시대 사람들의 미적 감각을
엿볼 수 있다.

특히 신석기 시대 사람들의 예술 감각과 정
신세계를 보여 주는 유물들이 흥미진진하다.
다산과 풍요를 기원하는 의미의 토제 여인상
울산 신암리 출토, 높이 3.6센티미터, 조가비에 구멍 세
개를 뚫어 사람의 얼굴을 본뜬 조가비 탈부산
동삼동 출토, 10.7센티미터은 용도가 명확히 밝혀지
지 않았지만 독특한 형태와 천진난만한 표정
이 관람객의 눈길을 끈다.

덧무늬 토기

빗살무늬 토기

조가비 탈

신석기 시대의 장신구

청동기 · 고조선실

한반도의 청동기 시대는 기원전 10세기를 전후해 성립된 것으로 본다. 벼농사가 확산되고 정착 생활이 이뤄지면서 규모가 큰 마을이 생겨났다. 이후 청동기가 무기와 의례 용품으로 사용되자 계급이 분화되기 시작했다. 전시실에는 동검과 청동 거울, 청동 방울 등 각종 의례에 사용된 것으로 추정되는 기물이 전시 중이다. 청동 거울은 거친 무늬 거울에서 점차 기하학적 문양이 정교하고 세밀해지는 잔무늬 거울로 발전한다. 이와 같은 잔무늬는 햇살이 퍼져나가는 것을 형상화한 것으로 청동 방울과 함께 의식에 사용되었다.

한민족 최초의 국가인 고조선이 성립되고 난 이후에는 중국의 영향에서 조금씩 벗어나기 시작한다. 청동기 초기 유적에서는 거친 무늬 거울과 동아시아 일대에서 발견되는 비파 모양의 중국식 동검요령식 동검이라고도 한다이 함께 출토된다. 그러다가 후대로 내려오면 잔무늬 거울과 칼의 형태가 직선화된 한국식 동검이 함께 나온다. 중국과는 다른 한반도 고유의 독자적인 세력이 영향력을 점차 확대해 갔다는 증거이다.

검파형 동기는 칼자루 모양과 비슷해 붙여진 이름으로 충남 아산과 예산, 대전 등 한반도 서남부에서 주로 발견된다. 상단에 사슴 무늬 등이 미세하게 새겨져 있고 고리가 달려 있는데, 모두 거친 무늬 거울이나 의기로 사용된 청동기와 함께 출토돼 청동기 시대 강력한 세력을 가진 지배자가 사용하던 것으로 보인다. 방패 모양 청동기와 농경문 청동기대전 출토, 너비 12.8센티미터도 청동기 시대 지배자가 사용하던 것으로 보인다. 특히 앞면에는 따비로 밭을 갈고 괭이를 치켜든 사람의 모습이, 뒷면에는 나무 끝에 앉아 있는 새가 좌우 대칭으로 표현되어 있다. 인물과 농기구, 밭의 모습이 표현되어 있어 청동기 시대 농경의 실태를 짐작케 하는 귀중한 유물이다.

비파형동검   농경문 청동기

부여 · 삼한실

본격적인 철기 시대로 진입하면서 한반도 곳곳에 좀 더 강력한 정치 세력을 갖춘 집단이 나타나기 시작했다. 쇠로 만드는 농기구와 무기를 비롯해 이전 시대보다 더욱 발달한 회색 토기와 목기, 칠기 등의 생활용품을 전시하고 있다. 특히 삼한 시대 사람들의 새 숭배 사상을 볼 수 있는 오리 모양 토기원삼국 3세기, 높이 32.5센티미터가 눈에 띈다. 죽은 이의 영혼을 하늘로 인도해 주기를 바라며 무덤에 묻었던 물품이다. 특히 3세기 후반 낙동강 유역에서 집중적으로 제작되었다. 한반도 남부에서 출토된 세 발 달린 솥울산 울주군 하대리 출토, 원삼국 2~3세기, 높이 49.8센티미터은 전형적인 중국의 의례용 청동기로, 한반도와 중국의 교류를 보여 주는 물품이다.

오리 모양 토기

세 발 달린 솥

금동 신발 바닥판

고구려실

고구려의 영토가 북한에 있어 남한에서 볼 수 있는 유적과 유물이 많지 않은 상황에서 고구려실에는 고구려 고분 벽화를 일제 강점기에 모사한 그림과 고구려 군대가 주둔했던 서울 아차산성, 중원 지역을 차지했던 당시의 토기와 기와 등의 유물을 전시 중이다.

무려 40여 개의 금동 못이 달린 금동 신발 바닥판길이 34.8센티미터은 스파이크 운동화를 꼭 빼닮았다. 그러나 의례용, 부장용으로 제작돼 실용성이 떨어진다. 백제나 신라의 금동 신발보다 바닥에 박힌 못의 개수가 많다. 저울추와 흡사한 장식이 붙은 고구려의 귀걸이는 서울 능동에서 발견되었다.

평양에 있는 강서 대묘의 벽화 〈사신도四神圖〉를 그대로 재현한 〈모사도〉는 남북 분단으로 인해 현재 고구려의 고분 벽화 관람이 불가능한 상황에서 놓쳐서는 안 될 귀한 유물이다. 고구려 고분 벽화는 4세기 이후 조성되기 시작해 옛 수도가 있던 중국의 지안集安과 평양의 무덤에 그려져 있다. 초기에는 벽면에 석회를 바르고 생활 풍속과 장식 무늬를 그렸으나, 6세기 중반 이후에는 화강암 벽면에 안료를 이용해 직접 그림을 그렸다. 이 〈모사도〉는 일제 강점기에 오바 쓰네키치와 오다 후쿠조가 현지에서 실측해 실물 크기로 부분도

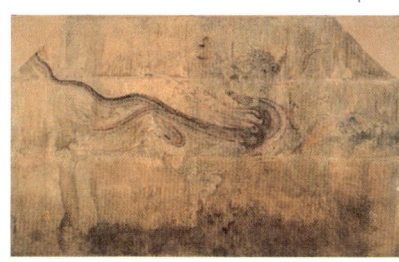

〈모사도〉 일부

를 그리고 조합해 완성했다. 상상의 동물인 청룡, 백호, 주작, 현무의 역동적인 동세와 화려한 색채 감각에서 당대의 높은 회화 수준을 느낄 수 있다.

백제실

한성, 웅진, 사비 시대 주요 유적에서 나온 토기와 금속 공예품 중심으로 구성되어 있다. 부여 규암리 절터에서 출토된 산수 무늬와 도깨비 무늬 벽돌은 수준 높은 백제 문화의 일면을 보여 준다. 산수 무늬 외에 연꽃, 구름 등 여덟 종류의 무늬가 새겨진 벽돌이 바닥에 깔린 채로 함께 발견되었는데, 이들 벽돌에는 불교와 도교의 요소가 함께 엿보인다. 산수 무늬 벽돌은 백제인의 이상적 산수관을 표현했으며, 도깨비 무늬 벽돌은 부릅뜬 눈과 치켜 올라간 눈초리, 커다랗게 벌어진 입 등이 사납고 그로테스크하지만 어딘지 모르게 익살맞고 친근한 느낌이 든다.

산수 무늬 벽돌   도깨비 무늬 벽돌

가야실

가야의 철기 문화를 대표하는 판갑옷과 투구, 독특한 상형 토기를 중심으로 전시하고 있다. 경북 고령 지산리 무덤에서 출토된 갑옷높이 40.6센티미터, 너비 49.6센티미터은 철판을 재단한 뒤 인체의 굴곡에 맞춰 구부려 못으로 연결해 만

든 것이다. 넓은 금동판 끝에 연꽃 봉오리 모양으로 장
식한 금동 관고령 지산리 출토, 높이 19.5센티미터은 세움 장식을
붙인 전형적인 신라의 금관과는 다른 모양새다.

지산리 출토 갑옷

신라실

신라실은 황남 대총 출토물을 중심으로 다양한 신라의
문화를 보여 주는 유물로 꾸며졌다. 녹색의 곡옥이 화
려하게 달린 금관국보 제191호, 높이 27.3센티미터과 금제 허리
띠국보 제192호, 길이 120센티미터는 황남 대총 북분에서 출토된 것이다. 사슴뿔 장
식과 출山 자형 나뭇가지 장식이 붙은 전형적인 신라 금관이다. 허리띠에는
물고기, 곱은옥, 작은 칼, 숫돌 등을 매달아 장식했다. 지중해, 근동 지역에서
제작된 것으로 보이는 봉수형 유리병국보 제193호, 높이 24.7센티미터도 황남 대총에
서 출토되었다. 경주 부부총에서 출토된 굵은고리 귀걸이국보 제90호, 길이 8.7센티
미터는 세련된 감각과 신라 금속 공예의 높은 수준을 보여 주는 유물이다. 누
금 기법으로 수백 개의 금 알갱이를 붙여 거북 등 무늬를 만들고 그 안에 잎
무늬 등을 새겨 넣었다.

금령총에서 나온 2개 1쌍인 기마 인물형 토기6세기경, 국보 제21호는 말의 가슴
과 엉덩이에 물을 붓고 따를 수 있는 구멍이 있다. 주전자로 제작된 것이지만
일상 용기가 아니다. 특히 마구와 말 탄 이의 옷차림이 다르다. 주인과 시종
을 표현한 것으로 이와 같은 인물형 토기는 죽은 이를 영혼의 세계로 인도하
라는 의미로 제작됐다. 6세기 한강 유역을 확장하는 데 성공한 신라의 진흥왕

황남 대총 허리띠

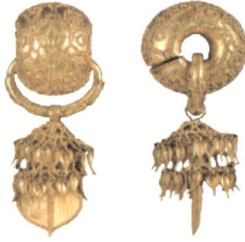

황남 대총 금관

부부총 굵은고리 귀걸이

진흥왕 북한산 순수비

기마 인물형 토기

봉수형 유리병

이 이를 기념해 북한산을 돌아보고 세운, 북한산 순수비555년, 국보 제3호, 높이 154 센티미터도 신라실에 전시 중이다.

통일 신라실

한반도 최초로 통일 왕조 건설에 성공한 신라는 8세기 화려한 문화의 꽃을 피웠으나 9세기 무렵 왕권 약화 및 귀족 간의 세력 다툼으로 결국 후삼국으로 분열됐다. 이전 시대 황남 대총처럼 대형 돌무지 덧널무덤에 왕족 을 안치하던 매장 방식은 불교를 국교로 삼은 이후 화 장火葬으로 바뀌었다. 표면에 도장으로 무늬를 찍고 녹 색 유약을 발라 구운 뼈 단지는 통일 신라 지배층의 화

녹유 뼈 단지

장 문화를 보여 준다. 중국에서 수입한 당삼채 항아리, 집 모양 토기 등도 뼈 단지로 이용되었다. 이렇게 시신을 화장한 뒤 무덤 주변에 수호신으로 십이 지신상을 배치했다. 머리는 동물, 몸은 무인의 모습으로 표현한 김유신 장군 무덤의 십이지상이 대표적이다. 무늬를 새긴 도장으로 장식한 인화문 토기는 통일 신라 시대의 전형적인 도자기이다.

발해실

대조영大祚榮, 재위 699~719이 고구려 유민을 모아 만주 동모산 일대에 세운 발해 698~926의 역사는 아직도 한국인들에게는 낯설다. 그러나 최근에는 발굴이 진 행되면서 통일 신라와 함께 한반도의 남북을 주도하며 역사를 이끌어 간 데

주목해 통일 신라 시대를 남북국 시대로 고쳐 부르기도 한다. 발해는 고구려의 문화를 계승하면서 당나라의 선진 문물을 적극 흡수했고 이를 신라와 일본 등에 전해 줬다. 석가와 다보 두 여래가 나란히 앉은 모습의 이불 병좌상_중국 지린성 훈춘 출토, 일본 도쿄 대학 소장 복제품, 높이 29센티미터은 한반도에서는 쉽게 볼 수 없는 독특한 도상의 불상이다. 중국 지린 성과 랴오닝 성, 헤이룽장 성 등에 흩어진 발해의 궁전터에서 나온 장식 기와, 도기 등을 전시하고 있다. 또 목간과 외교 문서 등을 통해 발해의 활발한 대외 관계를 엿볼 수 있다.

고려실

후고구려를 계승한 왕건이 918년 고려를 건국하고, 936년 후삼국을 통일하면서 한반도의 중세는 시작되었다. 고려는 고구려가 품었던 드넓은 북방의 영토를 되찾기 위해 북진 정책을 실시하고 과거 제도를 실시해 제도적으로는 통일 신라보다 열린사회를 지향했다. 동시에 고려는 화려한 취향의 나라였다. 고려의 문화적 자긍심을 대표하는 고려청자는 식기, 생활용품뿐 아니라 건축 자재로도 쓰였다. 모란과 당초무늬를 돋을새김으로 새긴 청자 수막새와 암막새는 화려한 고려 문화의 단면을 보여 준다. 섬세하게 용과 덩굴 그리고 꽃 무늬를 새기고 범자梵字를 새긴 청동 은입사 향완도 마찬가지다.

　고려는 불교의 나라였지만, 두 손에 복숭아를 받쳐 든 도교 인물 모양 청자 주전자국보 제167호, 높이 28센티미터에서 보듯 도교적 세계관도 귀족들 사이에 널리 퍼져 있었다. 원元에서 충선왕忠宣王, 재위 1298, 1308~1313을 모신 유학자 이제현李齊賢, 1287~1367의 초상화국보 제110호, 93.0×177.3 센티미터는 1319년 원의 화가

이불 병좌상

청동 은입사 향완

도교 인물 모양 청자 주전자

경천사 십층 석탑

진감여陳鑑如가 그린 것으로, 우리나라에 남아 있는 가장 이른 시기의 초상화이다. 세계 최초로 금속 활자를 발명한 출판 선진국 고려의 면모는 금속활자와 부처의 힘을 빌려 거란의 침입을 물리치고자 새겨진 초조대장경 인쇄물에서 확인할 수 있다.

박물관 1층 역사의 길 끝에는 고려 시대 후기에 세워진 경천사지 십층 석탑1348년, 경기 개성 유래, 국보 제86호, 높이 13.5미터이 서 있다. 대리석을 재료로 한 이 탑은 원나라 시대 티베트 불교의 영향을 받았다. 1~4층은 목조 건축물 형태로 각 면마다 부처가 영취산에서 설법하는 장면 등의 법회 장면을, 5층~10층은 전통 한국 석탑의 구조로 각 면에 셋 또는 다섯 명의 부처를 새겨 놓았다. 이 탑 역시 모진 수난사를 겪었다. 1907년 일본의 궁내 대신 다나카 미스야키가 무단 반출했다가, 영국의 언론인 베델이 창간한《대한매일신보》등에서 불법 반출을 문제 삼기 시작했다. 여기에 월간지《코리아》를 내던 미국인 헐버트가 가세해 국내뿐 아니라 일본과 미국 등의 신문에도 이를 알리면서 1918년 결국 반환되었다. 당시 기술로는 다시 건립하기가 어려워 1960년대까지 경복궁 회랑에 보관되었다가 1960년 경복궁 뜰에 다시 세웠다. 그러나 산성비와 풍화 작용 등으로 심하게 훼손되어 1995년 다시 해체되었고, 2005년 박물관이 재개관하면서 지금의 자리에 재조립되었다.

조선실

조선실은 5개 전시실에 걸쳐 조선의 건국부터 대한 제국과 근대기의 역사를 공문서와 서책, 기록화, 근대 회화 등을 통해 조망한다. 태조 이성계의 초상화인 〈태조 어진〉 복제본으로 시작되는 전시물은 조선 개국을 도운 이들을 개국 공신으로 임명한 문서인 〈진충귀 개국원종공신녹권陳忠貴開國原從功臣錄券〉1395, 보물 제1160호 과거 급제자에게 내린 합격증 홍패紅牌와 왕이 관리를 임명할 때 내린 교지, 조선의 법전《경국대전經國大典》등으로 이어진다.

이 전시물들은 500년간 왕조가 유지될 수 있었던 문치국가 조선의 근간을 보여 준다. 역성혁명으로 나라를 바꾼 조선의 신진 사대부들은 성리학으로 무장하고 호적부를 만들고 호패를 발행해 백성들에게 군역과 요역의 의무를 지게 했고, 삼강오륜을 강조해 충효와 예의에 의해 유지되는 사회를 구현하고자 했다. 조선에서는 나라의 제1인자인 왕 또한 끊임없이 배우고 공부해야 했으며, 그 가르침은 성리학자들의 몫이었다.《성학집요聖學輯要》는 조선 중기의 대학자 율곡 이이李珥, 1536~1584가 선조宣祖를 위해 유교 경전에서 군주의 학문에 도움이 되고 도학의 정수가 되는 문장들을 골라 편찬한 책이다.

〈명나라로 가는 바닷길航海朝天圖〉1624년, 68×41센티미터은 명나라로 가는 사신단의 여로를 기록한 그림으로, 조선의 대외 관계를 보여 준다. 〈에도 성에 들어가는 통신사 행렬仁祖 十四年 通信使 入江戶城圖〉1636년, 30.7×595센티미터은 조선 중기 일본에 파견된 통신사가 에도 성현재 도쿄에 들어가는 행렬을 기록했다.

조선 왕조는 숭유 억불 정책을 실시했다. 그렇지만 조선은 본디 철학적 성격이 짙던 불교가 이 땅에 들어오면서 수용해야 했던 기복신앙을 역시 받아들였다. 태조 이성계는 조선 건국 직전 자신의 지지자 1만여 명과 함께 금강산 월출봉에 사리기를 봉안했다. 간경도감을 설치하고 불교 서적을 한글로 번역했던 세조는 오대산 상원사의 불사를 도왔다. 이에 상원사의 승려 신미信

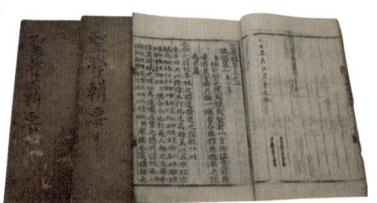

성학집요

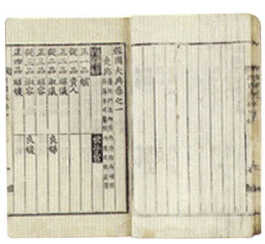

경국대전

명나라로 가는 바닷길

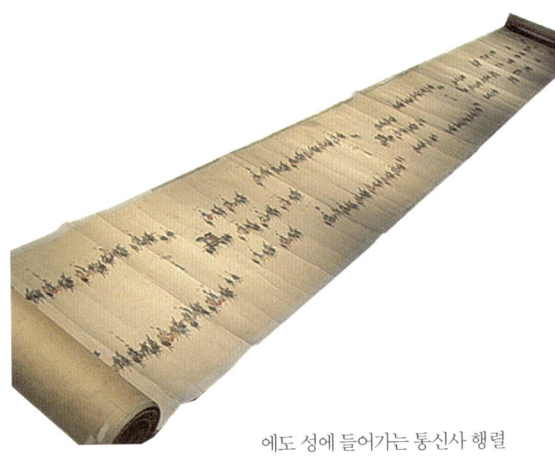

에도 성에 들어가는 통신사 행렬

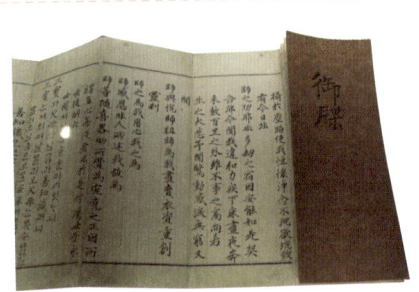

상원사 중창 권선문

僧는 사찰을 중창하면서 세조의 만수무강을 빌며 《오대산 상원사 중창 권선문》국보 제292호을 지었다. 이 문서는 조선 왕실의 불교 후원 양상을 살펴볼 수 있는 자료이자, 한글로 쓰인 가장 오래된 필사본이다.

이 밖에 〈대동여지도〉를 찍어 낸 목판과 〈동국대전도〉 등에서는 조선의 강역, 지리에 대한 관심을 확인할 수 있다. 전시실 말미에는 개항, 갑오농민전쟁, 갑오개혁, 대한 제국 선포 등 숨 가쁘게 변화한 근대사를 증언하는 문서와 유물 들을 전시하고 있다.

2층의 서화관과 기증관
●

2층에는 역사의 길을 기준으로 좌측에 서예실, 회화실, 불교 회화실로 구성된 서화관이 있으며, 우측에는 자신의 수집품을 기증한 사람의 이름을 딴 전시실 10여 개로 구성된 기증관이 있다.

서예실

조선의 사대부는 서화동원론書畵同原論이라 해서 글씨와 그림을 하나로 보았으며, 글씨는 인격을 반영한다고 여겨 좋은 글씨를 쓰고자 끊임없이 수련했다. 서예실에는 광개토 대왕비 탁본, 성덕 대왕 신종 탁본, 각종 비석 등의 금석 자료와 함께 한글과 한문으로 쓰인 명필의 서예 작품이 전시되어 있다. 서예는 대부분 조선 시대 서화가의 것이다.

중국 왕희지체를 바탕으로 자신만의 서풍을 이룬 명필 석봉 한호韓濩, 1543 ~ 1605의 글씨인 〈한석봉이 류여장에게 써 준 서첩〉1596, 보물 제1078호, 조선의 글씨를 이루려 애쓴 원교 이광사가 전서체로 쓴 두보의 시, 공자와 제자 안회가 예에 대해 질문하고 대답한 《논어》의 구절을 해서체로 쓴 동춘당 송준길의 서첩을 비롯해 자하 신위, 미수 허목, 능호관 이인상, 추사 김정희 등 조선 시대의 대표적인 서화가와 문인의 서첩을 전시하고 있다. 또 정조, 철종 등 임금이 힘차게 써 내려간 어제御製에서는 장중하고 단정한 느낌이 난다.

회화실

회화실은 다른 전시실에 비해 전시물이 자주 교체된다. 기획전이나 대여 등으로 전시실을 떠나 있기도 하고, 서화류의 특성 때문에 수장고와 전시실을 자주 오간다. 국립 중앙 박물관은 조선 시대 회화의 대표작 상당수를 소장하고 있는 곳이므로 딱히 보고 싶은 그림이 없어도 '이번에는 어떤 새로운 그림과 만나게 될까' 하는 기대감을 품고 찾아가 보자.

조선 초기 회화가 드문 상황에서 안평 대군의 후원을 받은 화원 안견安堅이 그린 것으로 전해지는 《사시 팔경 도첩四時八景圖帖》과 강희안姜希顔, 1418~1465의 〈고사관수도高士觀水圖〉는 조선 초기 회화의 양상을 전하는 작품인데, 필묵법으로 산수와 인물을 그려 냈다. 하관병조 소속 관청 관리의 친목 모임을 그린 〈하관 계회도〉1541, 보물 제869호는 조선 초기의 계회도로 당시 산수화의 양상을 반영하고 있다. 인물화가로 유명했던 화원 이명기李命基, ?~?는 정조 어진을 비롯해 단원 김홍도金弘道, 1745~?와 함께 〈서직수 초상〉 등을 남겼다. 그가 단

송준길 서첩

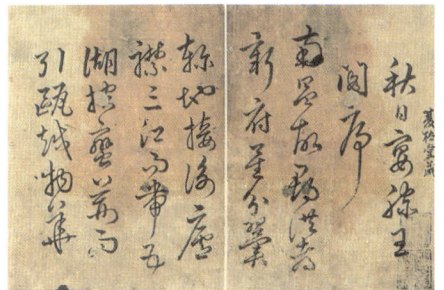

한석봉이 류여장에게 써 준 서첩

하관계회도

고사관수도

서직수 초상

독으로 그린 〈강세황 초상화〉는 18세기 예단을 주름잡던 표암 강세황의 말년 상을 음영법과 명암법을 사용해 입체적으로 그려 낸 인물화의 명작이다.

무려 길이 8.5미터에 이르는 대작인 이인문李寅文, 1745~1821의 〈강산무진도江山無盡圖〉43.8×856.0센티미터는 좀처럼 전시장에서 보기 어려운 그림이다. 제목 그대로 끝없이 펼쳐진 강과 산의 절경 사이에 다양한 인간 세상의 모습을 녹여 낸 두루마리 그림이다. 이 그림은 당시의 화법을 망라해 다양한 시점으로 산수를 배치하고, 그림에 입체감을 부여하고자 사용하는 동양화의 준법이 총동원되었다. 산수의 풍경 사이로 언뜻언뜻 보이는 인간 세상의 모습도 재미나다. 지루할 틈이 없이 흘러가는 화면을 따라가다 보면 마치 지리산 천왕봉과 같이 위대한 자연 앞에서 압도되는 느낌과 함께 장대한 시각적 쾌감을

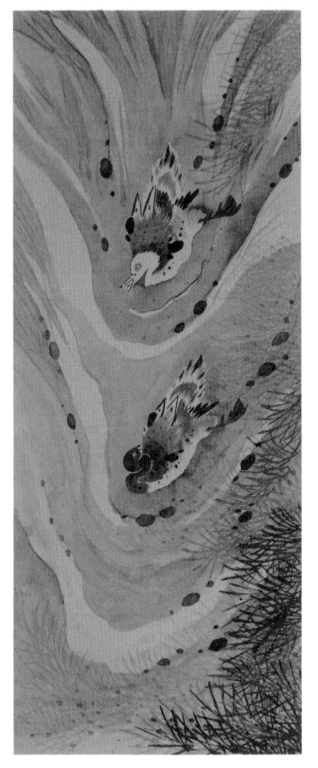

유압도

느끼게 된다. 그림을 그린 이인문은 조선 후기 김홍도와 쌍벽을 이룬 화원 화가로 평가로 특히 산수화에 뛰어났다. 〈강산무진도〉는 특별전의 형태로 3~4년에 한 번 꼴로 전시되는데, 이 그림이 전시된다고 하면 놓치지 말고 박물관으로 달려가자.

진경산수화를 창안한 겸재 정선鄭歚, 1676~1759이 36세에 금강산을 다녀와 그린《신묘년 풍악도첩》1711, 서민의 생활상을 실감나게 묘사한 김홍도의《단

단원 풍속 화첩

신묘년 풍악도첩

원 풍속 화첩檀園風俗圖帖》보물 제527호, 각 27×22.7센티미터도 조선 후기 회화의 새로운 경향을 보여 준다. 독특하고 대담한 구도가 눈길을 끄는 홍세섭洪世燮, 1832~1884의 8폭《영모도》는 오리, 백로, 따오기, 기러기, 까치 등을 갈대, 수초, 매화와 함께 묘사했다. 특히 헤엄치는 오리를 그린 〈유압도〉47.9×119.7센티미터가 인상적이다. 부감시로 먹의 농담을 살려 물결을 표현하고 헤엄치는 오리의 속도감을 나타냈다.

불교 회화실

불교 미술은 종교 미술에 속하지만 삼국 시대에 불교가 수입된 이래 당당히 한국미술사의 한 축이었다. 현재 전하는 불교 회화의 대부분은 고려 시대 불화와 경전을 도해한 사경 변상도와 조선 시대 불화이다. 이곳에는 사찰에서 볼 수 있는 다양한 불교 회화를 소개하고 있다.

고려 시대에는 사경소를 국가에서 설치할 정도로 경전을 베끼는 사경이 유행했는데, 사경 첫머리에는 경전의 내용 중 핵심을 그림으로 옮겨 그린 변상도變相圖를 배치했다. 보통 쪽물로 염색한 푸른 종이나 도토리로 물들인 갈색 종이에 금가루 또는 은가루를 아교와 풀에 개어 만든 금니와 은니로 그림을 그리고 경전을 베껴 썼다. 〈아미타 구전도〉, 〈화엄경 행원품 신중 팔부〉 등에서 세밀하고 화려한 고려 불교문화의 일면을 확인할 수 있다.

조선 시대의 불교 회화로는 감로도와 시왕도 등이 주목된다. 조선 시대 불교는 토속 신앙을 받아들이고 교리가 발전하면서 사찰의 전각 배치가 복잡화되고 불교 의식이 발전했다. 또 사회적으로는 조선을 뒤흔든 임진·병자 양

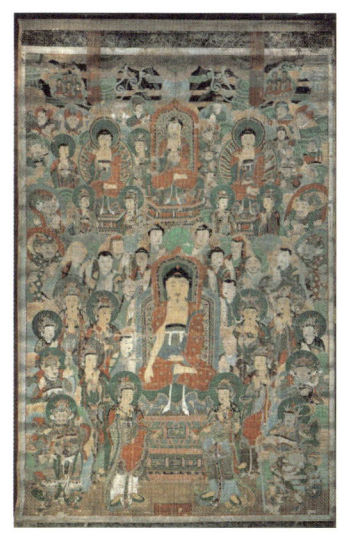

부석사 괘불

아미타 구전도

란과 기근, 역병으로 죽은 이의 영혼을 위로하는 역할을 사찰에서 담당하게
되면서, 이를 위한 의식에 수반되는 그림이 제작되었다. 감로도와 시왕도, 대
형 괘불이 바로 이러한 목적 아래 그려졌다.

1684년 제작된 〈부석사 괘불〉은 영취산에서 설법하는 석가모니와 석가모
니 곁을 둘러싼 보살, 10대 제자, 사천왕, 금강역사상 등 불교의 모든 권속이
총출동한 대형 걸개그림이다. 불교 회화실 한쪽 벽에는 대형 괘불을 걸어 감
상할 수 있게끔 탁 트인 공간이 마련되어 있으며, 박물관이 소장한 대형 불화
뿐 아니라 전국 명찰에서 소장하고 있는 괘불이 주기적으로 교체 · 전시되고
있다.

기증관

2층 우측은 우리 문화를 아끼는 이들이 박물관에 기증한 유물을 펼쳐 놓은 곳이다. 기증품은 전체 전시품의 15~20퍼센트 정도로 만만치 않은 양이다. 평생 모은 문화재를 기증한 이들의 이름을 딴 전시실을 돌아보며 기증자들의 우리 문화에 대한 지극한 마음을 느껴 보자. 특히 그중 백미는 이홍근실이다. 문화유산의 보존과 사회 환원에 앞장선 동원 이홍근李洪根, 1900~1980의 기증품은 토기와 기와, 금속 공예품, 불교 조각품, 도자기에 이르기까지 종류도 방대하거니와 양도 5000여 점에 육박한다. 특히 회화와 도자기가 뛰어나 국보 또는 보물로 지정된 것도 상당수다. 18세기 강세황이 개성을 여행하며 그린 《송도 기행첩》, 19세기 전기田琦가 그린 〈매화 서옥도〉와 청자, 분청사기, 백자 명품이 즐비하다. 이 밖에 조선 후기 목공예김종학실, 규방 문화박영숙실, 토기최영도실, 도자기박병래실, 와당유창종실, 아시아의 종교 · 민속가즈시게실 등이 있다.

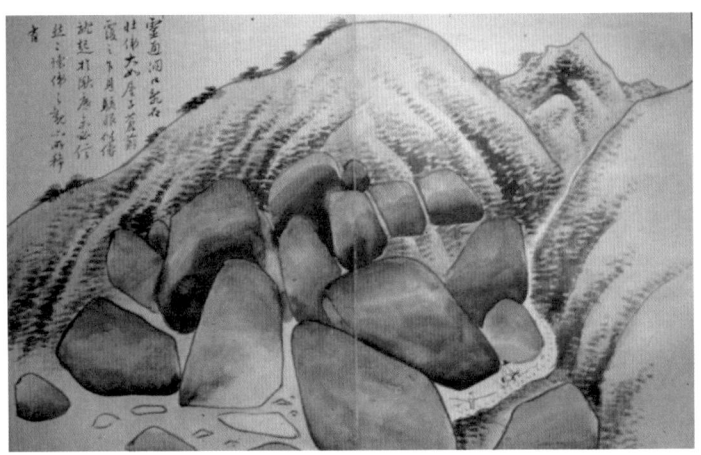

강세황이 그린 《송도 기행첩》 중에서 〈영통동 입구〉

조각·공예관과
아시아관으로 구성된 3층

도자 공예실

도자기는 수량으로 치면 우리나라에서 가장 많이 남아 있는 유물이다. 그뿐 아니라 선사 시대와 역사 시대를 빠짐없이 촘촘히 채우는 유물이기도 하다. 도자 공예실에서는 고려청자와 조선 초기에 유행한 분청사기와 백자를 중심으로 전시하고 있다. 고려 인종의 능에서 출토된 청자 참외 모양 병국보 제94호, 높이 22.7센티미터은 12세기 중엽 절정에 오른 고려청자의 비색과 아름다운 선을 보여 주는 청자다. 앙증맞은 토끼 세 마리가 받치는 청자 칠보 무늬 향로국보 제95호, 높이 15.3센티미터는 음각과 양각, 상감, 앞뒤로 뚫는 투각, 부분을 빚어 붙이는 첩화 등 다양한 장식 기법이 활용된 명품이다. 청자 버드나무 무늬 병국보 제113호, 높이 31.4센티미터은 곡선의 유려한 형태미를 자랑하는 보통의 고려청자에 비해 대단히 이채로운 기형으로 만들어졌다. 그런데 오히려 이 단순하고 직선으로 떨어지는 선이 당당한 기운을 뿜어내며, 세부를 생략하고 압축적으로 버드나무의 본질만을 그려 낸 장인의 솜씨가 돋보인다.

밑이 뚫린 분청사기 구름용무늬 항아리국보 제259호, 높이 48.5센티미터는 조선 시대 왕실에서 사용된 것으로 보이는데 상감 기법과 도장을 이용해 장식했다. 납작하게 생겨 주둥이가 달린 형태가 자라를 닮은 분청사기 모란 무늬 자라 병국보 제260호, 지름 24.1센티미터은 휴대용 물병 또는 술병이다. 그릇 표면에 백토

청자 참외 모양 병

청자 버드나무 무늬 병

청자 칠보 무늬 향로

분청사기 구름용무늬 항아리

분청사기 모란 무늬 자라 병

백자 매화 대나무 무늬 항아리

백자 매화 대나무 새 무늬 항아리

백자 끈 무늬 병

를 바르고 나서 모란 무늬를 선각한 뒤 바탕을 긁어내고 흑갈색 철화 안료로 쓱쓱 칠했는데 거친 듯 대담한 것이 외려 매력이다. 백자에 청화 안료로 그린 백자 청화 매화 대나무 새 무늬 항아리국보 제170호, 높이 16.5센티미터는 마치 한 편의 화조화花鳥畵를 보는 듯하다.

청화 백자는 조선 시대 내내 제작되었지만, 조선 시대 중기에 수입품이던 청화 안료의 보급이 어려워지면서 그 대신 철화 안료를 쓴 철화 백자가 다수 제작되었다. 백자 매화 대나무 무늬 항아리국보 제166호, 높이 40센티미터는 철화 안료로 농담을 살려 한쪽에는 대나무를 반대편에는 매화나무를 실감나게 묘사했는데, 원숙한 기량에서 도화서 화원이 그렸음을 짐작할 수 있다. 푸르스름한 백색의 병에 대담하게 한 가닥 끈 무늬를 늘어뜨려 그린 백자 끈 무늬 병보물 제1060호, 높이 31.4센티미터은 절제미와 여백이 돋보인다.

금속 공예실

금속 공예실의 대종을 차지하는 것은 대개 불교 공예품이다. 불교 법구와 사리 장치, 불감 등이 전시 중이다. 특히 경주 감은사지 동탑에서 나온 사리 장치보물 제1359호, 높이 외함 28.1센티미터, 내함 20.3센티미터는 보는 순간 입이 벌어진다. 사리 외함에는 사천왕들을 사면에 돋을새김으로 배치했고, 사리병을 안치한 전각 모양의 사리 내함 안에도 역시 사리를 수

감은사지 동탑 출토 사리 장치

호하는 사천왕과 승려가 배치되어 있다. 전각 밑 부분에는 신장상을, 모서리마다 사자상을 배치했다. 7세기 후반 제작된 이 사리 장치는 삼국 통일을 이룩한 아버지 문무왕의 업적을 기리고자 아들 신문왕이 만든 것으로, 신라의 뛰어난 금속 공예 기술을 보여 준다.

불교 조각실

불교 조각실은 삼국 시대부터 조선 시대에 이르기까지 돌과 금동, 철 등의 재료로 만든 다양한 불상을 전시하고 있다. 한국 불교 조각을 대표하는 명품이 모두 망라되어 있다 해도 과언이 아니다. 연가 칠년명 금동불 입상_{고구려 539년 경, 국보 제119호, 높이 16.2센티미터}은 고구려에서 만든 불상으로 경남 의령에서 출토되었다. 우리나라에서 발견된 불상 가운데 제작 연대가 확실한, 가장 오래된 불상이다. 부처의 몸에서 나오는 진리의 빛을 형상화한 광배 뒤편에 불상을 만들게 된 계기와 연대가 쓰여 있다.

경주 감산사지에서 옮겨 온 석조 미륵보살 입상_{국보 제81호, 높이 270센티미터}과 아미타불 입상_{국보 제82호, 높이 275센티미터}은 신라의 고위직 관리였던 김지성이 부모의 은혜와 임금의 은덕에 보답하고자 719년에 조성했다. 통일 신라 초기 이후의 불상은 감산사지 불상에서 보듯 이상화된 인체 비례와 정교한 조각 기법을 보여 준다. 딱딱한 화강암을 이만큼 자유자재로 다룰 수 있게 된 것이다. 여기서 비롯된 자신감은 훗날 통일 신라 시대의 불교 미술의 정점인 석굴암을 조성하는 밑바탕이 되었을 것이다. 이 밖에 부여 군수리에서 나온 백제의 미소를 간직한 납석제 불상, 몸에 지니고 다니던 소형 호신불, 고려 시대에

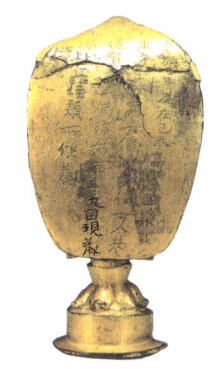

연가 칠년명 금동불 입상(앞)　　　　　연가 칠년명 금동불 입상(뒤)

금동 미륵 반가 사유상(국보 제78호)　　　금동 미륵 반가 사유상(국보 제83호)

감산사지 아미타불 입상　　　　　　감산사지 미륵보살 입상

제작된 거대한 철불을 전시하고 있다.

불교 조각실의 백미는 누가 뭐라 해도 삼국 시대에 제작된 금동 미륵보살 반가 사유상이다. 석가모니가 깨달음을 얻기 전에 인간의 생로병사에 대해 고뇌하던 시절의 모습을 표현했다는 반가 사유상은 독립된 별도의 전시실에 공개 중이다. 국보 제78호와 제83호가 교대로 전시되고 있다. 국보 제78호6세기 후반~7세기경, 높이 78.3센티미터가 제83호7세기경, 높이 93.5센티미터 반가 사유상보다 조금 더 앞선 시기 제작되었다. 이들 반가 사유상은 선정에 잠긴 보살의 미소를 드러내려고 실제 반가부좌를 취할 때의 자세보다 팔을 길게 만들었다. 그러나 전체적으로 모든 부분이 조화를 이루며 팔 동작과 다리, 발가락 등이 매우 사실적으로 조각되어 있다. 그러나 이들의 국적에 대해서는 아직도 고구려 · 신라설국보 제78호, 신라 · 백제설국보 제83호이 팽팽히 대립 중이다.

아시아관

2005년 박물관이 재개관하면서 새롭게 설치된 곳이 바로 아시아관이다. 이곳에는 동아시아의 역사와 문화에 대한 이해를 돕기 위한 목적으로 중국실과 일본실, 인도 · 동남아실이 설치되었다. 중국실은 고대의 토기와 옥기에서 시작해 도자기와 회화를 중심으로 중국 미술의 흐름을 이해할 수 있게끔 구성되어 있다. 일본실은 일본의 개항 이전과 이후로 나뉘어 구성되는데, 특히 에도 시대에 다수 제작된 판화인 우키요에, 근대에 그려진 일본화 등과 화려하면서 장식적인 공예품이 함께 전시 중이다. 인도 · 동남아실은 2년 주기로 중국과 일본을 제외한 아시아 국가 중 한 나라를 선정해 집중적으로 소개한다.

베제클릭 석굴의 서원화 벽화 조각

아르호 석굴의 천불도 벽화 조각

저 멀리 실크로드의 벽화와 토기로 구성된 중앙아시아실은 일본 오타니 탐험대의 수집품인 오타니 컬렉션으로 구성되어 있다. 오타니 컬렉션은 역사의 아이러니에 의해 한국에 남겨진 유물이다. 19세기 말, 20세기 초 서구의 탐사대가 동투르키스탄 일대_{중국 신장 위구르 자치구 지역에 해당}를 조사할 당시 풍부한 재력을 바탕으로 교토의 명사찰 니시혼간지_{西本願寺}의 주지였던 오타니 고즈이가 탐험대를 꾸려 신장 위구르 지역을 답사하면서 유물을 수집・약탈했다. 중국의 창조 설화에 등장하는 복희와 여와를 그린 그림은 투르판 아스타나 고분의 묘실 천정에 붙어 있던 것이다.

오타니 탐험대는 투르판 일대의 석굴 사원 벽화를 잘라 반출했다. 그러던 중 사찰이 재정 압박에 시달리게 되면서 오타니 수집품도 흩어졌다. 이중 일부를 구입한 일본의 재력가 구하라 후사노스케가 1916년 조선 광산의 채굴권을 얻으려고 조선 총독부의 데라우치 마사타케 총독에게 수

집물을 기증했다. 그 결과 5000여 점의 오타니 컬렉션 중 1500여 점이 서울에 남게 되었다. 국립 중앙 박물관이 소장한 쿠차 키질 석굴 사원에서 떼어온 〈본생도〉 벽화 조각, 투르판 베제클릭 석굴 사원에서 가져온 서원화 벽화 조각, 투르판 아르호 석굴의 천불도 벽화 조각 등 20여 점의 석굴 벽화는 중앙아시아의 동서 교류 및 미술의 역사를 살피는 데 없어서는 안 될 귀중한 자료이다.

야외 전시물

전시는 상설 전시실뿐 아니라 박물관 건물 외부에도 펼쳐져 있다. 박물관 앞 거울 못을 중심으로 동관 앞에 조성된 한국식 전통 정원 사이사이에는 석탑과 석등, 부도 등이 배치되어 있다. 정원은 계절마다 각기 다른 꽃들이 환하게 피어나, 박물관을 돌아보다 지친 심신의 피로를 달래는 데도 안성맞춤이다.

염거 화상탑

우리나라 최초 팔각형 모양의 승탑인 염거 화상탑국보 제104호, 높이 170센티미터은 신라 때 구산선문 중 하나인 가지산문을 연 도의 선사의 제자 염거화상의 묘탑이다. 몸돌에 사천왕상이 조각되어 있으며 각 부분의 조각도 섬세하다. 개성에서 옮겨 온 남계원 칠층 석탑국보 제100호은 길쭉하면서 묵직한 느낌을 주는 고려 석탑 양식을 잘 보여 준다. 헌화사 석등도 개성에서 가져온 고려 시대 석등보물 제208호, 높이 3미터으로 특이하게 불발기 집이 사각 구조로 시원하게 트여 있다. 여주 고달사지에서 가져온 쌍사자 석등은 두 마리 사자가 웅크린 채 서로 마주 보며 등 위로 구름무늬가 새겨진 받침돌과 불발기집을 받치고 있는 형상인데, 조각 기법으로 보아 고려 초기에 제작된 것으로 보인다. 박물관에서는 여름과 겨울을 제외한 4~5월, 9~10월 매주 토요일 오후에 석조 유물 해설도 진행한다.

남계원 칠층 석탑

고달사 쌍사자 석등

국립 중앙 박물관
알차게 이용하기

주제별로, 관심사별로 나눠서, 여러 차례 관람하자

나태주가 그의 시 〈풀꽃〉에서 읊었듯 우리 문화재 역시 자세히 봐야 예쁘고 오래 봐야 사랑스럽다. 관심을 갖고 오래, 자세히, 여러 번 보다 보면 점점 더 익숙해지고 편안해지면서 유물이 들려주는 이야기에 귀 기울이게 된다. 국립 중앙 박물관은 너무 커서 하루 종일 돌아봐도 전체를 다 관람할 수 없다. 대개 어른이 박물관 관람을 하며 버틸 수 있는 물리적 시간은 2~3시간이다. 어린이의 경우 더 짧다. 이보다 길어지면 육체적으로 피로할 뿐 아니라 시각적으로 유물의 이미지를 기억하기 어렵다. 하루에 다 보겠다는 욕심은 버리고, 여러 차례 나눠 한 번에 한 관씩 집중해 돌아보자. 또는 관심사에 따라 주제별로 전시실을 찾는 것도 좋다.

전시 해설을 활용하자

국립 중앙 박물관은 여느 박물관보다 훈련된 자원봉사자와 도슨트가 많다. 매일 시간대별로 전시 해설을 하고 있으니 전체적인 흐름을 따라가고 싶다면 동참해 보자. 전관 해설은 오전·오후 각 2회, 개별 전시실 해설은 오전 2회, 오후 4회에 걸쳐 진행된다. 또한 소정의 대여료를 내면 PMP 또는 MP3 플레이어 안내기로 좀 더 상세한 정보를 들을 수 있다. 스마트폰 사용자는 국립 중앙 박물관 전시 안내 어플리케이션을 스마폰에 설치하면 유물 앞의 전시

번호를 입력해 상세한 설명을 들을 수 있다. 또 최근 박물관은 태블릿 PC를 이용해 주말 저녁에 박물관을 찾는 가족 단위 관람객에게 '스마트 큐레이터' 서비스를 실시 중이다.

박물관에는 도서관도 있다http://library.museum.go.kr/

국립 중앙 박물관 서관 3층에는 누구나 이용 가능한 도서관이 있다. 고고학과 미술 사학, 역사학 등 관련 분야의 단행본과 정기 간행물 12만여 권을 비치하고 있다. 특히 일반 도서관에서는 열람하기 힘든 박물관 발행 전시 도록을 대부분 갖추고 있다. 열람석은 50석 규모로 아담하며 자료를 촬영할 수 있게 접사대 등이 설치되어 있다. 전시를 관람하다 피곤함을 느낄 때 찾아가 전시 도록을 보거나 영상물을 관람하며 피로를 풀어도 좋다. 박물관이 문을 닫는 월요일과 공휴일에만 문을 닫는다. 또한 전시된 유물 복제품을 직접 만져 보면서 오감을 충족시키는 어린이 박물관도 운영하는데, 인기가 좋아 사전에 예약해야 한다. 다른 국립 박물관도 대부분 어린이 박물관과 체험 프로그램을 운영하고 있으니 적극 이용해 보자.

참고 문헌

도록

국립경주박물관 엮음, 《국립경주박물관 명품 100선》, 국립경주박물관, 2007
국립공주박물관 엮음, 《국립공주박물관》, 통천문화사, 2004
국립광주박물관 엮음, 《광주: 유구한 문화의 도시》, 국립광주박물관, 2008
국립광주박물관 엮음, 《국립광주박물관》, 통천문화사, 2010
국립김해박물관 엮음, 《국립김해박물관》, 통천문화사, 2008
국립대구박물관 엮음, 《국립대구박물관》, 그라픽네트, 2011
국립민속박물관 엮음, 《허벅과 제주 질그릇》, 국립민속박물관, 2007
국립부여박물관 엮음, 《백제 중흥을 꿈꾸다: 능산리사지》, 국립부여박물관, 2010
국립전주박물관 엮음, 《왕의 초상: 경기전과 태조 이성계》, 국립전주박물관, 2005
국립전주박물관 엮음, 《조선 왕실과 전주》, 국립전주박물관, 2010
국립제주박물관 엮음, 《국립제주박물관 30선》, 국립제주박물관, 2009
국립중앙박물관 엮음, 《(士農工商의 나라) 조선》, 국립중앙박물관, 2010
국립중앙박물관 엮음, 《가을, 秋, 유물 속 가을 이야기》, 국립중앙박물관, 2008
국립중앙박물관 엮음, 《고려 시대를 가다》, 국립중앙박물관, 2009
국립중앙박물관 엮음, 《국립중앙박물관》, 솔출판사, 2005
국립중앙박물관 엮음, 《신라 토우 영원을 꿈꾸다》, 국립중앙박물관, 2009
국립중앙박물관 엮음, 《통일신라》, 통천문화사, 2003
국립중앙박물관 엮음, 《한국 박물관 개관 100주년 기념 특별전: 여민해락》, 국립중앙박물관,
    2009
국립중앙박물관 엮음, 《황남대총 - 황금의 나라 신라의 왕릉》, 국립중앙박물관, 2010
국립진주박물관 엮음, 《국립진주박물관》, 통천문화사, 2010
국립진주박물관 엮음, 《임진왜란》, 국립진주박물관, 1997
국립춘천박물관 엮음, 《국립춘천박물관》, 통천문화사, 2002
동아대 박물관 엮음, 《名品 100選》, 동아대박물관, 2009
문화재청, 《(문화재대관)국보 - 금속공예》, 문화재청, 2008
문화재청, 《(문화재대관)국보 - 도자기 및 기타》, 문화재청, 2011
복천박물관 엮음, 《복천박물관》, 복천박물관, 2011
삼성미술관 리움 엮음, 《화원 - 조선화원대전》, 삼성미술관 리움, 2011
성균관대학교 박물관 엮음, 《경주 신라 유적의 어제와 오늘: 석굴암 불국사 남산》, 성균관대학
    교 박물관, 2007
한국 박물관 100년사 편찬위원회, 《한국 박물관 100년사》, 국립중앙박물관, 2009

단행본

강경숙, 《한국도자사》, 시공사, 2012
강민기 외, 《클릭, 한국미술사》, 예경, 2011
강석경 글, 강운구 사진, 《능으로 가는 길》, 창비, 2000
강우방 외, 한국 미의 재발견 시리즈 전 14권, 솔출판사
강우방, 《한국 불교 조각의 흐름》, 대원사, 1995
거리문화시민연대 엮음, 《대구 신 택리지》, 북랜드, 2007
곽동석 외, 코리안 아트 북 시리즈 전 12권, 예경
곽동해, 안장헌 사진, 《범종》, 한길아트, 2006
국립경주박물관 엮음, 《박물관 들여다보기》, 통천문화사, 2005
국립공주박물관 엮음, 《박물관 들여다보기》, 통천문화사, 2005
국립광주박물관 엮음, 《박물관 이야기》, 통천문화사, 2000
국립김해박물관 엮음, 《박물관 이야기》, 통천문화사, 2008
국립대구박물관 엮음, 《박물관 이야기》, 통천문화사, 2004
국립부여박물관 엮음, 《박물관 들여다보기: 아는 만큼 보인다》, 통천문화사, 2006
국립전주박물관 엮음, 《불교, 청자, 서화 그리고 전북》, 국립전주박물관, 2009
국립전주박물관 엮음, 《전북의 고대 문화》, 국립전주박물관, 2009

국립제주박물관 엮음,《제주의 역사와 문화》, 통천문화사, 2005
국립중앙박물관 엮음,《고려 왕실의 도자기》, 통천문화사, 2009
국립중앙박물관 엮음,《국립중앙박물관 100선》, 안그라픽스, 2011
국립중앙박물관 엮음,《국립중앙박물관 가이드북》, 안그라픽스, 2007
국립중앙박물관 엮음,《국립중앙박물관 핸드북》, 워크룸프레스, 2011
국립중앙박물관 엮음,《유천리 고려청자 - 자연의 노래》, 국립중앙박물관, 2011
국립진주박물관 엮음,《박물관이야기 - 임진왜란》, 통천문화사, 2000
국립청주박물관 엮음,《국립청주박물관 - 아름다운 박물관 느끼는 박물관 만남의 박물관》, 국
    립청주박물관, 2006
국립춘천박물관 엮음,《알기 쉬운 박물관 둘러보기》, 통천문화사, 2004
국사편찬위원회 엮음,《그림에게 물은 사대부의 생활과 풍류》, 두산동아, 2007
국사편찬위원회 엮음,《불교미술, 상징과 염원의 세계》, 두산동아, 2007
국사편찬위원회 엮음,《신앙과 사상으로 본 불교 전통의 흐름》, 두산동아, 2007
국사편찬위원회 엮음,《한반도의 흙 도자기로 태어나다》, 국사편찬위원회, 2010
권오영,《무령왕릉 - 고대 동아시아 문명 교류사의 빛》, 돌베개, 2005
김리나 외,《한국불교미술사》, 미진사, 2011
김봉렬 글, 이인미 사진,《김봉렬의 한국 건축 이야기 1~3》, 돌베개, 2006
김원룡 · 안휘준,《한국 미술의 역사》, 시공사, 2003
김정희,《불화 - 찬란한 불교 미술의 세계》, 돌베개, 2009
김태식,《미완의 문명 700년 가야사 1~3》, 푸른역사, 2002
디트리히 제켈 글, 이주형 옮김,《불교미술》, 예경, 2002
민승기,《조선의 무기와 갑옷》, 가람기획, 2004
박은순,《공재 윤두서 - 조선 후기 선비 그림의 선구자》, 돌베개, 2010
박재광,《화염 조선: 전통 · 비밀병기의 과학적 재발견》, 글항아리, 2009
박홍국 글, 안장헌 사진,《신라의 마음 경주 - 남산》, 한길아트, 2002
신대현,《적멸의 궁전 사리장엄》, 한길아트, 2003
신병주,《조선평전》, 글항아리, 2011
오주석,《이인문의 강산무진도》, 신구문화사, 2006
유홍준,《나의 문화유산 답사기 1~3》, 창작과비평사, 1993
유홍준,《유홍준의 한국미술사 강의 1》, 눌와, 2010
윤용이,《우리 옛 도자기의 아름다움》, 돌베개, 2007
이광표,《명품의 탄생 - 한국의 컬렉션, 한국의 컬렉터》, 산처럼, 2009
이기봉,《고대 도시 경주의 탄생》, 푸른역사, 2007
이기환, 조유전,《(고고학자 조유전의)한국사 미스터리》, 황금부엉이, 2004
이영권,《새로 쓰는 제주사》, 휴머니스트, 2005
이영권,《제주 역사기행》, 한겨레출판, 2004
이원복,《홀로 나귀 타고 미술숲을 거닐다 - 한국 미술 7천년 미의 산책》, 이가서, 2008
이이화,《역사 속의 한국 불교》, 역사비평사, 2002
이이화,《역사》, 열림원, 2007
이지누,《마음과 짝하지 마라, 자칫 그에게 속으리니 - 이지누의 폐사지 답사기 전남 편》, 알마,
    2012
이지누,《절터, 그 아름다운 만행 - 이지누의 절터 톺아보기 1 강원도 · 경상도 편》, 호미, 2006
이지누 엮음,《잃어버린 풍경 1 1920~1940 서울에서 한라까지》, 호미, 2005
이진이,《이순신과 함께 떠난 여행》, 책과 함께, 2008
이한상,《황금의 나라 신라》, 김영사, 2004
일연 글, 리상호 옮김, 강운구 사진,《사진과 함께 읽는 삼국유사》, 까치글방, 1999
전창범,《아름다운 한국 공예의 역사》, 학연문화사, 2002
정두희 · 이경순 엮음,《임진왜란, 동아시아 삼국 전쟁》, 휴머니스트, 2007
제주특별자치도 해녀박물관 엮음,《제주 해녀 사료집》, 제주특별자치도 해녀박물관, 2009

진홍섭 외, 《한국미술사》, 문예출판사, 2006
최성은 글, 안장헌 사진, 《석불, 돌에 새긴 정토의 꿈》, 한길아트, 2003
최형철, 《박물관 속의 한국사》, 휴머니스트, 2007
탐라순력도 연구회, 《탐라순력도 연구논총》, 제주시, 2000
한국고고학회 엮음, 《일곱 원로에게 듣는 한국 고고학 60년》, 사회평론, 2008
한국교원대학교 역사교육과 엮음, 《아틀라스 한국사》, 사계절, 2004
한국문화유산답사회 엮음, 답사여행의 길잡이 시리즈 전 15권, 돌베개
한국생활사박물관 편찬위원회, 한국생활사박물관 시리즈 전 12권, 사계절
히스토리카한국사 편찬위원회, 《히스토리카 한국사: 고구려·백제 편》, 이글리오, 2007

논문   권보경, 〈고려 전기 강릉 일대 석조보살상 연구〉, 《史林》 제25호(수선사학회, 2006), 113~149쪽
박노자, 〈의기 논개 전승 - 전쟁, 도덕, 여성〉, 《열상고전연구》 제25호(열상고전연구회, 2007), 229~254쪽
윤민용, 〈탐라순력도 연구〉, 한국예술종합학교 전문사 학위 논문, 2010
정동주, 〈진주성 전투와 논개〉, 《남명학연구》 제7호(경상대학교 남명학연구소, 1997), 71~102쪽
정의도, 〈임진왜란 관련 유적과 출토유물 연구〉, 《석당논총》 제40호(동아대학교 석당전통문화연구원, 2008), 33~93쪽
정은우, 〈고려 중기 불교 조각에 보이는 북방적 요소〉, 《미술사학연구》 제265호(한국미술사학회, 2010), 43~71쪽
정은우, 〈연기 불비상과 충남 지역의 백제계 불상〉, 《백제문화》 제32호(공주대학교 백제문화연구소, 2003), 89~98쪽

웹 사이트   두산백과사전 http://www.encyber.com/
미륵사지유물전시관 http://www.mireuksaji.org/
조선왕조실록 http://sillok.history.go.kr/
한국고전종합DB http://db.itkc.or.kr/
한국민족문화대백과사전 http://encykorea.ac.kr/
한국역대인물종합정보시스템 http://people.aks.ac.kr/
한국역사정보통합시스템 http://www.koreanhistory.or.kr/
한국향토문화전자대전 http://www.grandculture.net/
탐라순력도 http://tamnamap.jejusi.go.kr/

유물 소장처   경기전
220 신연 / 222 태조 어진

국립 고궁 박물관
221 영조 어진

국립 경주 박물관
24 성덕 대왕 신종 / 26 토우 달린 굽다리 접시 뚜껑 / 28 기마 인물형 토기 / 28 미추왕릉 출토 토우 장식 항아리, 신라 토우 / 32 천마총 금관, 금령총 금관, 금제 가는 귀걸이, 금관총 관모 / 39 삼화령 아기 부처, 금강역사상 / 40 장항리 석조불 입상, 고산사지 삼층 석탑 / 42 감은사지 서탑 사리 장치, 봉화 서동리 삼층석탑 출토 소탑 / 50 황룡사지 치미

국립 공주 박물관
123 무령왕릉 등잔 자리, 무령왕릉 연꽃무늬 벽돌, 무령왕릉 내부 / 124 무령왕릉 묘지석, 진묘수 / 128 왕의 관 꾸미개, 왕비의 관 꾸미개, 왕의 귀걸이, 왕비의 귀걸이, 다양한 곡옥 장식, 관못 / 130 계유명 천불비상 / 131 닭 모양 청자

국립 광주 박물관
231 세형동검, 팔주령, 슬, 신창동 출토 농기구 / 242 신창동 출토 식기 / 244 신촌리 출토 금동관, 신촌리 출토 옹관 / 246 용천요 청자 병, 경덕진요 백자 병, 길주요 흑요 매병, 자주요 백요, 분청사기 물고기 모양 편병 / 250 심득경 초상, 가물첩, 채과도첩, 연옹화첩

국립 김해 박물관
57 덩이쇠, 금동 장식 투구, 퇴래리 판갑옷, 말 머리 가리개 / 61 굽다리 접시 토기 / 62 가지 무늬 토기, 뿔 달린 굽다리 토기, 오리 모양 토기, 가야 대형 토기, 가야 토기 파편 / 63 가야 부엌 용품들 / 64 오르도스 식 청동 솥

국립 대구 박물관
79 비산동 금동관, 의성 탑리 금동관 / 83 구미 출토 금동 여래 입상(국보 제182호), 구미 출토 금동 보살 입상, 구미 출토 금동 여래 입상(국보 제184호) / 85 송림사 석탑 사리 장치 / 87 적의본

국립 부여 박물관
141 박물관 정원 석상들 / 143 백제 금동 대향로 / 144 창왕명 석조 사리감 / 147 규암리 출토 금동 관음보살 입상, 군수리 출토 금동 관음보살 입상, 호자, 납석제 석조 여래 좌상

국립 전주 박물관
210 왕궁리 오층 석탑 출토 금강경판 / 211 왕궁리 오층 석탑 출토 금동불 입상, 왕궁리 오층 석탑 출토 사리함, 남원 출토 사리 장치 / 213 김제 출토 동판불 / 214 입점리 고분군 출토 금동 관모, 입점리 고분군 출토 금동 신발, 죽막동 제사 유적, 용무늬 대야 / 217 부안 청자

국립 제주 박물관
260 고산리 출토 토기, 좀돌날몸돌, 고내리 토기 / 261 돌하르방 / 264 탐라순력도 / 267 탐라 지도 병서, 표해록

국립 중앙 박물관
154 백제의 옛 수도 / 281 전곡리 주먹도끼, 아슐리안 석기, 슴베찌르개 / 283 덧무늬 토기, 빗살무늬 토기, 조가비 탈 / 284 신석기 시대 조개 팔찌 / 285 비파형동검, 농경문 청동기 / 286 세 발 달린 솥, 금동 신발 바닥판 / 287 모사도 일부 / 288 산수 무늬 벽돌, 도깨비 무늬 벽돌 / 289 지산리 출토 갑옷 / 290 황남 대총 금관, 황남 대총 허리띠, 부부총 굵은고리 귀걸이, 북한산 진흥왕 순수비, 기마 인물형 토기, 봉수형 유리병 / 291 녹유 뼈 단지 / 293 이불 병좌상, 청동 은입사 향완, 도교 인물 모양 청자 주전자, 경천사 십층 석탑 / 296 성학집요, 경국대전, 명나라 가는 바닷길, 에도 성 통신사 행렬, 상원사 중창 권선문 / 299 송준길 서첩, 한석봉이 류여장에게 써 준 서첩, 하관계회도, 고사관수도, 서직수 초상 / 300 유압도 / 301 강산무진도, 단원 풍속 화첩, 신묘년 풍악도첩 / 303 부석사 괘불, 묘법연화경 변상도 / 304 송도 기행첩 / 306 청자 참외 모양 병, 청자 버드나무 무늬 병, 분청사기 구름용무늬 항아리, 분청사기 모란 무늬 자라 병, 청자 칠보무늬 향로, 백자 매화 대나무 무늬 항아리, 백자 끈 무늬 병 / 307 감은사 동탑 사리 장치 / 309 연가 칠년명 금동불 입상, 금동 미륵 반가 사유상(국보 제78호), 금동 미륵 반가 사유상(국보 제83호), 감산사지 아미타불 입상, 감산사지 미륵보살 입상 / 311 베제클릭 석굴의 서원화 벽화 조각, 아르호 석굴의 천불도 벽화 조각 / 312 염거 화상탑, 남계원 칠층 석탑, 고달사 쌍사자 석등

국립 진주 박물관
102 비격진천뢰, 중완구 / 105 천자총통 / 108 최희량 임란 첩보 서목, 쇄미록, 김시민 선무공신
교서

국립 춘천 박물관
189 한송사지 석조보살 좌상 / 192 창령사지 나한상 / 195 곡운구곡도 / 196 불타 버린 선림원지
동종편 / 197 선림원지 석탑 봉안 소탑

국립 청주 박물관
167 계유명 전씨 아미타불 삼존 석상 / 168 기축명 아미타 불비상 / 170 미륵보살 사유 반가비상
/ 172 운천동 출토 동종, 흥덕사지 쇠북, 사뇌사지 쇠북, 사뇌사지 청동 향로 / 174 손잡이 잔

동아대학교 박물관
73 조대비 사순 칭경 진하 도병

동화사
96 동화사 마애불 좌상, 동화사 지눌 진영 / 97 동화사 비로자나불 좌상

미륵사지 유물 전시관
229 미륵사지 석탑 / 232 미륵사지 출토 금제 사리 봉안기, 미륵사지 출토 금동 향로, 미륵사지
출토 사리 장치

복천 박물관
70 가야 무사 재현물, 오리 모양 토기, 뿔 모양 잔, 뿔잔 토기, 금동관, 귀걸이, 팔찌

정림사지 박물관
154 정림사지 오층 석탑 / 157 정림사지 석불 좌상

청주 고인쇄 박물관
180 활자 보관 책상, 각종 활자, 금속활자 가지쇠

기타
59 창녕 진흥왕 척경비 / 189 신복사지 석조 보살 좌상

소장된 유물을 제외한 사진 대부분은 저자가 직접 찍거나 '위키미디어 공용'에서 가져왔습니
다. 그 밖의 자료도 도서출판 풀빛은 출처를 찾으려고 최선을 다했습니다. 누락이나 착오가 있
으면 다음 쇄를 찍을 때 수정하겠습니다.